厦门市卓越教师培育项目成果
西南大学教育学"双一流"学科建设实践成果

总主编 陈 珍 朱德全

简约化学

——基于大概念的教学设计

张建阳 著

西南大学出版社
国家一级出版社 全国百佳图书出版单位

重庆

图书在版编目(CIP)数据

简约化学：基于大概念的教学设计/张建阳著.
重庆：西南大学出版社，2024.11. -- (卓越教师教学主张丛书). -- ISBN 978-7-5697-2703-6

Ⅰ.G633.82

中国国家版本馆CIP数据核字第2024K7P292号

简约化学——基于大概念的教学设计
JIANYUE HUAXUE——JIYU DAGAINIAN DE JIAOXUE SHEJI

张建阳　著

责任编辑：鲁　欣
责任校对：张　庆
封面设计：闰江文化
版式设计：散点设计
排　　版：杜霖森
出版发行：西南大学出版社（原西南师范大学出版社）
　　　　　地址：重庆市北碚区天生路2号
　　　　　邮编：400715
　　　　　市场营销部电话：023-68868624
印　　刷：重庆亘鑫印务有限公司
成品尺寸：170 mm×240 mm
印　　张：17.5
字　　数：334千字
版　　次：2024年11月　第1版
印　　次：2024年11月　第1次印刷
书　　号：ISBN 978-7-5697-2703-6
定　　价：58.00元

编委会

总主编
陈 珍 朱德全

副总主编
洪 军 刘伟玲 庄小荣 潘世锋 罗生全 周文全

执行主编
范涌峰 魏登尖

编委(以姓氏笔画为序)
王天平 王正青 牛卫红 艾 兴 叶小波 朱德全
庄小荣 刘伟玲 陈 珍 陈 婷 范涌峰 罗生全
周文全 郑 鑫 赵 斌 侯玉娜 洪 军 唐华玲
韩仁友 潘世锋 魏登尖

总序

习近平总书记在2024年全国教育大会上指出,要实施教育家精神铸魂强师行动,加强师德师风建设,提高教师培养培训质量,培养造就新时代高水平教师队伍。《中共中央 国务院关于弘扬教育家精神加强新时代高素质专业化教师队伍建设的意见》指出,要加强中小学学科领军教师培训,培育一批引领基础教育学科教学改革的骨干。强化中小学名师名校长培养。

厦门市历来重视名师队伍的培育培养工作,根据教师专业成长规律,经二十年探索,逐步形成了"骨干教师—学科带头人—专家型教师—卓越教师"的金字塔式名师阶梯成长体系。自2021年起,厦门市教育局与西南大学开展战略合作,共同推进厦门教育高质量发展和教师队伍建设。"厦门市首期卓越教师培育项目"是由厦门市教育局与西南大学教育学部联合倾力打造的精品培训项目,也是厦门市迄今为止最高层次的教师培训项目。该项目旨在打造一支具有教育情怀、高尚师德,富有创新精神,具有鲜明教育教学思想和教学主张,在教育教学和教育科研上发挥领军作用的高层次教育人才队伍。项目以产出导向为理念,坚持任务驱动,通过个人自学、高端访学、课题研究、讲学辐射、挂钩帮扶、发表论文、出版专著、提炼教育思想、推广教学主张等方式优化培育过程。

三年琢磨,美玉渐成。通过三年的探索,围绕成为"有实践的思想者"这一核心目标,每一位卓越教师培育对象形成了特色鲜明、理念前沿的教学主张,并以教学主张为中心形成了一本专著,从而汇集成目前呈现在大家面前的"卓越教师教学主张丛书"。本丛书,既是"厦门市首期卓越教师培育项目"三年实施成果的沉淀,是每一位卓越教师培育对象思想的结晶,也是西南大学教育学"双一流"学科建设的实践成果。

仔细阅读本丛书,可以欣喜地看到,卓越教师培育对象们不仅能敏锐地捕捉到教育教学领域的难点、热点问题,揭示其中的本质规律,还能结合本地教学实际智慧地提出解决方案。总体来说,本丛书有以下三个方面的特点。

一是有较浓厚的学术气息。29位培育对象中有获得国家、省级基础教育教学成果奖的教师,有正高级教师,有省特级教师,但他们还在不断突破,追寻对教育教学本质的理解,追寻从实践到思想的蝶变,追寻高水平的专业表达。他们从实践中提炼出主张,再用主张引领实践,他们在书稿中融入了理论的阐释,学会了建构模型,并借助模型简洁地表述自己的教育教学思想,读起来不生涩也不单调。

二是有较强的系列探索味道。《义务教育课程方案(2022年版)》提出,应做好学段间的教育教学衔接。29位培育对象中,既有教育科研专职人员和学校的管理者,也有班主任、一线教师等,研究成果覆盖了小学、初中和高中的大部分学科,最终形成了29本培育对象教学主张的专著和1本全景式呈现卓越教师培育的经验和初步成效的论著。因此,本丛书既有基于教育者几十年教学实践的思想提炼,又有深入课堂的案例剖析,可以"用眼睛来读",作为教师专业发展的自读文选;也可以"用行动去做",作为教学范例直接进入课堂实践,在行动研究中孵化、创生;也适合专门研究者或管理人员参阅,从中窥探从小学到高中的教育教学重点与发展脉络。

三是有鲜明的课程育人特色。本丛书的撰写以学科课程为载体,以学科课程核心素养为目标,积极探索新时代背景下的育人方式变革,寻求育人最佳路径,以德施教,立德树人。因此,单看每本专著,已能感受到其中鲜明的课程育人特色,综合丛书来看,这一特色更加明显。

期盼厦门市首批卓越教师培育对象大力弘扬践行教育家精神,追求卓越的步伐永不停留,不断完善、应用和推广自己的教学主张和教学成果,为厦门教育做出更多更大的贡献。也期盼本丛书能为广大中小学教师深化教学改革提供参考,为教育学"双流"学科服务教育实践提供借鉴。

是为序。

陈 珍

（中共厦门市委教育工委书记、厦门市教育局局长）

朱德全

（西南大学教育学部部长、西南大学教育学一流学科建设"首席责任专家"、国家重大人才工程特聘教授、国务院学位委员会学科评议组成员）

前言

五年前暑期高中招生期间,学校举行"开放日"活动,校园开放让家长和初中毕业生参观,学校组织部分教师作为志愿者,接受家长和考生的咨询。有一天上午,一位女士带着爱人和儿子远远地就跟我打招呼,走到咨询台前,她热情地说:"张老师,您还记得我吗?"我初步判断她是我以往的学生,由于教过的学生太多,不能确定是哪一届的学生,只能实话说:"很面熟,不好意思,确实想不起来了。"她接着说:"老师,1摩尔的月饼多少个? 我说这句话,您应该能想起我是哪届学生吧?"我立马想起来,她是我大学毕业后任教第一所学校的第一届学生。我同样记得,当年我上大学的第一节无机化学课时(当时也在中秋节左右),教授问我们"1摩尔的月饼是多少个?"我们异口同声回答:"$6.02×10^{23}$个。"教授很严肃地批评我们说:"你们都错了,可见大家对'物质的量'这一概念没有理解透彻,它表示的对象是基本微粒而不是宏观物质。"当时我们还感到不好意思,"物质的量"在高一就学过了,现在高中毕业了,竟然没有明白这个概念。后来参加工作,高一化学第一章就是"物质的量",秋季入学也经常碰到中秋节,我也用"月饼"的例子,帮助学生理解这个抽象的概念。我教过的学生很多,但从事化学相关专业工作的学生并不多,但是肯定有很多学生,就像上面提到的那位学生一样,一辈子也忘不了"摩尔和月饼"的故事。

这个故事经常引发我思考,我们的化学教学能改变学生什么? 课堂所教的知识,有多少东西在20年后他们依然记得? 科学的概念,表面看起来冰冷而枯燥,但是它凝聚着前人无尽艰辛的探索,其背后都有许多动人的故事。在实际教学中因时间所限,教师既不可能带领学生经历科学认识的全过程,也不能讲述全部的故事,但是如果因课时紧张,就把概念火急火燎硬塞给学生,导致"前人下定义,后人背定义",那学生掌握的知识只是"惰性知识",它不能产生创新思维的知识,考完就忘记了,这样的教学与核心素养目标培养要求相差甚远。那我们如何适度、智慧、巧妙、简练地把概念背后的故事及前因后果摘其所要教给学生呢?或者是如何对抽象的概念"一语道破",让他们恍然大悟呢?即明白为什么要产生这个概念?这个概念是什么?怎样用这个概念?这应该是非常值得广大化学教师研究的"大事",这便是我萌发简约化学教学主张的由来。

从教几十年来,我从来没有间断过阅读和思考,发表了几十篇论文,但是写作过程充满荆棘,历尽艰辛,还好有许多师长、领导、同事一路鼓励,自己才能一路坚持、不断向前。聚焦教学主张,撰写专著,把简约化学教学讲清楚,既是对平时观察、研究的系统总结,也是一种典型的"自我目的"行为——过程本身就蕴含着价值和回报,使人内心充实并反思成长,就像阅读、听音乐、旅行和运动一样,而最后有什么结果反而不重要。

"简约"教学主张并非首次提出,许多学科的教师很早就体悟到"简约"的教学价值,都先后提出了"简约"的教学主张。本书以大概念作为理论基础,提出了简约化学教学主张,涵盖简约化学的教育意蕴、内涵特征、形成过程。同时本书还系统阐述了大概念的理论内涵、体系建构、提取路径等实践性的应用策略。

在着力打通简约化学和大概念的基础上,详细提出了简约化学——大概念化学教学设计的策略方法。以"约取"为特征提出单元规划、内容选取、教学目标的实施要点;以"唯真"为特征提出学情分析、情境创设、活动设计的实现途径;以"简构"为特征,从宏观、中观、微观等维度提出简约化学的三种教学模式;以"精鉴"为特征提出简约化学的教学评价方式。在论述简约化学——基于大概念的教学设计理论、策略、方法时结合了大量的典型案例,这些教学案例由一线优秀化学教师提供,并且这些案例都经过了教学实践的验证。

值得一提的是,本书的创新点是比较系统地阐释了中学化学大概念的理论体系,并以简约化学主张的教学范式作为实施策略,使理论和实践密切结合。本书有助于读者深刻理解大概念的教学理念及实施路径,同时也可以深入认识简约化学的教学主张。本书在教学理念、教学设计、教学方法、评价体系等方面都进行了创新和探索,以期为化学教学设计提供新的思路和方向。

本书是本人躬耕一线三十多年的智慧结晶,希望本书能对目前中学化学核心素养课堂的落地提供参考,为广大化学教师学习和掌握化学大概念的教学理论提供借鉴,促进学生核心素养的发展。

最后,我要感谢所有为这本书的出版付出辛勤努力的人们。西南大学教育学部的侯玉娜副教授为书稿的框架和许多细节的编写与完善多次提出专业的指导,西南大学出版社的编辑也提供了许多专业的建议和帮助,厦门一线的优秀化学教师韩晓、王延、邱燕珠、罗志祥、侯静、张悦、陈怡、钟保英等提供了教学案例,洪英灵博士为本书的文本编辑提供了技术帮助。他们用专业的知识和热情,一起完成了这样一部高质量的作品。我衷心希望这本书能够为中学化学课堂教学改革作出应有的贡献,也期待简约化学的理念能够得到更广泛的应用和实践。

目录

第一章　简约化学的简述

第一节　简约化学的意蕴 ···········003
第二节　简约化学的内涵 ···········010
第三节　简约化学的形成 ···········016

第二章　简约化学与大概念

第一节　简约化学的理论基础 ···········023
第二节　化学大概念的体系 ···········029
第三节　基于大概念的简约化学 ···········046

第三章　约取：简约化学的结构要义

第一节　教学目标确定 ···········061
第二节　知识体系建立 ···········069
第三节　教学单元组建 ···········071

第四章　唯真：简约化学的内容原则

第一节　基于真实学情的需求分析 ···········083
第二节　基于真实问题的情境创设 ···········089
第三节　基于真实任务的活动设计 ···········098

第五章 简构:简约化学的模式诉求

第一节 化学项目式学习 …………………………………………107
第二节 化学大单元教学 …………………………………………141
第三节 任务式学习 ………………………………………………184

第六章 精鉴:简约化学的评价依据

第一节 简约化学评价的目标 ……………………………………225
第二节 简约化学评价的内容 ……………………………………228
第三节 简约化学教学评价的设计 ………………………………235

第七章 简约化学的教学保障

第一节 简约化学的制度保障 ……………………………………243
第二节 简约化学的师资保障 ……………………………………249
第三节 简约化学的资源保障 ……………………………………256

参考文献

第一章

简约化学的简述

第一节 简约化学的意蕴

一、简约是智者的选择

1. 古代的简约智慧

老子认为"少则得,多则惑"。墨子曾提出"节用"的生活主张,他认为古代圣王应该:饮食"足以充虚继气,强股肱,耳目聪明,则止";衣服"冬服绀緅之衣,轻且暖;夏服絺綌之衣,轻且清,则止";宫室"其旁可以围风寒,上可以围雪霜雨露,其中蠲洁,可以祭祀,宫墙足以为男女之别,则止"。他的主张和现代人所说的"衣服不贵,干净就行;房子不大,通风就行;一日三餐,营养就行"非常接近,既有物质上的简朴,又有精神上的满足。物质上的"简"和精神上的"丰",道出了简约生活的真谛。《易经》的"乾以易知,坤以简能",《学记》的"约而达,微而臧,罕譬而喻,可谓继志矣",《庄子》的"文灭质,博溺心";《孟子》的"言近而指远者,善言也",都提及了简洁、通达的思想。

国外古代智者也把简约当作智慧。亚里士多德认为"简洁是真理的标志",莎士比亚认为"简洁是智慧的灵魂,冗长是肤浅的饰",牛顿说过"自然界信奉简单。"14世纪,英国的逻辑学家、"无敌博士"奥卡姆的威廉,坚定地主张"切勿浪费较多的东西,去做用较少的东西同样做好的事",提出了"如无必要,勿增实体"的命题。

综上可见,简约是智者的选择,也是一种智慧。

2. 艺术的简约价值

艺术也是追求简约的美,简约是内涵丰富的美。20世纪开始美国艺术界倡导极简主义(Minimalism),崇尚"简约而不简单"的艺术流派,强调"艺术最高的境界就是简约"①。音乐、舞蹈、绘画、摄影、雕塑、建筑、影视、戏剧、文学等任何可以表达美的行为或事物，都可以发展到艺术的层面。有研究表明，几乎所有艺术形式中都产生了简约的思潮、风格、流派。那何为简约的艺术呢？"简洁、明快，但充满创意和美感"的艺术就是简约艺术。其中，最具代表性的当属"笔愈简而气愈壮，景愈少而意愈长"的简约派绘画艺术。整体看来，各种艺术形式在追求简约特色的过程中，简省、简化、简略的是艺术形态外在的"形"，不断丰富、深刻的是其内在的"魂"。简约对艺术的意义在于它不仅仅是一种样态、一种风格，更是一种气质、一种境界、一种精神创造和追求。简约艺术，是简逸隽永、简括劲秀而又境界深远、充满创意的艺术②。

3.经典的简约理论

陶行知认为凡做一事，要用最简便、最省力、最省钱、最省时的法子，去收最大的效果。

珍妮特·沃斯（美国）、戈登·德莱顿（新西兰）合著的《学习的革命——通向21世纪的个人护照》一书中也有这样的观点，即最伟大的真理是最简单的，最伟大的训诫是易于理解的。但是当简单的真理被赘言遮盖，就通常不能让最需要它的人了解。

苏联著名教育家苏霍姆林斯基认为任何一种教育现象，孩子在其中越少感觉到教育者的意图，它的教育效果就越大。

著名哲学家波普尔把符合"简单性原则"视作科学假说成立的重要条件。科学哲学家弗兰克认为对于一种理论的接受，总是在"符合事实"和"简单性"这两个要求之间折中的结果。库恩所说与之如出一辙，即在现代意义上，科学家接受一种理论的要求是"符合观察"和"简单性"。爱因斯坦信奉"简单性原则"，认为逻辑简单的东西，当然不一定是物理上真实的东西。但是，物理上真实的东西，一定是逻辑上简单的东西。海森堡也认为简单性原则追求的是科学"固有的信仰"。

---

① 蒋雁虹,赵歌东.极简约而又极深广——《呐喊》《彷徨》的极简主义叙事特征[J].河南师范大学学报(哲学社会科学版),2022,49(3):128-134.
② 许卫兵.简约,何以不简单?——关于"简约教学"的意义探寻[J].福建教育.2014(1):15-17.

二 时代呼唤简约观念

1.信息时代的简约诉求

简约化和全球化一样,是一个不可逆转的大趋势①

(1)社会生活简约化

在信息剧增的时代,近20年产生的信息比过去几千年社会所积累的信息还要多,科技越是高速发展,时代对人的知识要求就越高,人们需要更多的精力和更强的智慧应对生活、工作出现的各种问题,面对纷繁复杂的世界,人们迫切要求生活简约化、集成化。如一部手机可以集合电脑、照相机、遥控器、导航器、播放器等功能,基本上可以完成生活和办公的基本事务,由多到一的转化,减少了数量但是内涵更加丰富。

在社会服务方面,比如医院看病、政府窗口办事的预约制度,大大减少了看病和办事的环节,让大家更能合理地安排时间;服务行业的许多改革措施,都是让办事流程从复杂到简单、从混乱到更有秩序发展。

随着汽车时代的到来,交通出行更加便利,但是交通变得拥挤,即使高速公路、高架立交迅速发展、连线成网,但是城市上下班、节假日的交通还是拥堵不堪,简约出行、绿色出行,即乘坐公共交通是最简单而又最有效的解决交通拥堵的方法。

简约生活已经成为现代社会的共识,如在语言的交流、人际交往方面,大家都喜欢言简意赅、简朴直接,不喜欢繁文缛节、拖泥带水。虽然现代生活方式丰富多彩,但是最后大家还是崇尚简单和朴素的生活方式。

(2)企业管理简约化

企业管理正出现两大趋势——简约化和信息化,而信息化也是为了实现简约化,力求使复杂问题简单化,简单问题条理化,条理化的问题更简单化,从而提高效率、降低成本。华为公司总裁任正非提出,简化组织管理,让组织更轻更灵活,是我们未来组织的奋斗目标。通过缩减组织层次、缩小组织规模,部门进行功能整合和合并,总部要变成资源配置和支援的平台,以便能快速响应市场的呼唤。小米公司董事长雷军认为管理要简单,要少制造管理行为,把事情做到极致才能快,专注于为客户提供产品和服务。

---

① 翁乾明.打开视野漫谈简约化教学[J].福建教育,2014(49):11-14.

通用电气集团(GE)的杰克·韦尔奇被誉为"20世纪最伟大的CEO",用短短20年时间把GE从一个痼疾丛生的超大企业变成健康高效、活力四射、充满竞争力的企业巨人。杰克·韦尔奇管理思想有一条著名的论断,那就是"成功属于精简敏捷的组织"。用他一贯主张的速度原则表述:最少的监督,最少的决策拖延,最灵活的竞争。他认为企业不必复杂化,使事情保持简单是商业活动的要旨之一。

(3)政府行政简约化

首先,政府进行机构改革的重点主要是厘清部门的职能,减少交叉管理,简化审批环节,简政放权,兼并结构,提高工作的效率,为大众提供更便捷的服务。其次,制定政策时要遵守简约化原则。然后,公民的办事流程更加简单,比如成立行政服务中心,以前办事需要多个部门共同处理,现在可以在一个地方集中办理,又如可以在网上提交的收费或材料缴交,就不用到现场提交。

2.新时代需要简约教学

我们生活在一个信息爆炸、关系复杂的时代,一方面知识量呈几何数量级增长,另一方面由于多渠道的信息流通,人的思维也容易进入繁杂混乱的状态。

首先,在实际教学中,由于教育信息化的迅猛发展,多媒体技术、网络资源以及各种信息平台的发展给教学带来了许多改变,也使课堂的信息来源更多、提取也更加容易,造成课堂的容量更加充实,若没有处理好这些信息,就会导致教学内容更加繁杂。其次,以核心素养培育目标为指向的评价体系,对学生的考查不只是知识的简单掌握,而是侧重关键能力的培养,于是对学科的考查更加灵活,更加注重学科思维在新情境中的应用。师生普遍认为高考似乎有"变难"的趋势,因此很多教师不但在知识教学时面面俱到,还在题目训练与指导中无限增量,导致很多学生反映目前学习脉络不清晰,课堂学习变得更加复杂,更加"捉摸不透"。最后,目前我国的教育正处于转型阶段,各种教育理念不断出现,教学模式层出不穷,呈现出教学环节过多、活动过密、资源过丰、关注点分散等课堂样态[1],许多教师的课堂太过"臃肿",导致学生学习压力变大。

---

[1] 伯海英.博观而约取,厚积而薄发——在教学中锤炼简洁思维[J].福建教育,2020(32):9-11.

繁与简，表面上是数量问题，本质上是质量问题，越是简单的作品，对质量的要求越高。在教学中亦是如此，真正的深度教学往往需要"简约其途、丰腴其实"，简约在深度教学中有着特殊的、重要的意义。把复杂的事情变简单是一个极其复杂的过程，而把简单的事情变复杂却是一个极其简单的过程。

教育是面对人的教育，人思维认知的复杂性决定了教育应是复杂性的思考，但是教育面对的是发展中的人的活动，而成长中的人的认知行为的简单性决定了教育的呈现要简单。所以，好的教育应该是经过复杂性思考并作简单呈现的教育，教学好的教师应该是深入浅出型的教师，学习好的学生应该是条理清晰、活学活用的学生。

实际上，人脑对信息的加工，也很好地遵循着简约性原则，思维导图的广泛运用就是一个例子。认知现象无论多么复杂，其背后都由简单的规律在支配，教师若能找到这个规律，教学就会简单很多。其实，许多学生也在有意无意中，捕捉核心信息与关键内容，并在一定线索的指引下，进行自主建构，这也体现着简约性原则。

在新时代，特别是在"双减"的教育大背景下，减负增效仍然是社会的迫切诉求。新时代要求广大教师能够高站位、广视角地做好教学工作，把复杂的学科原理抽丝剥茧，再深入浅出、有的放矢地教给学生，让学生爱学习、会学习、学习好，让学习变得简单、更有意义、更有深度。

3.核心素养与简约教学的关系

教育部2014印发的《教育部关于全面深化课程改革落实立德树人根本任务的意见》中，首次提出"核心素养体系"概念。2016年9月，教育部委托北京师范大学联合国内近百名专家完成的研究成果《中国学生发展核心素养》发布，将学生核心素养分为文化基础、自主发展、社会参与3个方面，综合表现为人文底蕴、科学精神、学会学习、健康生活、责任担当、实践创新6大素养，具体细化为国家认同等18个基本要点。核心素养的核心在于素养，素养是个体为了发展成为一个健全的人，必须具备应对生活需求不可或缺的知识、能力与态度。从本质上看，素养是知识、能力和价值、情感的融通。总而言之，核心素养是一种育人的目标，是为了适应人的终身发展和社会需要必须具备的品格、关键能力、价值观念。

学科核心素养是核心素养在学科中的体现或具体化,是学生通过本学科的学习而逐步形成的关键能力、必备品格。必备品格是做人的根基,属于软实力;关键能力是做事的根基,属于硬实力。

第一,学科核心素养蕴含着简约的思想。核心素养的内涵是指影响人的"少而精"的能力和品格,不是"大而全""浅而宽"的能力,而是"带得走"的思维方法和能力,每个学科的核心素养提炼精要,一般包括4~5点。关键能力是实现核心素养的能力群,包括3个能力群,即以认识世界为核心的知识获取能力群、以解决问题为核心的实际操作能力群、涵盖各种关键思维能力的认知能力群[1],重点是阅读理解能力、信息整理能力、批判性思维能力、语言表达能力。学科核心素养的表达简洁扼要,内涵丰富精要,充分体现了简约思想的特质。

第二,在核心素养的落实方面,要转变教学观念,做到真正以学生为主体。要求要"用教材教,而不是教教材",要促进深度学习的发生。首先,需要知识结构化,体现学科的本质,便于学生的记忆与迁移;其次,知识条件化,将知识还原到发生的地方,让学生知道知识从哪里来,了解知识的脉络;最后,知识情境化,就是学以致用,发生高通路的迁移。总而言之,核心素养是教"思维"不是教"知识",而简约教学就是具体到抽象再到具体,从低级思维到高阶思维,从简单到复杂,再从复杂到简单的过程。

三 化学教学呼唤简约

随着课程改革的深入,人们的教学观念在不断更新,教学方法也在不断完善。同时我们也看到,许多化学课堂变得更加生动。文字、音频、图片、视频等教学素材丰富多彩,实验、讨论、表演等教学方法形式多样,每一堂课都是精彩绝伦的表演。这些本应该让学生的眼、耳、手等诸多器官得到很大的发挥,但是应接不暇的活动、眼花缭乱的信息分散了学生的注意力。走出热闹课堂的学生开始迷茫,因为留存在他们大脑中的知识是肤浅的,思维是凌乱的。课堂繁杂的主要原因如下[2]。

---

[1] 任子朝,赵轩,郭学恒.基于高考评价体系的关键能力考查[J].数学通报,2020,59(8):15-20.
[2] 伯海英.博观而约取,厚积而薄发——在教学中锤炼简洁思维[J].福建教育,2020(32):9-11.

1. 过度教学

教师常有"我不讲学生就不懂"的误解,尤其是有经验的教师,他们非常了解学生的易错点,生怕学生走弯路,导致教学过程十分翔实缜密,原本清晰的主线,被各种细节充斥,看起来教师是"该讲的都讲了",实际效果却不理想。一方面,散落的细节可能导致学生不知道老师在讲什么;另一方面,学生没有犯错纠错的机会,未必是一件好事,他们意识不到易错点,难以对易错点形成清晰准确的判断,没有经历犯错,学生也领会不到教师的良苦用心。

2. 面面俱到

为了呈现丰富的课堂,有些教师在创新形式方面存在过度准备的倾向,呈现出教学环节过多、活动过密、资源过丰、关注点分散等课堂样态。想解决的问题太多,往往都解决不好。当教师"十八般武艺"轮番上阵,不仅自己被繁复环节束缚、无暇顾及重点;学生也沦为"提线木偶",不知道下一秒教师要让他看哪里、做什么,无法主动思维,处于被动应和、浅层学习状态。

3. 主次不分

每个人的思维习惯不同。面对同样的问题,有些人能敏锐抓住问题本质而快速形成解决方案,有些人则习惯于调动所有相关因素寻求完美解决方案。用不同方法解决问题本来无可厚非,但如果教师习惯于将教学内容揉碎掰细,用尽各种资源手段,可能导致教学设计从目标、内容到手段、方法都变得复杂,造成低效教学。

课堂教学从浮华走向恬静,从繁杂走向简约,回归教学本质,尽量排除形式化和不必要的东西,让学习真正发生,并不断使学习走向深度,在有限的时间内提高学习的效益是大家的诉求。

因此,构建简约化学,是对当下课堂浮华和错位之风的一种调整,是还课堂真实性、有效性、生态性的一种教学探索。

第二节 简约化学的内涵

一 化学学科特征

化学是在原子、分子水平上研究物质的组成、结构和性能及其应用的基础自然科学。由于化学所研究的对象是形形色色并且复杂多变的,既需要微观探析又需要宏观辨识,研究十分复杂,无数科学家通过艰苦工作,甚至付出了生命,才逐渐揭开了化学世界的面纱。在认识和掌握物质世界规律的过程中,认知是复杂的,但是物质间蕴含的基本规律是简约的,体现了如下的学科特征。

1.较强的实验性

化学学科既要在物质自身特性的变化中了解物质的组成、结构和性能,又要在物质的组成、结构和性能的分析中进一步把握物质特性的变化,故化学需要依赖实验,对物质进行"解剖",这种"解剖"需要用到各种仪器和试剂,以及定性和定量相结合的分析方法,分析和检验化学物质,探求其变化之精微。实验设计、过程实施、数据处理、结论反思等步骤是繁杂的,但是正确的实验思路是清晰的,原理是简要的,实验的结果或结论是简明的。

2.特定的概念、定理和理论

由于化学研究对象的特殊性,人们对化学的认识结果以及思维过程,必然是对特定的科学概念、定律和理论的总结概括和反映,这样化学科学就能够与其他自然科学区别开来。另外,由于化学研究对象的复杂性和层次性,故化学科学是由多种特定概念、定律和理论构成的复杂的、多层次的知识系统。比如,1661年英国化学家玻义耳提出"元素"概念,开始把化学当作一门科学。质量守恒定律、当量定律、定比定律、倍比定律等化学基本定律的提出,促进了近代原子论的建立。到1869年,发现了元素的原子序数的递增呈周期性变化的规律——元素周期律,使元素的知识纳入严整的自然体系中。实际上任何概念、原理和定律的表达、内涵、应用都应是清晰、明确的,都要经过具体—抽象—具体的简约过程。

3. 独特的化学语言

任何一门自然科学,皆以不同于自然语言的科学语言来表征其特有的概念、定律和理论。化学科学有自己的一套科学语言,具备自己的特点,其中最有特色的是形式化的符号和形象化的图形语言(化学模型也属于图形语言)。1813年,贝采利乌斯首先提出化学元素符号,后又提出分子式、化学方程式,有了化学方程式之后计算更加方便了。化学符号再与图形语言结合,就可以使化学概念更加形象。例如,对苯分子结构的理解:如用⌬或⌬来表示苯分子,把无机化学中的化学式和"龟壳"状图形结合起来。这种新颖的"形象概念"是形象思维加深抽象思维的结果。因此,化学符号与图形结合既易于被思维所把握,又更简约地表现了有机分子的化学结构。

4. 直接的生产和生活性

化学从工艺知识开始,就具有社会生产性和实用性。近代基础化工从酸碱工业开始,18世纪由于化学家进行了大量的酸碱实验,不断积累和丰富了化学知识,于是以化学科学为基础的酸碱工业兴起。1788年,路布兰发明了以氯化钠为原料的制碱方法,标志着以化学科学为基础的化学工业的出现。19世纪20年代,维勒合成了尿素。1856年珀金以工业苯胺为原料合成了有机染料,并成功设计出了工艺路线。20世纪以后,化学科学已经成为材料工业、原子能工业、电子工业、宇航工业以及生物工程不可或缺的基础研究和应用研究。21世纪,人们开始在分子设计方面不断突破,已经取得了许多非凡成果。显然学科是随着人类社会的进步而不断发展的,学科的学习与生产生活总是紧密相关的,简约化学的目标指向就是培养学生解决社会生产中实际问题的能力,让学生在问题解决的过程中建构结构化的知识,发展专家思维。

二 简约化学的内涵

在《现代汉语词典》中,"简"有"简单""使简单,简化"之意;"约"有"限制使不越出范围;拘束""简单;简要"之意。"简约"有"简略"之意,反义词是繁复、烦琐,简约不但强调简单,还要求这种简单是有意义的、高效的。可见"简约"一方面指简单、简要、精简、删繁就简,在数量上满足"少"的要求,另一方面,这种"少"是有条件的、有约束的,不能肆意省略,而是要保留其本质和核心的东西,去伪存真,以保障中心内容准确,质量上确保"优质",简而言之,是"少而优""精而简"。

简约化学指的是用最少的时间和精力取得最大教学效益的教学主张。具体而言,简约化学是教师在理解和把握化学学科本质的基础上,树立以学生为中心的理念,教师教学目标简明扼要,教学方法深入浅出,教学情境指向简单,教学内容重点突出,教学线索条理清晰,作业布置精简高效,能充分激发学生学习热情的教学模式。

基于"大概念"的视角而言,简约化学指将复杂的、烦冗的化学概念、原理、符号等内容结构化,抽取出简单共性的概念,除去臃肿的堆积,剥离烦琐的多余,从而达到整合化、可视化、高效化、艺术化的课堂教学模式。

三 简约化学的支撑理论

从复杂到简单是人们认知的一条基本规律,也是人类智慧的成长规律,古今中外的许多教育大家所创建的理论都蕴含着简约的思想。

1.大概念理论

大概念是学科本质和核心思想的具体表现,是"少而精"的概念,是可以统摄知识、联系生活的概念,是学科知识的核心和灵魂;大概念不是自然而然地存在于教材之中而是需要教师在教学实践中进行提炼和渗透,学生在教学情境中不断抽象而逐渐理解掌握的。大概念具有核心性、抽象性、概括性、统摄性、迁移性等特征,是简约化学的理论基础。

2.布鲁纳的认知结构理论

任何学科的内容都可以用更有活力、更经济的简约方法表达出来,从而使学习者更容易掌握。在学习过程中帮助学生建构知识结构就是要帮助学生对当前学习内容所反映的事物的性质、规律以及该事物与其他事物之间的内在联系形成较深刻的理解,教师要用简单易懂的教学方法帮助学生理解。

3.教学过程最优化理论

苏联教育家尤里·康斯坦丁夫·巴班斯基认为最优化具有从一定标准上来看是最好的这一含义,他认为的标准:一是教学效果,即提出任务,学生按照要求在一定时期内,自身内在的修养、教育、发展三个方面取得最大的发展效果;二是消耗的时间,即学生完成任务所需要的时间。而所谓的最优化教学,就是教师有目的地选择一种教学方案,保证在当时的条件下、规定时间内,让学生在修养、教育、发展三个方面取得最大的发展效果。

4.维果茨基最近发展区理论

苏联教育学家维果茨基认为学生的发展有两种水平,一种是当前实际发展的水平,另一种是学生今后可能达到的发展水平,也称潜在发展水平,这两种水平之间的差距称为最近发展区。教学需要着力于在最近发展区布置任务,这种任务一方面具有一定的难度,另一方面又在学生可以认知的范围内,需要通过学生发挥潜力,跨越最近发展区,通过努力才能完成。所以要针对学情,聚焦学生的最近发展区,精准教学,简约教学,避免教育资源浪费。

5.认知负荷理论

澳大利亚教育心理学家约翰·斯威勒提出的认知负荷理论认为:外界信息只有进入工作记忆中,才能被加工和认识。但是工作记忆一次存储5~9条基本信息或信息块,只能同时加工2~3条信息,如果记忆容量超载,信息加工活动就会受阻或根本无从开展。

四 简约化学的特征

简约化学追求的是学习效益最大化,教学方式艺术化,具有理解整体化、知识结构化、思维可视化、方法模型化等特征。

1.理解整体化

简约化学首先要求教师对课程标准、教材要深入研究,必须整体把握学科知识的整体,不能"只见树木、不见森林",只有整体把握并理解了学科知识之后,才能突出重点和做好主题学习进阶学习的设计。其次学生的学习追求整体内化,要点就是在大概念的统摄下建立多种联系,包括要建立同一模块知识间的联系、不同模块知识间的联系、跨学科知识间的联系,此外还要建立学科知识与生活的联系。只有教师整体理解了学科知识,才能删繁就简,突出主干。

2.知识结构化

知识结构化是指将每节课逐渐积累起来的知识按照一定的分类标准加以分类,使这些知识内容模块化、条理化、纲领化,做到纲举目张。知识结构化包括通过知识要点的梳理,形成某一具体教学内容的结构化;通过单元内容的整合,实现单元教学内容的知识结构化;通过广域教学资源的整合,实现学科教学内容的知识结构化;通过学科间内容整合,实现跨学科的知识结构化。

3.思维可视化

采用知识结构图、思维导图、模型图、流程图、概念图以及地图、表格等图示技术,将抽象的、不可视的知识结构、内在联系和思维过程等通过知识框架、思维图示等呈现出来。在简约教学中,思维过程必不可少,要有足够的时间让学生进行充分思考和思维加工。

4.方法模型化

教师在教学过程中,必须借助于特定的方法,通过知识结构图、思维导图等,使学生以已有知识经验为基础进行构造性活动,贯穿于学生的思维活动和知识结构化中,从认识角度和认识途径进行类化,从而建立模型化的一般思维方法,提高知识迁移的灵活度、速度和准确度。

五 简约化学的教学意义

1.促进核心素养教学落地

核心素养理论的建构到课堂教学落实还有很长的历程,核心素养教学落地关键在于课堂教学。核心素养寓于知识的重建之中,但是知识的符号化、去思想化、去人文化却结不出核心素养的硕果①。核心素养教学落地的关键是做好"四化",即关注学科的思想化、促进思维的创新化、创设教学的情境化、强化环节的问题化。简约化学主题词也有四个,即教学目标要"约取"、教学内容要"唯真"、教学过程"简构"、教学评价要"精鉴"。可见,简约化学的理念与核心素养理念不谋而合。

2.走向深度学习

深度学习是顺应核心素养课堂教学方式转变的学习方式,相对于浅层学习而言,深度学习是基于理解的学习和基于可迁移的学习。深度学习的过程是从掌握基本知识到建构知识结构再到知识运用②。首先,学习是积极主动参与,是被激发兴趣;其次,学习不是知识符号,而是基于生活生产的场景,不断进行知识迁移、不断解决问题、不断进行思维优化。简约化学的核心价值观是追求"简约而不简单""唯真是取"。"真"就是真理,是学科本质,是关键的概念和原理,是学科大概念。在学科本质的统领下,在"少而精"的学习中发生建构、运用等深度理解,避免"大而全"的"走马观花""囫囵吞枣"式教学,逐渐引导学生向自主自动的高通路迁移转变。

3.优化育人方式

学科核心素养培养目标基于立德树人根本任务,也就是说培育学科核心素养是育人的主要途径。学科核心素养要求充分发挥学科的育人价值,挖掘知识的思想化、学科的价值化。在简约化学教学主张的指导下,简构教学过程,在有限的课堂教学时间内,能够有时间去引导学生学习化学知识,学习科学家不畏艰辛、献身科学、实事求是的精神。此外,在简约化学所倡导的项目式学习、大单元学习、任务式学习中培养学生自主合作、协商的团结互助精神,为解决复杂问题奠定基础。

---

① 张恩德,龙宝新.论核心素养的课堂教学落实[J].教育学术月刊,2020(10):71-77,91.
② 王明娣.深度学习发生机制及实现策略——知识的定位与价值转向视角[J].西北师大学报(社会科学版),2021,58(02):61-68.

简约化学:基于大概念的教学设计

第三节 简约化学的形成

一 教学主张形成的背景

1.政策的背景

中央全面深化改革委员会第十九次会议指出:要深化教育教学改革,提升课堂教学质量,优化教学方式,全面压减作业总量,降低考试压力。2021年中共中央办公厅、国务院办公厅印发了《关于进一步减轻义务教育阶段学生作业负担和校外培训负担的意见》要求"着眼建设高质量教育体系""全面压减作业总量和时长,减轻学生过重的作业负担"。

2.核心素养目标的需要

我国基础教育提出的核心素养的培养目标是时代的要求,具体是为了培养学生应用所学的知识、思想、方法,创造性解决真实问题的关键能力和优秀品格。

落实到具体学科而言,就是培育学生的学科核心素养。化学的学科核心素养就是培养学生使用化学知识、思维方法、科学观念去"做事"的过程。培养学生会"做事",并且要"做成事"的能力,要求学生把学习化学知识和真实的社会联系起来,在真实情境中学习,从而培养学科素养。学生在学习的过程中不但要掌握知识而且要掌握"做事"的方法和思维,以及体悟"做事"的价值观念。

显然,以培养化学核心素养为目标的课堂教学,"教思维"比"教知识"更加重要。英国的哲学家斯宾塞提出了一个问题,即"什么知识最有价值?",至今这个问题同样值得我们深思。因为教师教越多的知识并不等于学生能学到更多的知识,因此对教师而言,有两个重要的问题:一是对教学内容有所选择,应该选择化学学科中核心的知识,尤其是对学生的发展有用的知识;另一个是要研究采用哪种教学方式才能让学生容易学和容易会。学生用学到的知识就能够"做事"了吗?未必,许多知识难以用于解决实际化学问题,许多知识和社会没有关联。正如许多教育专家所言,多数的知识是"专家结论"和"惰性知识",并不是可以用于解决真实问题的"专家思维"和"活性知识"。怎样教学生掌握知识和思维并学以致用,是当下化学课程改革的热点和痛点。

大概念可以统摄散点知识、促进深度学习、发展整体思维,对核心素养培养具有适合性和先进性,因而受到我国教育专家的广泛关注和一线教师的积极回应。教师要在教学中要凝练化学主题和大概念,重视大概念对知识的统领作用。

威金斯和麦克泰格(也译作麦克泰)在《追求理解的设计》一书中提到,"大概念"就像车辖,把车的部件紧紧组合在一起,把车辖取走,这辆车就散架了,车的部件就是学科具体的知识甚至是跨学科的知识和基本方法。因此,大概念强调的是整合性的思维,像是"文件夹"的作用,具有整体性和统摄性,打通多学科的壁垒,把多学科的知识、方法、观点整合在一起,让学生在分析问题和解决问题时有更加丰富的视角和方法,建构结构化的知识网络。

为了解决化学课程改革中的热点、痛点问题和让大概念教学落地,简约化学的教学主张应运而生。简约化学提出教学目标要"简约",教学内容要"唯真",教学方法要"简构",教学评价要"精鉴"。简约化学主张把复杂的教学过程简单化,把简单的教学过程"极致化",充分体现"简约而不简单"的价值追求。

简约化学的教学主张,不但体现了人的认知规律,而且还蕴含着人类的智慧思想。苏格拉底说过,任何问题最可能的解决办法是步骤最少的办法;爱因斯坦说,凡事力求简单,直至不能再简。

简约化学主张学科整体理解、去繁就简、简化方式、深入浅出、直达本质、线索明晰、形简义丰,这与大概念的理念高度契合,两者存在密切的联系,可以说简约化学是实现大概念教学的重要实践方式,而大概念是简约化学教学主张的理论基础。

3.课程标准的要求

《普通高中化学课程标准(2017年版2020年修订)》明确提出"重视以学科大概念为核心,使课程内容结构化,以主题为引领,使课程内容情境化,促进学科核心素养的落实",并强调"在必修课程阶段,突出化学基本观念(大概念)的统领作用"。课标强调大概念的重要作用,指向教学需要"少而精",不是"宽而窄",并要求"强主干""善迁移",体现了简约的教学特征。

二 个人探索历程

教学主张是打开名师的"天眼",也是研究型教师的思想内核所在,是教师从优秀走向卓越的增长点。而一个成熟的教学主张是不断凝练的过程。

笔者曾领衔一个市级名师工作室,在工作室的申报之初,提出"至理化学"的教学主张。"至"的本意为"到",引申为掌握知识、获得方法、解决问题;"理"的本意为物质本身的纹路、层次以及客观物质的次序,引申为科学思维,具体包括"逻辑"和"证据"两大类,即为透过现象看本质的基本思想,创新和思辨的精神。"至理"教学主张认为科学思维比科学知识更加重要。

但是"至理"的教学主张内涵不够丰富,并且不通俗易懂,于是2020年笔者把教学主张修改为"用简约的方法教真实、可理解的化学",主张化学教学要"讲理",让学生学习可以理解的化学知识,在教学中追寻知识的形成原理及应用,从而理解知识,发展理性的思维;主张化学教学要"真实",创设"真实"的学习情境,让学生多角度去思考"真实"的问题,在知识迁移和应用中获得解决问题的"真实"能力,从而发展学科核心素养;主张化学教学要大道至简,教学内容取舍有度,简约不简单,教学方法深入浅出,简单易懂,教学情境指向明了,简洁准确。

2022年初笔者参加了市级首批卓越型教师培训,在西南大学多位导师的指导下,通过剖析关键词"简约"的核心要义,认为"简约"与"大概念"的理念十分契合,所以在原来的基础上,再次把教学主张凝练为"高中简约化学课堂",把其内涵诠释为:基于"大概念"的视角,将复杂的、烦冗的化学概念、原理、符号等内容结构化,抽取出简单"共性"的概念,使其除去臃肿的堆积,剥离烦琐的多余,从而达到整合化、可视化、高效化、艺术化的课堂教学境界。

后来又经过一年多的研究,在许多专家教授的帮助下,认为中学化学的学科教学理念是相同的,同时也为了体现教学主张的高度凝练,就把"高中简约化学课堂"教学主张凝练为"简约化学",并提出教学主张的四个关键词,即"约取""唯真""简构""精鉴"。

简约化学教学是站在学科本质的立场,认为化学学科的知识浩瀚无穷,但是学科最本质的思想其实是简单的,化学教师只有不断凝练学科核心思想即大概念,才能不断发展学生能力,逐渐培养学生的化学学科核心素养。若只是站在知识简单堆积的立场,学习只能越来越烦琐,教学只会越来越复杂,学生会感觉学习越来越困难,逐渐失去学习的信心。

第二章

简约化学与大概念

近年来,理论界和教学实践都不约而同把目光聚焦到"大概念",形成了"大概念是落实素养导向教学的抓手"这一共识[1]。我国《普通高中课程方案(2017年版2020年修订)》提出"进一步精选了学科内容,重视以学科大概念为核心,使课程内容结构化,以主题为引领,使课程内容情境化,促使学科核心素养的落实"。由于大概念是舶来品,因而在表达方面具有"水土不服"的情况,存在表达方式、角度等不同的情况,并且学科大概念在表述上因人而异,故有必要进一步厘清化学大概念的内涵、特征和意义。

---

[1] 刘徽.大概念教学:素养导向的单元整体设计[M].北京.教育科学出版社,2022:30.

第一节 简约化学的理论基础

1. 大概念的内涵演变

20世纪初,杜威针对教师的教学过于注重具体知识,忽视了对抽象知识的传授,提出教学"大概念"(big ideas),这些大概念能够帮助学生学习一些抽象知识。怀特海(Whitehead)发现教师教学的内容是大量散点的事实知识,提出要教观念结构,即教授学生大量"少而重要的大概念"。

为了应对"知识爆炸",布鲁纳(Bruner,J.S.)进一步丰富了大概念的内涵,他指出无论教师教授哪类学科,一定要使学生理解该学科的基本结构,有助于学生解决课堂内外所遇到的各类问题。学习这种基本结构就是学习事物之间是怎样相互关联起来的[1]。奥苏贝尔德(Ausubel,D. P.)也提出新近产生的知识急剧膨胀,要求我们精心选择"大概念"[2]。

为了适应社会的全球化和信息化发展趋势,经济合作与发展组织(OECD)提出了发展核心素养的培养目标,大概念因对发展核心素养具有独特价值而受到高度重视。温·哈伦等人撰写了《科学教育的原则和大概念》,该书明确提出了科学中的14个大概念,认为科学教育不是给学生讲授一些零碎的、不连贯的知识片段和堆积在一起的科学定律,而是需要围绕涉及重要科学领域的有结构、有联系的科学核心概念和模型——大概念来进行学习[3]。2011年韦钰翻译了该书,将大概念系统引入我国科学教育领域。从此,大概念受到人们的普遍重视,许多专家认为其是撬动核心素养教学变革的支点。

综上所述,可见大概念是在解决"散而浅"的教学背景下,倡导"少而精",强调教学中体现"理解""结构化""连贯性""问题解决"等关键词的教学方式。

---

[1] JEROME S. BRUNER. The Process of Education[M]. London: Harvard University Press, 1960: 11-21.
[2] 戴维·保罗·奥苏贝尔. 意义学习新论——获得与保持知识的认知观[M]. 杭州:浙江教育出版社, 2018: 185.
[3] 韦钰. 以大概念的理念进行科学教育[J]. 人民教育, 2016(1): 41-45.

2.大概念的含义

对于大概念的含义,国内外学者的认识基本一致,只是在表述上有所不同。默里·怀特利(Maree Whiteley)强调大概念是理解的"建筑材料",可以被认为是有意义的模式,能让人们联系其他零散的知识点[1]。林恩·埃里克森(Lynn Erickson)认为大概念是学科中的核心概念,是基于事实抽象出来的深层次的、可迁移的概念。学者刘徽认为大概念是能够反映专家思维方式的概念、观念或论题[2]。学者郑长龙认为大概念是指反映学科本质,具有抽象性、概括性、统摄性和广泛迁移性的学科思想和观念[3]。

笔者比较倾向郑长龙教授对大概念的定义,他指出大概念具有以下6个基本属性。

(1)核心性

大概念不是事实性知识,如一氧化氮(NO)具有氧化性;也不是程序性知识,如氧化还原反应方程式的配平。大概念是有关化学学科的最为核心的基本思想、核心观念和基本原理,如守恒思想、平衡观念等。

(2)抽象性

大概念是对学科本质的反映,因而具有抽象性,如"结构决定性质"是化学学科大概念。大概念是对物质宏观性质和物质微观本质之间互相关系的抽象,将化学的宏观世界和微观世界联系起来,是化学学科"宏微结合"思维方式的具体体现,反映了化学宏观和微观关联的本质。

(3)概括性

大概念是在将一系列具体知识按照学科功能进行归纳后的基础上建构的,因而具有概括性。例如:元素、原子和分子,都表示物质的成分,将这些知识基于学科功能加以归纳概括,就形成了认识物质成分的大概念。

---

[1] WHITELEY M. Big ideas:A close look at the Australian history curriculum from a primary teacher's perspective[J].Agora,2012,47(1):41-45.
[2] 刘徽."大概念"视角下的单元整体教学构型——兼论素养导向的课堂变革[J].教育研究,2020,41(6):64-77.
[3] 郑长龙.大概念的内涵解析及大概念教学设计与实施策略[J].化学教育(中英文),2022,43(13):6-12.

(4)统摄性

大概念能将有关化学知识基于学科功能关联起来,因而具有统摄性。例如"限度"是溶液主题的大概念,饱和溶液和不饱和溶液是基于溶液样态(或类型)对溶解度的定性表征,溶解度是对溶解限度的定性表征。

(5)迁移性

大概念的抽象性、概括性、统摄性,决定了大概念适用范围广泛,具有广泛的迁移价值。这里的"迁移"既包括对有关物质及其变化的解释,还包括真实化学问题的解决。例如,基于限度大概念解释海水晒盐的基本原理,基于元素和原子视角辨识青蒿素的成分等。

(6)持久性

大概念的形成是依赖于环境变量的,当环境发生改变时,大概念也会随之发生变化。因此,大概念的持久并非机械静止的,而是在动态的实践中不断扩充自身的内涵边界,并在事实性知识的学习中不断验证持久性的程度。

3.大概念的类型

由于对不同的学科有不同的观察视角,同时不同的人也存在不同的关注点,从关注学生核心素养形成的角度,在归纳大批专家学者观点的基础上,笔者认为大概念从不同视角可以分为:超学科大概念、跨学科大概念、学科大概念、学科主题大概念。

(1)超学科大概念

超学科大概念是哲学大概念,是打破学科边界的思想、观念、基本原理,是指导科学研究和科学教育的方法论,是最上位的概念,比如"物质决定意识""经济基础决定上层建筑"等。

(2)跨学科大概念

跨学科大概念是在学科之上、比学科更上位、更通用的大概念,反映学科共同特点的概念。跨学科概念与其说是概念,不如说是一种观念,是经历一定学习历程后所形成的对自然与社会更加抽象的一般看法,是不同学科领域、不同学段学科核心概念的综合、连接与再抽象[1]。比如哈伦在《科学教育的原则和大概念》一书中提出的14个大概念中,有的是学科大概念,如"改变一个物体的运动状态需要有净力作用于其上"是物理学科的大概念;有的是跨学科大概念,如"科学上给出的解释、理论和模型都是在特定的时期内与事实最为吻合的",这是多学科普遍使用的基本原理。

---

[1] 吕立杰.大概念课程设计的内涵与实施[J].教育研究,2020,41(10):53-61.

(3)学科大概念

学科大概念是学科专家在认识和研究学科知识的过程中凝练和积淀所得的,是反映学科本质特征、学科发展规律和解决学科问题的思想和观念。学科大概念不仅是本学科"少而精"的核心概念、原理、观念、思想,还有蕴含在大概念中的idea(即想法、点子),这个idea需要不断地抽提[①]。我们倡导学生要"像化学家一样思考""像文学家一样思考",这种思考的方式就有学科大概念的idea功能。学科大概念的建构要有体系性,比如化学变化是学科大概念,包括知识维度(本质、限度、速率等)、原理维度(理论、定律等)、方法维度(实验探究等)和态度维度(解决社会问题等)。

(4)学科主题大概念

由于学科大概念比较抽象和复杂,学生受认知水平和学习进阶程度的影响,无法对学科有"大整体"的认识,因此高中的课程还需要教师进行主题的引领。学科主题概念就是指在学科大概念的统领下,基于主题情境和学生的认知发展规律,将内容主题中分散的知识、方法、态度等联系起来并赋予一定的意义,形成围绕主题内容的思想、观点和方法的集合。比如化学反应与能量转化的主题,"能量是守恒的,不同的能量可以相互转换"是学科主题大概念,是在化学能与热能相互转换、化学能与电能相互转换过程中概括提取建构的大概念。

4.大概念的教学价值

信息时代知识呈爆发式增长,教学不可避免地出现了学习的有限性与知识需求量不断增长之间的矛盾,以知识为本的教学陷入"基础性""验证性""训练性""模仿性"的困境,大概念的提出为解决这一困境提供了有效的方案,为促成有意义、有深度的学习指明了方向。将大概念的教学价值归纳如下。

(1)有利于有效定位教学价值

知识为本的教学最大的问题是内容"大而全""散而浅",教师存在的主要问题是:教学面面俱到,生怕漏讲和少讲,认为把教材的所有知识点讲完了,就算完成任务;教师对教材中重要的概念和原理没有仔细梳理;教师"走马观花",导致学生对重点知识缺乏主动的建构,因而"囫囵吞枣",学生感受不到知识的形

[①] 郑长龙.大概念的内涵解析及大概念教学设计与实施策略[J].化学教育(中英文),2022,43(13):6-12.

成脉络和知识的层次,抓不到重点;在这种教学方式下,学生学习的都是浅层的知识,碰到陌生的情境,无法做好自动的迁移,一段时间或考试之后,知识就基本忘记了。

大概念是学科的核心,对具体的知识具有统摄和关联作用,抓住大概念就能抓住学科的主干知识,因此大概念教学有利于教师把握教学目的。大概念是单元或课时中众多知识的"黏合剂",让教学内容变得"少而精",也让学生可以开展探究学习。

(2)有利于提高建立结构化知识网络的能力

大概念的"大"不是数量的大、范围的大,而是对学科内容具有更强的包容性、概括性与解释力,即大概念是"使得离散的事实和技能相联系并具有一定的意义"[1]。大概念让零散、碎片的知识发生聚合,克服知识的片段化现象,有利于构成知识体系。比如在学习元素及其化合物的化学性质时,学生在初中所接触的物质很少,上高一以后,需要学习氯、钠、铁、硫、氮、碳、硅、铝等元素及其化合物的性质,若没有一条主线把知识串起来,学生所学习的知识是零散的,是线性的。若在"结构决定性质,性质决定应用"大概念的指导下进行学习,线索就很明显了,"价—类"二维和"位""构""性"是大概念之下的次概念,以类别判断物质的性质,再以化合价判断物质的氧化性和还原性,再结合"位""构""性"判断物质的特性,这样元素化合物的性质就形成网络,更重要的是学生掌握了学习元素化合物的方法,若碰到新的物质,就懂得举一反三。

(3)有利于提升问题解决能力

问题解决是学习的最终目的。大概念倡导在真实的环境中学习,教师从相互关联的基本问题中提炼出大概念,学生在大概念的形成过程中不断解决真实情境中的问题。一方面,学生显现出了有效的学习动机和意识,因为学生必须亲自去了解问题发生的真实情境与条件并最终建立问题图式,加深了对大概念的理解。另一方面,学生的知识、经验、技能在真实情境中,不断与大概念进行相互的丰富、甄选、对话等互动交流,经历多次抽象—具体—抽象,反复进行逻辑推

---

[1] FULMER G W,TANAS J,WEISS K A.The challenges of alignment for the Next Generation Science Standards[J].Journal of Research in Science Teaching,2018,55(7):1076-1100.

理,逐渐发展和形成高通路的迁移能力。这样也让问题解决过程中建构的知识更容易被学生理解,也更容易长久保留在学生记忆里。

(4)有利于提高跨学科能力

核心素养不等于学科核心素养的简单累加,少不了跨学科的活动,而学科的课堂教学是教育的主战场,学科教学必须包含跨学科的理念。教育部于2022年正式印发了《义务教育课程方案和课程标准(2022年版)》(以下将课程方案简称为新方案,将课程标准简称为新课标),新方案指出,新课标的主要变化之一是优化了课程内容结构,提出设立跨学科主题学习活动,加强学科间相互联系,这体现了新课标鲜明的导向性——跨学科学习[1]。大概念是在具体知识中抽提出来的,具有很强的抽象性和普适性,多学科的学习在真实的情境中反复迁移和应用,自然就会产生学科的融合。具体分析如下:首先,大概念提供了跨学科需要的方法。因为大概念形成的高阶思维,其本身就具有跨学科属性。其次,大概念指引了学科间融合的方向。因为大概念是基于真实情境与真实问题的学科间的深度融合,而不是学科间的简单拼凑或混合。再次,大概念的论证模式使跨学科创新成为可能。最后,大概念形成的学科知识体系,更有利于研究者在更大的范围内进行系统分析、评价、创造。

5.化学学科大概念内涵

化学学科大概念是人们从学科本体视角对化学大概念的理解。具体来说,化学学科大概念是以化学家为代表的科学共同体,在认识和研究化学世界时逐渐积淀和凝练形成的,是关于化学学科本质特征、学科发展规律以及化学问题解决的思想观点[2]。

---

[1] 董艳,夏亮亮,王良辉.新课标背景下的跨学科学习:内涵、设置逻辑、实践原则与基础[J].现代教育技术,2023,33(2):24-32.
[2] 胡欣阳,毕华林.化学大概念的研究进展及其当代意蕴[J].课程·教材·教法,2022,42(5):118-124.

第二节 化学大概念的体系

大概念有不同的知识层级结构[①]（见图2-1），学科大概念是指能反映学科的特质，居于学科的中心地位，具有较为广泛的适用性和解释力，具有超越课堂的持久价值和迁移价值的原理、思想和方法。分析和把握大概念，可以把握知识间的本质联系和纵横关系。如图2-1所示，对事实、具体概念进行抽象概括、一般化或系统化等思维加工活动，可以帮助学生形成知识间纵向向上的联系，让学生能够从中获得更有普遍意义的大概念，实现知识的拓展和知识结构的改造。将抽象概括获得的大概念用来指导教学或用于解决具体问题，是知识纵向向下联系的过程，也是促进学生将知识转化为能力的重要途径。

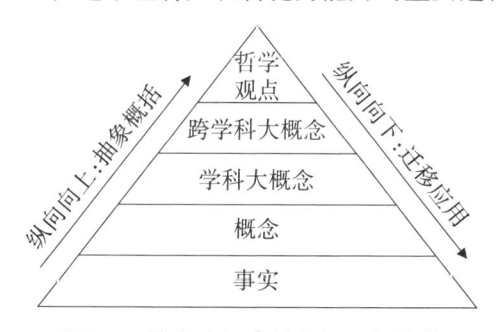

图2-1 聚焦大概念的知识层级结构

一、科学大概念（跨学科大概念）

科学教育显然在大概念教学上比其他学科先行了一步，一群对科学教育满怀热情的科学家、教育家先后两次相聚于罗蒙湖边，碰撞、迸发出智慧的火花，提炼出科学教育的14个大概念[②]，其中有10个科学概念。①宇宙中所有的物质都是由很小的微粒构成的；②物体可以对一定距离以外的其他物体产生作用；

[①] 何彩霞.化学学科核心素养导向的大概念单元教学探讨[J].化学教学,2019(11)：44-48.

[②] 温·哈伦.科学教育的原则和大概念[M].韦钰,译.北京:科学普及出版社,2011:23-26.

③改变一个物体的运动状态需要有净力作用于其上;④当事物发生变化或被改变时,会发生能量的转化,但是在宇宙中能量的总量总是不变的;⑤地球的构造和它的大气圈以及在其中发生的过程,影响着地球表面的状况和气候;⑥宇宙中存在着数量极大的星系,太阳系只是其中一个星系——银河系中很小的一部分;⑦生物体是由细胞组成的;⑧生物需要能量和营养物质,为此它们经常需要依赖其他生物或与其他生物竞争;⑨生物体的遗传信息会一代代地传递下去;⑩生物的多样性、存活和灭绝都是进化的结果。另外,还有4个是关于科学的概念。①科学认为每一种现象都具有一个或多个原因;②科学上给出的解释、理论和模型都是在特定的时期内与事实最为吻合的;③科学发现的知识可以用于开发技术和产品,为人类服务;④科学的应用经常会对伦理、社会、经济和政治产生影响。

二 化学家眼中的学科大概念

本文分析了五个化学家主导设计的化学课程,并从中提取出化学大概念体系(见表2-1)。可以发现,这些化学大概念都可以归结为"物质微粒性""化学变化(动力学)"和"能量(热力学)"三个方面[①]。

表2-1 化学家视角下的化学大概念

化学家或其主导设计的化学课程	化学大概念内容
吉列斯比	1.原子、分子和离子是物质基本组成成分;2.化学键是由静电吸引形成的;3.分子和晶体中的原子以特定的几何形式排列;4.能量和熵;5.动力学理论;6.化学反应
阿特金斯	1.物质是由原子构成的;2.物质是由100多种元素组成的;3.电子对形成了化学键;4.分子之间相互作用;5.原子的轨道结构导致了它们的周期性;6.结构对功能至关重要;7.能量与它的储存模式无关;8.反应速率可以由速率定律进行总结;9.化学反应可以分为多种类型
克莉根斯	1.物质;2.能量;3.变化

[①] 胡欣阳,毕华林.化学大概念的研究进展及其当代意蕴[J].课程·教材·教法,2022,42(5):118-124.

续表

化学家或其主导设计的化学课程	化学大概念内容
AP化学（2014）	1.物质由元素组成，由原子排列构成；2.化学键或分子间作用力可以形成、断裂，与初始条件和外界干预有关；3.物质的变化包括原子的重排和电子的转移；4.微粒结构和相互作用决定物质的物理性质和化学性质；5.热力学定量描述了能量的基本作用，能解释和预测物质变化的方向；6.化学反应速率由分子碰撞形式决定
CLUE课程	1.原子通过静电力相互作用形成化学键；2.原子/分子结构决定其性质；3.能量伴随反应而变化；4.化学体系具有变化性和稳定性

通过表2-1还可以看出，化学家对大概念的描述仅体现了化学大概念作为"化学学科知识体系中处于核心地位的概念和原理"的内涵。

1.物质微粒性

化学家运用原子理论来解释和预测物质的性质、化学键的变化和守恒，人们对物质和化学变化的理解和解释，归根结底源于微观粒子。对物质微粒性的认识：在知识维度，包括物质是由微观粒子构成的，微观粒子之间有间隔，微观粒子之间存在相互作用，微观粒子是不断运动的等；在方法维度，强调用模型建构或模型推理的思维方法认识和表征构成物质的微观粒子，形成从微观视角认识宏观世界的思维方式；在态度维度，认识到人类对构成物质的微观粒子的探索是不断深入和发展的。

2.化学变化

研究化学变化是化学科学的根本目标之一。化学家徐光宪说过，化学是研究化学变化的科学，所以化学反应理论和定律是化学的第一根本规律。对化学变化的认识：在知识维度，包括物质是变化的，化学变化的本质是化学键的断裂和形成，化学变化的速率、限度是可调控的等；在方法维度，强调运用实验探究的方法认识和研究物质的变化；在态度维度，认识到利用化学变化可创造或消除某些物质来满足人类生产生活的需要，推动现代社会文明和科技的进步。

3.能量变化

能量对于认识化学系统发挥着至关重要的作用。无论是对单个原子结构，还是对简单的化学反应或一连串的耦合反应，能量都是解释化学体系保持有序的关键。对能量的认识：在知识维度，包括物质具有能量，物质转化过程中能量是守恒的，物质转化总伴随能量的转移或转化，能量的转移或转化有方向性等；在方法维度，强调从微观视角认识物质转化过程中能量的转移或转化，建构能量转移或转化的定性或定量的模型；在态度维度，强调高效地利用或控制能量的转移或转化来满足人类生产生活的需要，并意识到可持续发展的重要性。

三 化学主题大概念

《普通高中化学课程标准（2017年版2020年修订）》明确指出，"进一步精选了学科内容，重视以学科大概念为核心，使课程内容结构化，以主题为引领，使课程内容情境化，促进学科核心素养的落实"。可见，化学学科大概念虽然能从学科逻辑角度为化学课程内容组织的结构化提供解决方案，但是其抽象、复杂的内容结构往往会导致学生在认识上产生困难，化学学科大概念作为课程内容时往往还需要特定主题的引领。基于此，我们从课程设计的视角重新审视了化学学科大概念，提出了化学主题大概念，即化学学科大概念与特定的化学主题内容的融合[①]。实际上，在中学教学研究中所指的化学学科大概念就是化学主题大概念。

在中学阶段，可从以下几方面来分析和把握化学大概念[②]：一是指向化学学科的研究对象与基本问题，如物质（组成结构与性质）、化学反应（条件、方向与限度）、能量与物质变化等方面，并从化学学科的视角与研究层次如元素、原子、分子等方面来进行概括与提炼，以体现化学学科特有的思维方式；二是指向化学学科的研究方法与认识方法，如化学实验体系三要素（关于化学实验的构成要素及其相互关系的认识）、化学实验内容与方法（物质的分离与提纯、物质的制备、物质的检验）等；三是指向化学学科研究的目的与价值，如化学与社会进步、可持续发展、绿色化学等。

[①] 郑长龙.大概念的内涵解析及大概念教学设计与实施策略[J].化学教育（中英文），2022,43(13):6-12.
[②] 朱玉军.中学化学的基本观念探讨[J].中国教育学刊,2013(11):70-74.

化学学科大概念不是显性化呈现[①]，需要概括和抽提，大概念中的"大"有不同的含义，因此大概念的归纳和表达受学科理解、认识层次、解释逻辑等的影响，不同的专家和教师对化学学科大概念的表述也不尽相同，实际上大概念并没有统一的标准。下面从朱玉军博士提出的三个认识化学世界的视角，来构建高中化学的大概念体系（表2-2至表2-4）。

1.化学学科的研究对象与基本问题（表2-2）

表2-2　化学主题与学科大概念

化学主题	化学学科大概念
微粒	原子构造模型
	微粒间会发生相互作用
	微粒可以聚集成晶体
	元素周期律
物质性质	结构决定性质，性质决定用途
	多种因素影响物质的性质，如"价—类"二维观
化学反应	电子得失难易决定性质强弱
	化学反应需要一定的条件、遵循一定规律、可以调控
	可逆体系存在平衡
	化学反应速率是可以调控的
能量转化	能量是守恒的，不同的能量可以相互转换

2.化学学科的研究方法与认识方法（表2-3）

表2-3　化学主题与学科大概念

化学主题	化学学科大概念
化学实验三要素	化学实验含有化学实验原理、装置、操作三要素
化学实验内容与方法	物质分离与提纯的原理与方法
	物质制备的原理与方法
	物质检验的原理与方法

[①] 郑长龙.大概念的内涵解析及大概念教学设计与实施策略[J].化学教育(中英文)，2022,43(13):6-12.

3.化学学科研究的目的与价值(表2-4)

表2-4 化学主题与学科大概念

化学主题	化学学科大概念
绿色化学	原子经济
	绿色化学5R原则
可持续发展	环境污染与保护
	海水开发与利用
	新能源开发与利用

四 高中化学大概念体系与其他知识的关系

大概念的学习是一个循序渐进、不断拓展和深入的过程[①]。依据学生的基础和认知水平,可以采取具体细化(内容维度上的分解或解构)、认知进阶(学习进程维度上的拓展或进阶)等方法,将高度抽象的大概念分解为适合学生认知水平、抽象程度较低又能凸显学科认识视角和思维方式的次级大概念、具体知识,按照不同学习主题和学生的不同学习阶段来逐渐拓展认识的范围、角度和深度,让学生逐渐理解和深化大概念。

1.大概念与其他知识的区别

相对其他一般概念和具体知识,大概念有以下的特点。

(1)核心性

大概念的"大"不是数量的广大、宏大,也不是基础,而是在系列知识的"上位"和"核心"。大概念是指将众多学科知识整体联系起来的关键思想,能反映学科的主要观点和思维方式,是学科的骨架和主干,处于学科的中心位置,是学科知识的核心,是在事实基础上抽象出来的深层次概念,是一门学科为数不多的核心概念。

比如"结构决定性质,性质决定应用"和"价—类"二维观是化学大概念,而物质分类、化合价与物质的氧化性、还原性的关系、原子构造模型、化学键、有机物的类别和官能团等是其下位的一般概念,而元素化合物和有机物的具体性质

[①] 何彩霞.化学学科核心素养导向的大概念单元教学探讨[J].化学教学,2019(11):44-48.

以及用途则是具体知识,最关键的化学学科的核心思想是"结构决定性质,性质决定应用"和"价—类"二维观。

(2)持久性

大概念学习贯穿整个学习过程,需要让知识与生活不断建立联系,在问题解决过程中,学生逐渐理解、不断深化并最终掌握大概念。大概念更像是从具体知识中剥离出的学科思想,具有迁移和应用的指导性。知识存在于某个课时和某个单元中,具体的知识和经验是容易忘记的,而忘记后留下的学科思想便是大概念,因此大概念具有持久性。正如爱因斯坦在《论教育》中提到,如果一个人忘掉了他在学校里所学到的每一样东西,那么留下来的就是教育。这个"教育"可以理解为可以迁移、可以用于解决问题的学科大概念。比如,SO_2的知识层级如图2-2所示[①]。

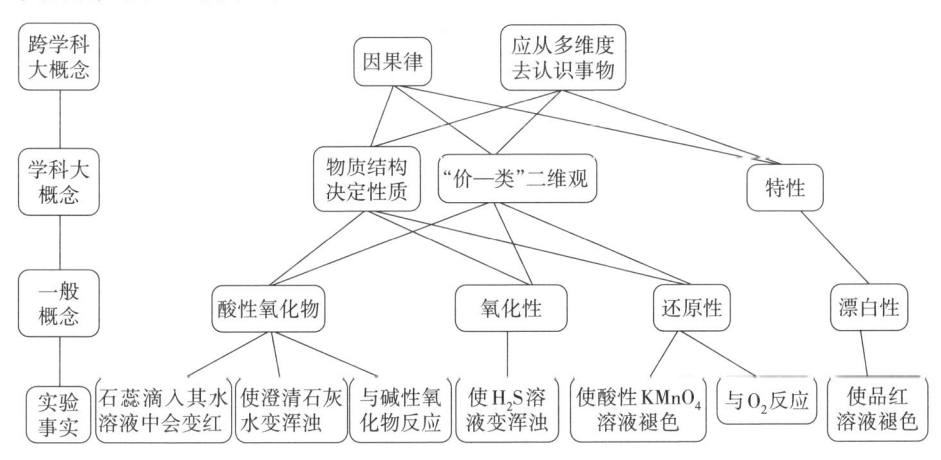

图2-2 SO_2的知识层级图

在图2-2中,酸性氧化物、氧化性、还原性、漂白性等是一般概念,而SO_2的7个实验事实是具体知识,学生在以后的学习和工作中若没有再接触化学知识,这些一般概念和具体知识会逐渐被遗忘,但是"结构决定性质,性质决定应用"和"价—类"二维观等大概念容易留在学生记忆里。大概念是化学学科本质的原理,除了与众多知识发生联系之外,还能与真实情境的问题处理发生联系,故具有较强的持久性。

---

① 范斌,赵伟华.以大概念为指向的高中化学跨学科整合教学策略[J].广西教育(中等教育),2022(12):72-77.

(3) 统摄性

若将知识比作车辆,那么大概念就是车辕,是车辕把车辆的配件牢牢固定,若没有车辕这辆车就散架了。在教学上,大概念是学科最本质的思想,具有很强的统摄性,把学科零散的、片段化的知识整合起来。一个学科大概念可以是一课时、一单元、某个学段、学科大体系甚至是跨学科的核心,并且可以联结许多子概念、小概念,从而形成知识网络,让知识的结构更加清晰。

比如,高中化学教材中原子结构包含如下概念[①],如图2-3所示。

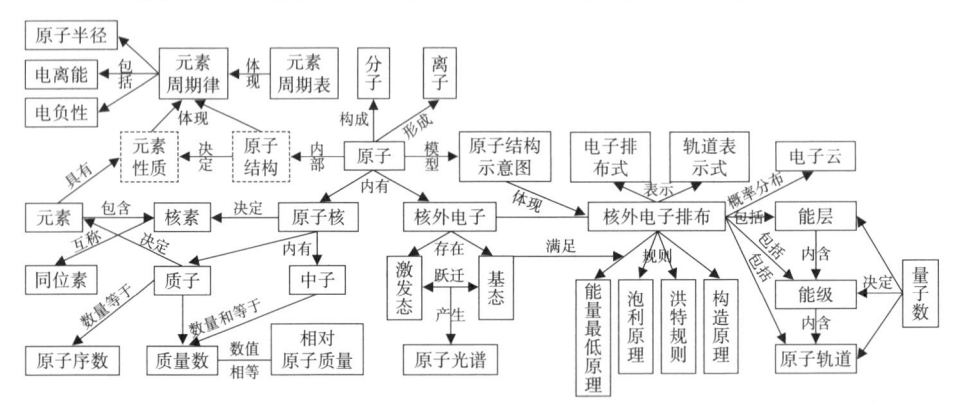

图2-3 原子结构概念图

以上原子结构概念图中,涉及的各级概念有三十几个,统摄这些概念的大概念便是"原子构造模型"。

(4) 迁移性

大概念强调理解性学习,指向专家思维和核心素养,因而具有较强的迁移性,并且大概念发生的是高通路的迁移,创新的成分比较多,而其他的一般概念和具体知识也具有迁移性,但是作用小得多,并且多数发生的是低通路的迁移,比较难以迸发创新思想。

比如碳酸氢钠溶液的pH随温度的变化,如图2-4所示。

---

① 童文昭,邹国华,杨季冬.基于学习进阶视角的化学核心概念的界定——以"物质结构"为例[J].化学教学,2019(2):3-7.

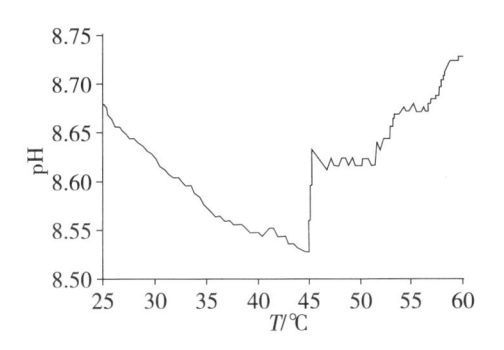

图 2-4　碳酸氢钠溶液的 pH 随温度的变化

当温度低于 45 ℃时,温度升高碳酸氢钠水解平衡右移,[OH$^-$]增大,根据 pH=$-\lg\dfrac{K_w}{[OH^-]}$,由于温度对于 K_w 的影响更加显著,$\dfrac{K_w}{[OH^-]}$ 增大,因此 pH 随温度升高而降低。升温至 45 ℃后,溶液的 pH 不断升高,主要原因是 NaHCO$_3$ 受热分解的程度更大,NaHCO$_3$ 成为 Na$_2$CO$_3$,而 Na$_2$CO$_3$ 溶液水解程度在高温下比较大,因此溶液的 pH 升高。可见,对碳酸氢钠溶液的 pH 随温度变化的分析,需要从盐的水解、水的电离、物质的分解多角度进行分析,仅仅以盐的水解平衡无法解释 NaHCO$_3$ 溶液真实的 pH 随温度的变化曲线,最后能够迁移指导解决问题的"ideas"是化学大概念"多种因素影响物质的性质",因此,大概念相对于一般概念和具体知识更具有迁移性。

2.大概念与一般概念、具体知识的联系

大概念与一般概念具有密切的联系,一般概念和具体知识是理解大概念的基础,大概念因为具有核心性、统摄性又可以促进对一般概念的理解,大概念和小概念、具体知识一起聚合成了完整的知识结构。事实、一般概念经过抽象概括、一般化或系统化等思维加工活动,可以帮助学生形成知识间纵向向上的联系,让学生能够从中获得更有普遍意义的大概念,实现知识的拓展和知识结构的改造,这个过程就是大概念的简构过程。将抽象概括获得的大概念用于指导或解决具体问题,是知识纵向向下联系的过程,也就是大概念解构的过程,也是促进学生将知识转化为能力的重要途径[1]。

---

[1] 何彩霞.化学观念统领下的知识结构及认识思路:以"物质组成"知识为例[J].化学教学,2015(8):10-14.

五 高中化学大概念提取的途径与方法

大概念教学中最重要的是教学目标的设定,而教学目标设定中尤为重要的是大概念的提取或凝练。这项工作对教师而言有一定的挑战性,原因是:首先,教师依照课标和教材的章节顺序教学,也就是学科知识、科学思维都是按照教材编排逻辑形成的,教师较少去思考知识、概念的层次关系;其次,提取或凝练大概念要对具体知识进行不断抽象,不但要对概念的内涵和外延进行深度理解,还要对化学学科知识体系结构有整体的认识,要求教师对科学知识有深入且持续的研究;最后,每个人对学科问题的认识角度可能存在不同,还有在学习进阶中对概念理解的层次也不同,因此大概念的提取并没有统一的标准。

笔者综合了不同学者的标准,并结合高中化学教学的实际情况,提出以下七条提取高中化学大概念的途径,分析如下。

1.从课程标准中提取

课程标准是国家课程的基本纲领性文件,它提出了面向全体学生的基本学习要求。因此,原则上所有大概念的提取应参照课程标准。

以《普通高中化学课程标准(2017年版2020年修订)》为例,可以从"课程性质与基本理念""学科核心素养与课程目标"部分提取大概念。高中化学课程标准中对课程性质的表述(部分)为:"化学是在原子、分子水平上研究物质的组成、结构、性质、转化及其应用的一门基础学科,其特征是从微观层次认识物质,以符号形式描述物质,在不同层面创造物质",体现了化学"结构决定性质,性质决定应用"大概念。又如高中化学课程标准对高中化学学科核心素养"变化观念和平衡思想"的表述为"能认识物质是运动和变化的,知道化学变化需要一定的条件,并遵循一定的规律;认识化学变化的本质特征是有新物质生成,并伴有能量转化;认识化学变化有一定的限度、速率,是可以调控的。能多角度、动态地分析化学变化,运用化学反应原理解决简单的实际问题"。由此可以提取"化学反应需要一定的条件、遵循一定规律""可逆体系存在平衡""化学反应速率可以调控的"等大概念(表2-6)。

可以从课程标准中的"课程结构"和"课程内容"来提取大概念。课程标准给出的课程结构有助于我们统揽整个年段的教材,从而梳理大概念网络,课程内容则有助于我们总结中观单元的大概念[①]。比如《普通高中化学课程标准（2017年版2020年修订）》"课程内容"设置的选择性必修课程的主题（模块1化学反应原理）：化学反应与能量，化学反应的方向、限度和速率，以及水溶液中的离子反应与平衡。这些主题都是化学学科体系中重要的原理，具有很强的核心性和统摄性，联结的概念和具体知识非常多，其本身就是化学学科大概念，故根据主题可以提取如下大概念：能量是守恒的，不同的能量可以相互转换；可逆体系存在平衡；化学反应速率是可以调控的。

2. 从教学内容的因果关系中提取

化学教材中的内容编排具有系统性、整体性、逻辑性。根据具体知识、一般概念、大概念之间存在的逻辑关系，分析教材内容的因果关系，以溯源的方法，梳理能够解释、推断一般概念和具体知识的大概念。比如，采用"结构决定性质"大概念来统摄金刚石和石墨的物理性质、简单粒子的性质以及有机物的性质等（表2-5）。

表2-5 大概念"结构决定性质"提取

大概念	结构决定性质		
一般概念	原子排列方式不同决定物理性质	最外层电子数决定微粒的化学性质	有机物官能团决定物质的性质
内在联系	微观结构不同导致宏观性质不同		
具体知识	金刚石和石墨物理性质不同	金属元素原子、非金属元素原子、稀有气体元素原子、阳离子和阴离子得失电子能力不同	烯烃、炔烃、卤代烃、醇、醛、羧酸、酯、糖类、蛋白质化学性质不同

又如，用"多种因素影响物质的性质"来统摄中间价态物质的氧化还原性，H_2O_2、SO_2和Fe^{2+}遇到强氧化剂如$KMnO_4$表现出还原性，而遇到还原剂则表现出氧化性。再如用"电子得失难易决定性质强弱"来统摄氧化还原反应的"先后律"、电解池电极放电的顺序、电极反应方程式的书写等知识（表2-6）。

[①] 吴庆生.浅析化学大概念的凝炼与建构[J].化学教学,2021(11):37-40.

表2-6　大概念"电子得失难易决定性质强弱"提取

大概念	电子得失难易决定性质强弱		
一般概念	氧化剂与多种还原性粒子反应	原电池	电解池
内在联系	单质的氧化性(或还原性)越强,其简单离子的还原性(或氧化性)越弱		
具体知识	Cl_2与$FeBr_2$反应： ① Cl_2（少）$+2Fe^{2+}=2Cl^-+2Fe^{3+}$； ② $2Cl_2$（足）$+2Fe^{2+}+2Br^-=4Cl^-+2Fe^{3+}+Br_2$	①还原性强的金属单质作负极； ②阳离子正极放电顺序为：$Ag^+>Cu^{2+}>H^+$	①金属作阳极,优先于阴离子放电； ②阳离子在阴极放电顺序为：$Ag^+>Cu^{2+}>H^+$； ③阴离子在阳极放电顺序为：$Br^->Cl^->OH^-$

3.从教学内容的分类关系中提取

根据教学内容与大概念之间的分类关系,采用树状分类法来统摄教学内容。比如,用"多种因素影响物质的性质"作为元素化合物的大概念。"多种因素影响物质的性质"大概念可分为类别通性、物质特性两个次级概念。类别通性包含金属单质通性、非金属单质通性、金属氧化物通性、非金属氧化物通性、酸的通性、碱的通性以及盐的通性等基本概念。物质特性是指该物质具有不同于类别通性的化学性质,根据核心元素的价态是否变化,又分为价态特性和非价态特性两类。比如金属单质、金属氧化物一般不与碱(如NaOH)反应,而Al、Al_2O_3,却能够与NaOH反应,Al的价态发生了变化,属于单质铝的价态特性,Al_2O_3的价态没有发生变化,属于氧化铝的非价态特性[①]（表2-7）。

表2-7　大概念"多种因素影响物质的性质"提取

大概念	多种因素影响物质的性质	
次级大概念	类别通性	物质特性
基本概念	金属单质、非金属单质、金属氧化物、非金属氧化物,以及酸、碱和盐的通性	价态特性　　　非价态特性
内在联系	物质既具有类别通性又具有物质特性	
具体知识	Na、Cl、Fe、Al、S、N、Si等元素及其化合物	

---

① 吴庆生.浅析化学大概念的凝炼与建构[J].化学教学,2021(11):37-40.

再比如,可将"气体实验室制备的原理和方法"大概念分为化学反应原理、气体发生装置、除杂装置、收集装置和尾气处理装置5个基本概念,并以此来统摄 NH_3、O_2、Cl_2、$CH_2\!=\!CH_2$ 和 $CH\!\equiv\!CH$ 等气体的实验室制法(表2-8)。

表2-8 大概念"气体实验室制备的原理和方法"提取

大概念	气体实验室制备的原理和方法				
基本概念	化学反应原理	气体发生装置	除杂装置	收集装置	尾气处理装置
内在联系	气体的性质影响实验装置和实验方法				
具体知识	NH_3实验室制备	O_2实验室制备	Cl_2实验室制备	$CH_2\!=\!CH_2$实验室制备	$CH\!\equiv\!CH$实验室制备

4. 从教学内容的原理(或规则)关系提取

对于化学程序性知识,首先要厘清程序性知识所遵循的原理,然后再按照一定的步骤和规则提取大概念。既可以用程序性知识所遵循的原理作为大概念,也可以采用关键环节作为大概念。比如用"方程式遵循守恒原理"来统领方程式的书写,而方程式守恒又分为原子守恒、电子转移守恒(即化合价升降相等)和电荷守恒三类[①](表2-9)。

表2-9 大概念"方程式遵循守恒原理"提取

大概念	方程式遵循守恒原理		
一般概念	原子守恒	电子转移守恒	电荷守恒
内在联系	原子守恒是方程式的基础		
具体知识	化学方程式	化学方程式	
	氧化还原反应方程式	氧化还原反应方程式	
	离子方程式		离子方程式
	电极反应式	电极反应式	电极反应式

又如,用"微粒可聚集成晶体"大概念来统领一般概念,一般概念包括"晶体类型""构成微粒""微粒作用力""晶体性质"等(表2-10)。

---

① 吴庆生.浅析化学大概念的凝炼与建构[J].化学教学,2021(11):37-40.

表2-10　大概念"微粒可聚集成晶体"提取

大概念			微粒可聚集成晶体	
一般概念	晶体类型	构成微粒	微粒作用力	晶体性质
内在联系		微粒性质和相互作用决定晶体的性质		
具体知识	离子晶体	离子	离子键	熔沸点高,硬度大,固体不导电而熔化后能导电,部分可溶于水
	原子晶体	原子	共价键	熔沸点很高,硬度很大,一般不导电,难溶于水也难溶于有机溶剂
	分子晶体	分子	范德华力或氢键	熔沸点低,硬度小,一般不导电,但是在水溶液中有的可导电,满足"相似相溶"的溶解规律
	金属晶体	金属阳离子和自由电子	金属键	熔沸点和硬度差别大,能导电,不溶于水和有机溶剂

5.从问题解决的思路中提取

大概念在学科体系中一般处于一般概念和具体知识的上位,在教学中具体知识和一般概念会不断与真实生活场景发生关联,导致大概念与生活场景建立更多极密切的联系。学生在解决问题时,需要在问题与概念和知识之间发生交互碰撞,产生解决问题的思路和方法,由于真实的问题往往具有综合性,因此需要用大概念统摄,调用多种概念、知识和经验,参与问题解决过程。因此,大概念要解构多层级的概念,统摄结构化的相关知识。比如在"汽车尾气的有害气体CO和NO的治理"中[①],选择"变化观念"与"平衡思想"作为大概念,将其拆解为凸显学科认识视角和思维方式的次级大概念,围绕物质的分类观、价态观、变化观、平衡建立、平衡移动等次级大概念梳理教学内容,再将次级概念进一步拆解为基本概念,与具体知识进行匹配,形成"汽车尾气的有害气体CO和NO的治理"的项目式教学知识层级,如表2-11。

[①] 刘学超,江合佩,李勇,等.发展学生"变化观念与平衡思想"素养的项目式教学设计——以"汽车尾气有害气体CO和NO的治理"为例[J].化学教学,2022(12):41-47.

表2-11 大概念"变化观念与平衡思想"提取

大概念	变化观念与平衡思想				
	变化观念			平衡思想	
次级大概念	分类观	价态观	变化观	平衡建立	平衡移动
基本概念	化学反应方向		限度与速率的调控	化学反应的限度与平衡常数	平衡移动的判断
具体知识	"价—类"二维视角	热力学视角：ΔG判断	动力学视角：速率调控	反应限度大小判断　转化率	Q与K的关系判断平衡移动　调控平衡移动方向

又如，在写缺项型陌生的氧化还原反应离子方程式时，需要以"方程式遵循守恒原理"作为大概念，再将其拆解为"电子得失守恒""原子守恒""电荷守恒"三个一般概念，匹配"信息处理""物种确定""按序配平"等具体知识（表2-12）。

表2-12 大概念"方程式遵循守恒原理"提取

大概念	方程式遵循守恒原理		
一般概念	电子得失守恒	原子守恒	电荷守恒
内在的联系	化学反应方程式具有客观性和守恒性		
具体知识	信息处理：了解元素流、主要元素的价态流、了解反应环境的酸碱性	物种确定：了解参加反应的物质种类和生成物质的种类	按序配平：先配氧化剂、还原剂、氧化产物、还原产物，最后配其他物质

6. 从学习难点中提取

学生在学习时难免会碰到许多难点，有的是知识的缺漏，有的是思维的问题。在帮助学生厘清思路、梳理知识、打通塞点以及重建认识的角度和途径的过程中，可以找到问题的症结，同时也可以找出学科大概念。比如在《化学 必修第一册》的学习中，许多学生对将少量和过量的Cl_2分别通入$FeBr_2$溶液后所发生的离子反应不同不理解，问题在哪里呢？首先，要懂得Cl_2是氧化剂，Fe^{2+}和Br^-都是还原剂，氧化剂具有氧化性能得电子，还原剂具有还原性能失去电子；其次，Fe^{2+}和Br^-的还原性有强弱之分，Fe^{2+}更容易失去电子，还原性$Fe^{2+}>Br^-$；最后，要懂得还原性强的离子在同等条件下会先被氧化，即往$FeBr_2$溶液通入少量氯气时Fe^{2+}先被氧化，通入过量Cl_2时Fe^{2+}和Br^-同时被氧化。那么大概念与一般概念和具体知识的关系如表2-13所示。

表2-13 大概念"电子得失难易决定性质强弱"提取

大概念	电子得失难易决定性质强弱			
一般概念	氧化剂—氧化性		还原剂—还原性	
内在关系	氧化还原反应的规律			
具体知识	Cl_2具有氧化性	Fe^{2+}具有还原性	Br^-具有还原性	Fe^{2+}还原性相对强

又如在《化学 必修 第一册》学习过程中,很多学生总是认为CO_2通入$CaCl_2$溶液中会产生白色沉淀(实际不会出现沉淀),这种错误观念让化学教师很头疼,要不断纠错,但学生还是一错再错。学生要深度理解离子反应的本质是某些离子的浓度减小,离子浓度减小的条件是生成气体、沉淀、弱电解质等。CO_2溶解在水中生成H_2CO_3,H_2CO_3是二元弱酸,要二步电离才能得到CO_3^{2-},从而导致CO_3^{2-}浓度很低,虽然$CaCO_3$也难于溶解产生CO_3^{2-},但是并不能造成CO_3^{2-}浓度降低,因此CO_2通入$CaCl_2$溶液中难以生成沉淀。那么大概念与一般概念和具体知识的关系如表2-14所示。

表2-14 大概念"离子反应本质是离子浓度减小"提取

大概念	离子反应本质是离子浓度减小			
一般概念	强弱电解质	沉淀溶解平衡	弱电解质电离	电离平衡
内在关系	溶液中存在多种平衡,离子浓度受电解质强弱的影响			
具体知识	H_2CO_3电离:二步电离,受H^+浓度抑制,CO_3^{2-}浓度很低	$CaCl_2$电离:完全电离	$CaCO_3$溶解平衡:存在溶解平衡,CO_3^{2-}浓度较低	HCl电离:完全电离

7.从化学研究目的与价值追求中提取

化学研究的目的是促进科技进步、社会进步,并为人类的健康与幸福创造条件。绿色化学、可持续发展、新能源、新材料等都是化学研究的价值追求。下面以绿色化学为例。

什么是绿色化学呢?所谓绿色化学是指设计没有或者只有尽可能小的环境副作用并且在技术上和经济上可行的化学品和化学过程[1]。绿色化学的理想就是不再使用有毒、有害的物质,不再产生废物,不再处理废物,把污染治理转变为污染预防,从而在源头上消除化学污染。实现绿色化学的关键在于科学技

---

[1] 姚晓莉.让绿色化学走进中学化学教学课堂[J].陕西师范大学学报(哲学社会科学版),2006(1):451-452.

术。因为，如果要消除污染，就必须从源头着手，而从源头着手，就必须不断提高化学工业的生产技术，让化学品尽量无毒、无害、无副作用。对于中学化学教学而言，绿色化学思想意识的传递不仅是素质教育的要求，更是让学生树立环保意识，实现绿色化学的现实需要。绿色化学大概念与一般概念和具体知识的关系如表2-15所示。

表2-15 大概念"绿色化学观念"提取

大概念	绿色化学观念					
一般概念	空气污染与防治	水体污染与水资源保护	化学能源的开发利用	化学工业绿色化	食品安全与健康	化学药品与安全操作
内在关系	将污染治理转变为污染预防，从而在源头上消除化学污染					
具体知识	空气中二氧化硫和二氧化氮的防治	海水资源利用	水体污染与污水处理	垃圾处理	白色污染处理	煤的综合利用	"三废"处理

第三节 基于大概念的简约化学

一、基于大概念的简约化学要义

"约取""唯真""简构""精鉴"是简约化学的核心要义,其关系如图2-5所示,对其概念解释如下。

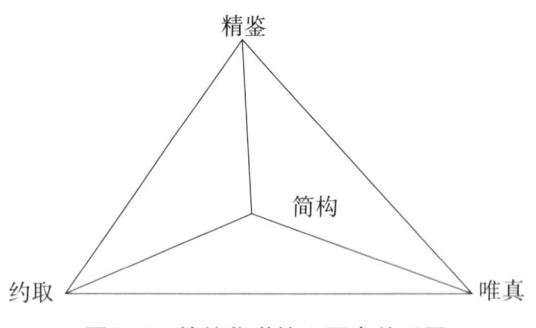

图2-5 简约化学核心要素关系图

1. 约取

"约取"来自苏轼的"博观而约取,厚积而薄发",在《汉语大词典》中的解释是"取其要领",显然"约取"的基础是要有广博的知识、明确的目标、清晰的路径。对于教学而言,教师首先要有"一桶水",才能给学生"一滴水",还要做到因材施教、因人施教,做到有的放矢的教学。

(1) 整体认识上提高

博观是约取的基础,但博观不是零散知识的简单集合,而是对单元、模块整体甚至跨学科领域知识结构整体的认识。《普通高中化学课程标准(2017年版2020年修订)》提出要强化学科的整体认识,教材的编排则充分体现了课标的理念。比如在有机化学部分的"认识有机物"中,原来的化学教材只介绍了有机物概念、有机物特性等,对烃和烃的衍生物类别没有介绍。但2019年版本的化学教材除了以上内容外,还介绍了同分异构体、官能团等。笔者所在的学校在使用2019年版本的化学教材时,备课组曾就这个问题展开了激烈讨论,有的老师认为还是遵循旧教材循序渐进的原则比较好,担心呈现这么多种官能团,学生未必能够接受。但是备课组结合课程标准深入学习了教材之后,还是按照新教材的安排进行教学,因为新教材在新的模块开始时,让学生对有机化学有整体的认识,这是比较合理的。事实证明,按照新教材的顺序,就实际教学效果而言,学生对有机化学的学习整体感更强,不会感到有机化学结构很奇怪、内容很繁杂,反应也不会很陌生。总而言之,让学生对模块知识的整体架构有个基本的了解,有利于提高学习效果。

(2)知识教学做减法

当今社会,信息技术、人工智能技术迅猛发展,知识的数量呈几何式增长,科学技术日新月异,人工智能技术不断发起挑战,许多传统行业都存在被替代的风险。以传授知识为主的教学模式极有可能被淘汰已经是当下教育界的共识,同时也已经成为趋势。简约化学主张知识教学做减法,在课堂有限的时间里,聚焦主干知识的形成,关注知识的应用,建立知识与生活的联系,发展基于情境的问题解决能力,反对死记硬背、简单堆积、浅层反复应用。在高考评价中,国家考试中心也明确提出反刷题、反套路。

比如对化学符号的教学,不主张对课本化学方程式的反复考查,主张将氧化还原反应原理和复分解反应与化学反应原理的模块相融合,形成物质转化的深度理解,学会认识和处理在工业生产和真实实验中所发生的化学反应,注重考查学生在陌生情境中书写化学反应方程式的能力。

比如在化工生产中碳酸锰的制备,碳酸锰的制备按照常埋会考虑锰盐与碳酸盐的反应,常见的碳酸盐就是碳酸钠,可是碳酸钠的碱性太强,得到的产物多数是氢氧化锰,故实际上用的是碳酸氢铵(中性物质),反应的离子方程式为 $Mn^{2+}+2HCO_3^- == MnCO_3+CO_2\uparrow +H_2O$。反应的原理是碳酸氢根电离出的碳酸根与锰离子结合,同时生成的氢离子再与碳酸氢根反应,生成二氧化碳和水。

在处理这个问题时,所用到的知识是有限的,平时酸、碱、盐转化的规律并不适用于该问题的解决,解决该问题的关键是要具备多角度思考问题的思维方法。因此,在课堂教学中教师没必要将过多的时间花在记忆性的知识上,应该下大力气培养学生的思维能力,知识教学做减法,思维拓展做加法。

(3)思维拓展做加法

简约化学教学主张不能停留于字面上的理解,但并非在教学所有方面都倡导做减法,因为单纯、盲目地做减法不可能拥有高质量的学习,"约取"的前提是"博观"。在核心素养培育的背景下,教学的关键环节不但不能做减法而且要加强。教学的关键在于提升思维,因此必须强化学生思维的培养过程。

思维是我们认知世界和解决问题的过程,它是人类独有的智能表现。从知识积累到思维发展是一个复杂的命题,许多学者从心理学、教育学等角度都进行了深入的研究,并取得许多丰硕的成果,但是结论并不统一。比如从教育学的角度,杜威认为知识教学无助于思维的培养,他在著作《我们怎样思维·经验与教育》中指出"学科可能无助于发展智慧""知识仅仅是已经获得并储存起来的学问;而智慧则是运用学问去指导改善生活的各种能力"[1]。但是也有许多学者认为知识的习得就是思维形成的主要方式,我国学者王策三认为思维培养应该从知识开始[2]。显然任何一位教师在开展教学活动的过程中,都无法绕过知识直接走向思维能力或素养的培养,知识的积累仍然是初级思维形成的重要途径。但是,仅仅是将新知识的习得作为思维培养的全过程显然是错误和危险的做法,还是要在复杂陌生的环境里,在解决问题的过程中培养思维特别是高阶思维。

简约化学主张要精心设计教学过程,以问题为导向,以任务为驱动,特别是重视创设具有逻辑性、关联性、思维性的问题链,让学生的知识、经验与情境中的问题发生冲突和联系,然后理顺思路,建立对知识的新理解,重建认识化学的角度和方法。因此,简约化学特别提倡项目式学习、任务式学习的主题教学方式,激发学生学习兴趣,让学习与生活紧密结合,在解决问题的过程中发展和优化思维。

(4)大概念统领作用

大概念不是基础概念,而是聚合概念,大概念如同文件夹[3],具有中心性和统摄性,为无限的小概念(基础概念、一般概念)提供有序结构或合理框架,把许多小概念和具体知识联系在一起。有限的大概念之间相互联系,共同构成学科的连贯整体,使学科不再被视为一套断断续续的概念、原则、事实和方法。大概念居于学科的中心位置。大概念虽然是相对概念,可以是某一学科的大概念,也可以是某单元的大概念,但是都起着提纲挈领的作用。因此,大概念教学对

---

[1] 杜威.我们怎样思维·经验与教育[M].姜文闵,译.北京:人民教育出版社,2004:60.
[2] 王策三.认真对待"轻视知识"的教育思潮——再评由"应试教育"向素质教育转轨提法的讨论[J].北京大学教育评论,2004,2(3):5-23.
[3] 李刚,吕立杰.国外围绕大概念进行课程设计探析及启示[J].比较教育研究,2018(9):35-43.

教材进行了二次开发,根据知识、小概念、大概念的逻辑联系,重整教材内容,不过对教学内容并不是随意的取舍。

2.简构

简约化学教学主张以教学内容为先,以学生思维培养、知识建构为目标,摒弃花哨无用的手法,远离干扰学生思维的手段,主张教学深入浅出,揭示最简单的规律与本质,从而提高教学效率,使课堂充满科学和智慧之美,让学生在轻松愉悦的过程中获得知识[①]。

目前的教学承载了过多的内容,太复杂,目标不清晰、过程痕迹不清晰、形式太复杂。一节课下来有收获,几节课下来反而没东西了,这是为什么呢?就是因为线索没有掌握好,所以需要简构教学。简构是一种知识认知模型,是学生建构知识的基础,还是一种学习路径。

大概念教学主张以大概念统摄小概念和具体知识,大概念在知识体系中作为"核心""文件夹""车辖",用于建立脉络清晰的具有整体感的知识体系。因此,大概念教学也提倡教学过程简构。

(1)教学目标形简义丰

教学设计应是一个详细具体、被严格执行、实践指向性很强的行动方案。教学目标的制订是否合理,直接影响着教学过程的实施和教学效果的好坏。在当前的教学实践中,教师对于教学目标认知大致有四类[②]:一是目标可有可无,课堂教学凭经验行事;二是目标设置过于形式化,"三维目标""五大素养"式表述,看似十分详细、面面俱到,实则虚无缥缈、言之无理;三是目标制订主观随意,目标过多、过繁、过高,脱离课程标准和学生实际;四是目标认定简洁明了,操作性强,实效性好。

有效的课堂教学应是教师帮助学生释疑解惑,引领学生从"原点"出发,通过一定的路径,到达"目的地"。教学设计需要思考的重点是"这节课学生在学习中需要教师提供哪些帮助?"或"这节课学生在学习中存在的疑难点有哪些?"一般而言,课堂教学中,学生需要寻求教师帮助的关键之处有三:不知道目的地在哪(学习目标不明);不知道通向目的地的路怎么走(学习路径和学习方法不明);不知道前行的道路上有何障碍(学习难点不明)。

---

① 居鸣富.简约:化学课堂有效教学的应然表——以"氮与社会可持续发展"教学为例[J].中学化学教学参考,2022(13):24-27.
② 汤国荣.走近地理核心素养的简约教学[J].地理教学,2019(16):9-12,27.

教学目标是教学的起点和归宿,统领着教学的全过程。课时教学目标是依据课程标准,围绕有关教材内容,针对学生实际拟定的在1课时内预期达到的具体学习效果,应具备可操作、可达到、可测量的特点。因此,教师在进行教学设计前需要思考以下问题:想要学生从这节课中学到什么知识?教学要达到什么样的标准?课程标准的教学要求是什么?同时,教师在设计时还要考虑学生的年龄阶段、学生的接受能力等问题[1]。一旦教师明确了这些问题,就可以列出简洁明了的课时教学目标。

虽然《普通高中化学课程标准(2017年版2020年修订)》将"宏观辨识与微观探析""变化观念与平衡思想""证据推理与模型认知""科学探究与创新意识""科学精神与社会责任"设定为化学学科核心素养,但化学学科核心素养是课程的总目标,是一个宏观的综合目标,在确定具体的课时教学目标时不能机械、教条地将总目标加以分解。在具体操作时,可将教学目标分成两类:一是结果性目标(知识和能力目标);二是体验性目标(经验与价值观目标)。其中,结果性目标应该是显性的、可测量的,要充分体现对化学学科的核心概念、原理等内容的认知和对学科方法、思维的掌握。体验性目标是隐性的,反映的是学生的心理感受和体验,可渗透在具体的教学行为之中。对于具体课时目标的设定,应考虑目标是否可操作、可达到、可测量,力求做出简洁、明了、具有明确的教学指向。如,理解一个概念、掌握一个原理、学会一种方法、感悟一个过程……

以"水溶液"的教学目标设计为例。

(1)知识目标

①理解水的电离平衡;

②掌握水离子积的概念;

③学会求解已知浓度的强酸性和强碱性溶液中水电离出的氢离子和氢氧根离子的浓度。

(2)素养目标

①发展"证据推理与模型认知"化学学科核心素养,即学会搜集证据证明水是极弱的电解质,证明水存在电离平衡;

---

[1] 汤国荣.关注教学活动三环节 探寻实用型课时教学设计[J].中学地理教学参考,2012(1):30-33.

②发展"变化观念与平衡思想"化学学科核心素养,即理解水的电离存在平衡,符合化学平衡大概念。

(2)教学环节简明高效

简约化学的课堂要遵循"线性原则",如同两点间的线段,是一个由起点迈向终点的直线行进过程。但在现行的教学实践中,有些化学课堂形式多样,貌似内容丰富、容量很大,实则没有主题,缺少了"串珠"的那一根"主线"。其原因主要是教师没有大概念教学理念,对课堂结构缺少"规划意识"和"结构意识",对课堂教学围绕主线应该带出哪些内容、需要哪几个环节、教学的先后次序怎样安排等,缺乏一个设计和反复比较的过程。

简约化学课堂特质应是:课堂结构——清晰、明快、整体感强;教学素材——经济、高效、少而精练;节奏控制——匀称、舒缓、张弛有度;活动展开——自然、流畅、环环相扣;教师上课——轻松、自如、胸怀全局;学生学习——愉快、主动、学有成效。为此,课堂教学环节的建构需要围绕准确定位的教学目标,精准把握和精简妙用影响教学的各种要素,即运用筛选提炼、优化整合等策略,对情境、内容、活动、结构、媒体、导学等诸多方面进行适当取舍、精致处理与精巧设计,使课堂教学变得更为清晰、流畅,简约中蕴含着丰富和深刻,彰显着务实求真,折射出灵动高效,最终实现学生化学学习能力的发展以及化学思维品质、学科核心素养的提升。

简约化学课堂返璞归真,是本色的教学,是摒弃一切不必要的花哨与作秀的教学。高中化学教学的要点是引领学生学习"认识物质和创造物质"这一学科本质,课堂教学设计应回归本原,以"学科知识"为载体,借助相对复杂的"真实情境",设计具有一定思维深度的"问题链",引领学生进行实验的观察、概括、归纳,化学特征的分析、比较、综合,化学过程的观察、概括、预测,化学因果联系与依存关系的判断、分析、推理,构建出简约高效的"情境→问题→探究→评价"教学环节。教师应把主要精力用于思考"怎样创设以学生为中心的课堂教学情境?""怎样引导学生发现有价值的化学问题并进行科学合理的剖析?"等关键性问题。同时,在设计教学过程时,应在学生充分自主思考的基础上,教师尽可能多地显露解决问题的思维过程与方法,以训练和提升学生的化学学科思维。

比如在"水溶液"的教学中设计如下教学环节：

①探究一：水是极弱电解质吗？如何证明？
②探究二：水存在平衡吗？如何证明？
③探究三：如何衡量水的电离的限度？
④探究四：水的离子积有何应用？

四个教学环节聚焦可逆反应存在化学平衡大概念，以培养"证据推理与模型认知"化学学科核心素养为指向开展科学探究，教学过程简练、脉络清晰，很好地体现了简约化学的思想。

(3) 教学情境真实精妙

核心素养教学最大的特点就是情境教学，在真实情境中培养学生解决问题的能力。大概念教学也认为学习必须与真实的生活相联系，只有学习与生活发生了紧密的联系，学生才能较好理解学科大概念，从而发生高通路迁移。简约化学倡导为思维而教，反对纯粹以追求知识掌握为目的教学，思维的形成就是解决问题（尤其是复杂问题）的过程，因此简约化学也主张在教学中要建构合适精妙的教学情境。

就目前高中化学课堂改革的实践来说，情境设置的重要性已得到了广大同仁的认可，但在课堂教学情境的设置上仍然问题很多：有的情境设置游离于主题之外，情境与教学内容呈现两张皮，牵强附会；有的情境设置繁杂散乱，没有问题逻辑，让学生摸不着方向；有的情境设置简单浅显，毫无问题蕴含，缺乏足够的思维深度；有的情境设置缺少关联，未能贯穿教学过程的始终；等等。

什么是好的教学情境呢？首先，教学情境要锚定在教学目标和教学内容上，不能为情境而情境；其次，教学情境要具有一定的新奇性，能激发学生的好奇心，进而形成学习的动机，充分调动思维活动；再次，教学情境应具有生活性和真实性，是学生用自身的生活经验可以体会到的，或者提供适当信息导引，可以间接地认识到的；最后，教学情境应有发展性，能够发生认知冲突，需要学生通过学习进而对目标中的大概念形成更深刻的理解。总之，教学情境必须对教学目的的实现有很强的促进作用。

比如在氯气性质教学中，有位老师是这样引入教学情境的：在18世纪70年代的某天，舍勒在研究软锰矿（主要成分MnO_2)时，将矿石与浓盐酸混合并加热后，发现混合物中冒出一种黄绿色的气体。这种气体具有刺激性气味，吸入后极为难受，舍勒确信自己制得了一种新气体，故而非常高兴，这种气体后来被确认为氯气。他将制得的气体通入水中,发现其水溶液对彩纸、蔬菜和花朵都具有漂白作用。

这是化学史的教学情境,以科学家对氯气性质的探究过程,吸引学生的好奇心,激发学习氯气化学性质的兴趣,并很好拓展了氯气实验室制法的学习。

(4)课堂作业精准提升

经过学习,学生基于大概念,围绕过程构建了较为完整的知识体系,只有将其用于实践,才能把知识落到实处,促进思维提升。课堂练习要精选典型案例,由浅入深,注重主导因素的分析和思维的拓展,并引导学生注意表述规范。精准地练习不仅让学生会"学",而且会"考"。简约化学教学主张课堂作业的设计要遵守"四性"。

①针对性:练习针对教学目的中的重点和难点知识而设计的作业,对理解化学学科大概念有很大的帮助,有助于巩固重点知识,有助于教师评价学生对主干知识的掌握和理解程度。

②精简性:由于课堂时间有限,不可能有很多的时间让学生练习,课堂练习的时间一般不会超过15分钟,因此题目必须精准而高效、题干信息简练、题量适中。

③学习性:学生在课堂练习中,能够加深对知识的掌握和对概念的理解,拓宽对化学问题的认识角度和途径并能逐渐建立认识模型,对实现教学目的有很大的促进作用。

④发展性:课堂练习有助于知识的迁移,不但能够把知识活化,用于解决生活和生产的问题,还能让知识之间、知识和问题之间建立联系,对今后的学习有着铺垫作用。

针对水的离子积的应用,设计以下课堂练习。

①计算在25 ℃时,以下给出的溶液中的$[H^+]$和$[OH^-]$:0.1 mol/L 的盐酸溶液、0.1 mol/L 的 $Ba(OH)_2$ 溶液。

②写出25 ℃、浓度均为 0.1 $mol \cdot L^{-1}$ 的下列溶液中的$[H^+]$,并按由大到小的顺序排列:氨水、NaOH、盐酸、醋酸。

以上两个课堂练习是基于任何水溶液中氢离子和氢氧根离子浓度乘积为常数,可以通过其中一种离子浓度求解另一种离子的浓度。通过上述两道简练的题目,可以比较高效地掌握同类问题的解决方法。

3.唯真

"唯真"来自苏轼的"有的放矢,唯真是取",唯真在简约化学中的解释是"真情境""真学习""真化学"。

(1)真情境

"真情境"指化学要走向真实情境,让学生在综合和陌生的环境中,把知识与问题关联起来,在建构知识与解构问题的过程中,培养解决问题的能力,建构"活性知识"。核心素养教学相对于以知识为本的教学,最大的特点就是强调真实情境教学,情境素材可以唤起学生的求知欲望,激发学习热情,拉近学习与生活的距离,在生活中观察、领悟化学知识,运用化学知识解决实际问题。华东师范大学王祖浩教授认为知识只是素养的媒介和手段,知识转化为素养的途径是情境。基于此,简约化学教学主张教师要精心挑选教学素材,在丰富多样的学习场景中发挥知识的功能价值。

大概念教学强调要在教育的每门课程和教学的每个环节中,都要追问是否有生活价值,正如怀特海在《教育的目的》中所言,教育只有一个主题,那就是五彩缤纷的生活。只有与生活发生关联的知识,才是可以应用的知识,才不是考完即忘记的知识。大概念提倡由教材教,教专家思维,而不是教专家结论,教育学生"像化学家一样思维"。只有在真实情境中能遇到的问题才是真问题,才具有综合性、复杂性。只有在生活场景具象的活动中不断抽象,然后用大概念统领下的知识解决问题,才能提升学生的思维。

当然,教学情境要与教学内容相匹配,对学生思维提高有诱导性、对教学目标达成有促进性、对教学难点突破有帮助性、对育人目标有导向性。若教学情境选用不妥,或者是与教学内容牵强附会,则教学效果不佳,甚至与简约化学的教学主张相违背,或与大概念的教学要求相左。

(2)真学习

"真学习"指在课堂中让学习真正发生,让学生在化学学习中成为学习的主人,有主动参与、有积极思考、有科学探究、有学习反思、有发展收获。与"真学习"相反的是"假学习","假学习"是指教学以教师灌输知识为主,以学生学习知识掌握为主的浅层学习。简约化学主张以发展学生的核心素养为目标,重点培养学生的思维品质,减少知识的灌输和机械的重复,着力提高课堂教学效率,强调的是知识的质量而不是数量,追求的是"少而精"的能够应用和迁移的知识,而不是一些考完就忘的"惰性知识"。"真学习"其实就是深度学习。

大概念教学强调具象和抽象的协同,要让学生形成专家思维而不是只学习专家结论,形成专家思维的前提是理解、目的是迁移,以理解为基础、以解决问题为目的的高通路迁移所指向的学习就是深度学习。因此,简约化学与大概念教学课堂上发生的学习都是深度学习。

(3)真化学

"真化学"指学生学习要直达学科本质,对化学学科的原理要有透彻的理解和整体的认识,学会从能量、方向、速率、限度等角度认识物质之间的联系,体验假说、实验、建模、数据处理、解释等科学的认识过程。对于教师而言,要深刻认识化学学科本质就是"从微观层次认识物质,以符号形式描述物质,在不同层面创造物质",此外,要从课程目标、课程结构、课程内容、化学教学、教学评价五个方面认识学科核心素养。简约化学认为只有学习"真化学",才能抓住化学的学科思维,才能"居高临下",以更深层次的视角去认识化学世界。大概念居于学科的中心位置,因此学科大概念群体现了学科结构和学科本质。综上所述,化学学科大概念的教学也强调"真化学"。

4.精鉴

精鉴是指精心鉴别而确认,出自韩愈《与凤翔邢尚书书》——"欲求士之贤愚,在於(于)精鉴博采之而已"。简约化学所主张的精鉴包括精选教学内容、优化方法、准确评价等方面。

(1)精选教学内容

在信息爆炸的时代,知识在不断更新,学习的渠道多样化,知识教学的重要性被弱化,《普通高中化学课程标准(2017年版2020年修订)》将高中化学课程分为必修课程、选择性必修课程、选修课程三类,不仅适应学生不同层次和不同取向的多元发展需求,而且赋予学生和学校更大的选择权和自主权。因此,教师在教学方面有更大的自主权[1]。

基于此,大概念教学中单元整体教学所用的项目式学习和课时学习中所用的任务式学习,从教材的拓展内容、试题、研究性学习课题、实验疑难问题、化学科学论文等方面精选素材,开发成课程内容,实现大概念统领下的知识建构和思维发展。

---

[1] 陈立娟,严凌燕."双减"政策下如何优化精准教学?——基于教师行动的视角[J].电化教育研究,2022,43(12):54-60.

比如,教材中量化实验的内容比较少,而从定性走向定量是化学成为一门独立学科的根本标志,并且在高考评价中对化学实验量化思维的考查要求比较高,学生普遍表示,实验量化计算比较难。因此,有必要精选一些量化实验,针对性解决此类问题。比如选取硫酸铜晶体中结晶水的测定实验,从分析硫酸铜结晶水的结构和教材实验存在的问题入手,启发学生在教师提供真实文献资料的基础上,聚焦实验的恒重条件,改变加热方式,不断解决实验过程中存在的问题;学生通过自主研讨制订和实施差异性的实验方案,最后在展示和交流实验结果中,继续优化实验条件。该实验采用项目式学习的教学方式,具有体验性、活动性、创新性等特点,达到优化实验思维、提升学生问题解决能力等目的。

(2)优化教学方式

"双减"政策要求回归学校教育主阵地,优化教学方式成为"减负增效"的迫切要求。教学方式的转变,主要从精准教学入手。一是从对多元问题的平均用力转向主抓关键问题,即教学要着力于思维能力的培养,让学生运用化学知识解决实际问题,培养"像科学家一样思考"的思维方式,而不是在知识的积累上花太多时间。二是从重"教法"向重"学法"转变,教师可以采用目标教学法,灵活选用合作学习法、情境教学法等教学方法,通过多元化的精准教学方法调动学生学习积极性,减少课堂上的机械灌输。三是从大众化教学向个性化辅导转变。在大班化教学中,学习层次分化不可避免,教学中如何兼顾各层次的学生是制约教学效率提升的问题之一。为了体现因材施教,鼓励"人人有潜力,人人能成才",教师应该采取大众化教学和个性化辅导相结合的方式,比如对化学学科的后进生或特长生采用课余线上专题辅导,或者是微课学习等方式。从表面上看,教师的工作量增加了,但是班级学生整体学习水平提升了,个性化辅导十分有效,与其他的辅导工作相比,教师负担并没有增加(就教师的付出与收获而言)。

(3)精确教学评价

课堂教学评价主要是以学生发展为基础,真实而全面地反映课堂教学的面貌,进而提升课堂教学的"教育力"[1]。评价的本质是改进教师的教和学生的学。

---

[1] 刘志军,徐彬.我国课堂教学评价研究40年:回顾与展望[J].课程·教材·教法,2018,38(7):12-20.

现实中，评价方式过于繁杂，评价指标过细过多，评价流程复杂多变，评价对象过于分散，因此教学评价难以得到促进和发展。大概念教学强调对大概念、小概念、具体知识、问题进行关联认识和理解评价。简约化学要求以一种简单的形式表达较为丰富的内涵，在呈现事物本质的前提下使事物的表达形式尽可能简单，在确保活动功能的前提下让活动过程尽可能简单。简约化学主张评价的维度清晰明了，一是教学目的的达成度评价，二是课堂教学过程性评价，三是课堂教学的效果评价。

比如氧化还原反应的目标评价，主要体现在对氧化还原反应本质的认识进阶（物质水平、元素水平、微粒水平）和认识的结构化水平（视角水平、内涵水平）评价；过程性评价，体现在对物质作用的探究方案的交流和点评，以及对认识氧化还原反应转变过程的思维外显分析；课堂教学效果的评价就是对解决具体问题的评价，体现在对问题或实验的处理方案的评价。

二 简约化学与大概念的联系

简约化学和大概念之间存在密切的联系。简约化学主张在教学过程中，从复杂的化学知识和概念中提取出大概念，统领化学知识，强调真实的学习体验，从而提高教学效果。简约化学是大概念理论的实现方式之一。

简约化学中的"约取"意味着从众多知识中提取出具有代表性和重要性的核心概念。这些核心概念可以看作是大概念的基础，是学生理解化学知识体系的关键。大概念是从具体现象中抽象出来的具有概括性的概念，有助于学生更好地理解化学知识的本质和不同概念之间的关系。在简约化学中，大概念有助于学生建立起知识系统的联结。

简约化学中的"简构"意味着将约取的核心概念和大概念融入教学中，简明扼要地呈现化学知识和理论。通过简构化学知识，教师可以帮助学生更加清晰地理解和掌握化学知识，从而提高学习效果。

简约化学中的"唯真"强调在教学中注重真实性和实践性，将化学知识与学生的实际生活和社会问题联系起来。大概念可以通过真实的情境和实际的案例来体现，从而增强学生的学习动机和理解能力。

"精鉴"是简约化学中的另一个要素，强调"教、学、评"一体化，注重评价学生对核心概念和关键思想的理解和运用能力，大概念可以通过精炼和真实的学习经验来体现，从而提高学生的化学素养。

综上所述，简约化学与大概念之间存在密切的关系。大概念可以看作是简约化学的理论基础，通过约取核心概念和简构化学知识，帮助学生理解知识结构和建立化学思维方式。同时，大概念也可以通过真实的学习体验和情境来实现唯真的要求，增强学生的学习动机和理解能力。因此，大概念在简约化学的实践中起着至关重要的作用。

三 简约化学教学设计模型

基于大概念理念，简约化学教学模式主要有项目式教学、大单元教学、任务式教学等。

在这三种模式中，项目式教学相对比较宏观，一般以社会议题或大概念作为教学项目，因此涉及的大概念是跨模块甚至是跨学科的；大单元教学相对中观，一般以比较大的教学主题作为单元，因此涉及的大概念一般是学科内的；任务式教学则相对微观，任务相对简单，涉及的大概念一般是模块内的，相对外延比较小，教学时长相对比较短。

简约化学教学对教学主题和教材重整以及教学目的设定提倡"约取"，对学情分析和教学情境创设及学习开展提倡"唯真"，对教学模式的选取提倡"简构"，对教学评价提倡"精鉴"。具体见图2-6。

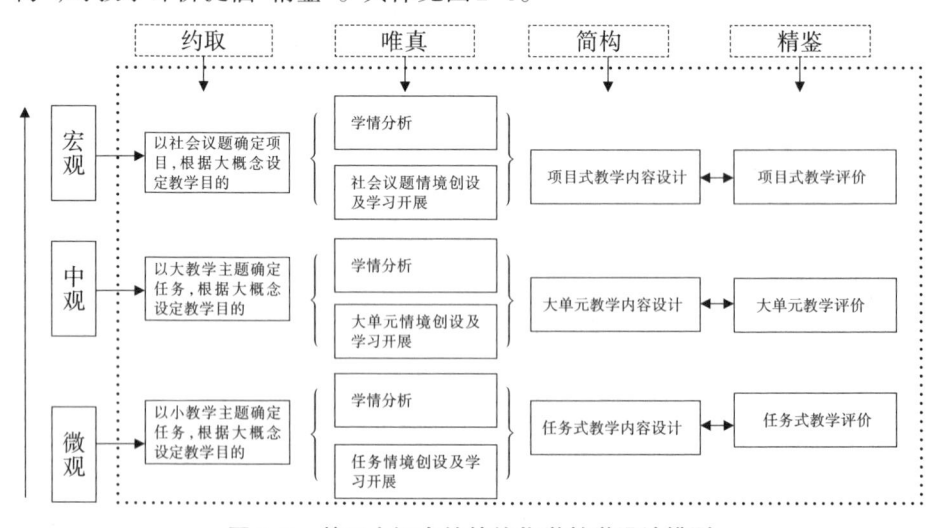

图2-6 基于大概念的简约化学教学设计模型

第三章

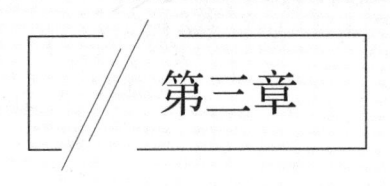

约取：简约化学的结构要义

在育人的角度，简约化学追求的是全面性、融合性和发展性；在化学课堂教学角度，简约化学追求的是结构性、整体性和本质性；在学习的角度，简约化学追求的是深刻性、迁移性、意义性。简约化学的内涵是约取、唯真、简构、精鉴，关系如图3-1所示。约取是教学主张的基础，唯真是教学主张的内容要求，简构是教学主张的模式，精鉴是教学主张的评价。

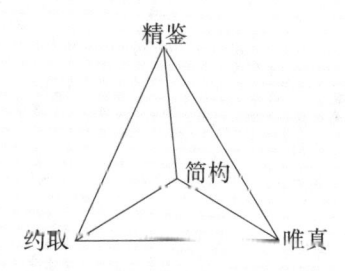

图3-1 简约化学要素结构图

约取是"取其要领"，在教学中的主要体现：在教学的选材及教学单元组建方面，突出大概念的统摄作用；在单元知识体系的构建方面，突出逻辑的结构化；在教学目标确定方面，指向简约精准。具体而言就是选材主题化、知识结构化、目标精准化（图3-2）。

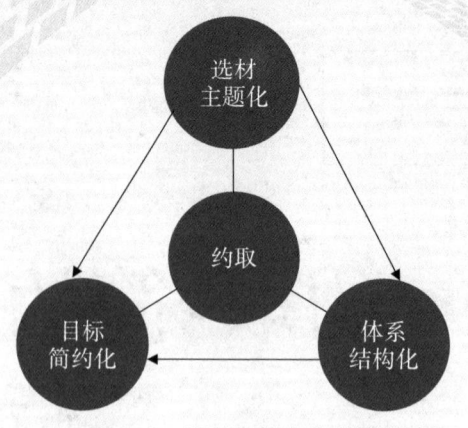

图3-2　约取的要素关系图

第一节 教学目标确定

一 教学目标的价值意义

《教育部关于全面深化课程改革落实立德树人根本任务的意见》指出,"教育部将组织研究提出各学段学生发展核心素养""改进学科教学的育人功能""将教育教学的行为统一到育人目标上来"。

围绕学科核心素养重建课堂教学,是当前全面深化化学课程改革的重点。有效教学必须回答三个基本问题:一是你把学生带到哪里(目标)？二是你怎样把学生带到那里？三是如何确信你已经把学生带到那里？可见,教学目标是教学的起点和归宿,规定教与学的进程与方向,引领教学的全过程,其重要性不言而喻。

教学目标可分为单元教学目标和课时教学目标两类。单元教学目标有利于落实课程目标,有利于统筹要素发展,有利于引导教学方向,有利于激励学生发展,有利于促进教学评价。在课堂教学中,素材选择、情境创设、学习任务和评价性问题的设计,以及教学活动的安排都是为了达成教学目标,且都必须服务于教学目标,可以说教学目标是教学过程的灵魂。

二 教学目标的概念内涵

与教学目标相关的概念有教育目的、培养目标、课程目标和教学目标等,如表3-1所示。课程目标是教学目标的上位概念,教学目标是课程目标的进一步具体化,是指导、实施和评价教学的基本依据。根据教学目标涵盖范围的不同,可将其分为学年(学期)教学目标、单元教学目标以及课时教学目标三种。其中,课时教学目标是某一课题或该课题中某一课时的教学目标,处于教学目标的最下位,也是最具体的目标,与教师的日常教学工作关系最为密切[①]。

表3-1 教学目标及其相关概念

概念	内涵	制定者	举例
教育目的	培养人的总目标	政府	立德树人,培养全面发展的社会主义建设者和接班人
培养目标	不同性质或不同阶段的教育所提出的培养要求	教育部	高中教育培养目标:进一步提升学生综合素质,着力发展核心素养,使学生具有理想信念和社会责任感,具有科学文化素养和终身学习能力,具有自主发展能力和沟通合作能力
课程目标	某一学科在某一具体学段、课程所要达到的结果	课程专家	高中化学课程目标:培养学生的"宏观辨识与微观探析、变化观念和平衡思想、证据推理与模型认知、科学探究与创新意识、科学态度与社会责任"等化学学科核心素养
教学目标	学生经历一段时间的具体教学活动后应达到的预期结果	教师	课题"原子结构模型的演变"教学目标:能够说出原子模型的发展历程,以及模型所具有的描述、解释和预测等作用;能够根据化学实验等事实证据,推理旧原子模型的不足,构建、评价新的模型,从而具有证据意识,发展"证据推理与模型认知"学科核心素养

[①] 杨玉琴,倪娟.学科核心素养视域下的教学目标:科学研制与准确表达[J].化学教学,2019,(03):3-7.

三 教学目标的确定路径

深入分析课程标准的要求,整体把握单元内容逻辑,以学科大概念为指引,深入挖掘内隐在显性学科内容背后的对发展学生的核心素养更富"营养"价值的学科观念、方法、价值等,并以此为基础设计单元目标[①],再把单元目标有机分解到每个课时中,通过逐步实现每个课时教学目标最终实现单元目标。

1.基于课程标准、学情和资源的分析

课程目标是制定教学目标最直接和主要的依据,课程标准对每个模块中的每个主题的内容都有相应的要求,但这些要求只是概括地描述了主题目标,与具体的课时教学目标还有一定的距离,需要一线教师将其具体化、精细化,才能转化为每一单元、每一课时的教学目标。这就需要对课程标准进行深入分析,细化每一课时的具体教学目标,不仅要实现课程标准所规定的内容要求,还要体现课程目标的总体要求;学生最终能到达哪里,还取决于学生从哪里出发,即需要对学情进行分析,找到学生的最近发展区才能确定所要到达的终点。

如在初中和高中必修阶段,学生对原子结构已经有了初步认识,知道了共价键及其分类——共价键分为极性共价键和非极性共价键两类,了解了一些分子的空间结构,知道了同一物质在不同溶剂中的溶解性不同。通过学习《化学选择性必修2 物质结构与性质》第一章的内容,学生进一步认识了能级、s和p能级的电子云轮廓图,能结合构造原理、能量最低原理、泡利不相容原理、洪特规则等书写1~36号元素基态原子的核外电子排布式和轨道表示式,还能应用核外电子排布式解释相关问题。

目标的实现还有赖于学校资源的支持,若学校没有相应且足够的实验器材及药品,则"能与同伴合作设计绿色化学实验探究SO_2的化学性质"的目标也无从实现。

综上所述,教学目标的设计需综合考虑课程标准要求、学生已有基础以及教学资源。

2.基于大概念的统摄

分析课标对主题目标的概述和知识之间的层级关系,这需要教师依靠专业

[①] 杨玉琴,倪娟.学科核心素养视域下的教学目标:科学研制与准确表达[J].化学教学,2019,(03):3-7.

知识梳理知识之间的逻辑关系和建构层次,再提取一个或几个上位的概念,对本单元的知识进行统摄,然后基于对大概念的理解,建立进阶式的认识和应用。

3.基于教材隐性知识的挖掘

只有挖掘、洞察到事实性、概念性知识背后的方法水平和价值水平,教师所传授的"知识与技能"才能被激活,才能真正转化为学生的学科核心素养。如在"硫及其化合物"教学中,从"SO_2是形成酸雨的主要原因之一"这一显性知识背后,挖掘到"关注化学与人类生活的密切联系,培养社会责任感与环保意识"这一隐性价值,才会设计出"能与同伴合作设计绿色化学实验探究SO_2的化学性质"这一教学目标,才能培育学生的绿色化学理念、创新意识和社会责任等。确定教学目标的基本思路如图3-3所示。

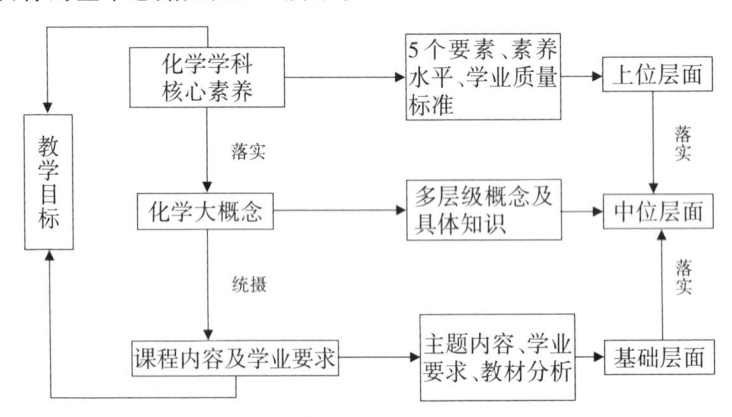

图3-3 确定教学目标的基本思路

四 教学目标的简约表达

1.以学生为主体

美国行为派心理学家马杰认为:首先,教学目标应向学生说明行为,即说明教学之后学习者将能做什么;其次,说明学生表现出行为时所处的条件,即说明什么是求知时最重要的内容;最后,说明行为合格的最低标准,即说明出现何种行为标志着学生已经掌握了内容[1]。

---

[1] 庄惠阳.马克思主义教育目标分类理论[M].上海:上海人民出版社,2017:38.

教师在设计教学目标时,一定要保证目标的行为主体是学生(实际表述时可以省略),贯彻落实"以学生为本"的理念。教学目标对结果的预期内容是"学生行为的变化",即学生通过学习后"会什么、能做什么"。

2.以能落实为关键

教学目标要可观测和可检验,不能笼统地描述。对不同层次的学习结果采用行为化界定的方式,清晰地呈现出不同目标层次的具体要求。

在目标表达时,提炼或选择恰当的行为动词[①]:所使用的行为动词要可观察、可操作、可测量,尽量不使用"产生"等不够具体的词语;行为动词的使用在一定程度上体现了年段的差异;对不同目标领域的行为动词要有区分度,如针对情感维度的行为动词有感受、认识、了解、体会、获得、提高、增强、形成、养成、树立、发挥、发展,针对认知维度的行为动词有描述、说明、解释、推测、想象、理解、归纳、提取、比较、判断、运用、分析、证明、讨论、选择、决策、观察、感知、体验、操作、查阅、借助、模仿、收集、回顾、设计、梳理、整理、发现、交流等。

编写情感领域目标比认知领域目标的难度更大。情感领域的学习结果往往是个体倾向、意愿、偏好和兴趣等情绪和情感,这些结果一般内涵不太明确,难以用表现性术语来描述,而且许多结果是内隐的,只能靠推断来发现。在编写情感领域的教学目标时,要尽量把最能体现学习结果的外显行为表述出来。

认知目标的表述,最好能结合具体学习情境。比如对SO_2课时教学目标的描述:①知识技能层面,掌握SO_2的化学性质,通过SO_2与水的反应,认识可逆反应,理解可逆反应的实质;②在素养层面,通过探究SO_2的氧化性、还原性及漂白性等化学性质,提高观察能力、科学探究能力和合作交流能力,体验科学探究的过程和乐趣;③在价值观念层面,通过小组交流、讨论,认识SO_2在生产中的应用和对生态环境、食品安全的影响,体会化学与人类生活的密切关系,增强环保意识。

在核心素养和大概念的描述中,不能直接使用核心素养和大概念原始表述,即避免出现贴标签式的教学目标。因为核心素养和大概念是上位的概念,很难在一个单元或一个课时中实现,应该用下位的概念或知识进行表述。提倡

---

① 刘辉.基于课程标准的教学目标体系:研制规格、路径与过程[J].上海教育科研,2021,(1):5-9.

采用陈述句"通过什么活动,得到什么结果"。例如"掌握化学性质"并不是具体行为,若改为"能够说出二氧化硫的化学性质并能书写相应的化学方程式",则教学目标可观察、可测量;"提高观察能力""体验科学探究的过程和乐趣""增强环保意识"皆较为笼统抽象,但若分别改为"能够描述二氧化硫与其他物质反应时的实验现象并分析原因""能够设计绿色化学实验探究二氧化硫的化学性质""能够与别人交流二氧化硫在生产生活中的应用以及可能带来的环境问题,并能提出防治的方法",则教学目标清晰、具体、可观察且可测量。

3. 以简约为特征

切忌素养目标面面俱到,没有突出重点,这会导致教学目标形同虚设,无法实现。有限的课堂教学时间所承载的学习也是有限的,当一节课目标太多时,其实已经失去了教学方向。所以需要精选目标,重点突出,使教学过程有的放矢。反对在设计教学目标时将五个化学学科核心素养机械割裂。

例一:"分子结构与性质"单元目标及课时目标(表3-2)[①]

表3-2 "分子结构与性质"单元目标及课时目标

单元目标	课时目标
原子轨道的组成与结构决定共价键的组成与结构;共价键的组成与结构决定分子的组成与结构;分子的组成与结构决定物质的性质	课时1:知道共价键具有饱和性和方向性;从原子轨道重叠角度认识共价键的本质,能说出共价键的主要类型、特征和实质;能说明简单分子的成键类型,能用模型、图像和符号等正确表征简单分子中原子轨道的重叠方向
	课时2:能理解键能、键长和键角的含义,能利用键参数解释物质的某些性质,体会不同理论模型的价值和局限
	课时3~5:体会分子结构的多样性和复杂性,逐步建立对分子空间结构的认识;了解杂化轨道理论的要点和类型(sp、sp^2、sp^3);能运用杂化轨道理论解释简单共价分子和离子的空间结构;能运用价层电子对互斥模型预测简单微粒的空间结构
	课时6:知道分子的结构是可以测定的,了解红外光谱、X射线衍射实验等在物质结构研究中的应用

[①] 王晓军,郑华,赵晓冉,等.大概念统领下的大单元教学设计与实践——以"分子结构与性质"为例[J].化学教学,2022(6):53-59.

续表

单元目标	课时目标
原子轨道的组成与结构决定共价键的组成与结构;共价键的组成与结构决定分子的组成与结构;分子的组成与结构决定物质的性质	课时7~8:认识分子的手性,了解手性分子在药物研究中的作用;在分析解释实验或事实的过程中,建构极性共价键、极性分子等相关概念;知道共价键可分为极性共价键和非极性共价键两类,能利用电负性判断共价键的极性;知道分子可以分为极性分子和非极性分子两类,知道分子极性与分子中键的极性、分子的空间结构密切相关;能根据分子结构的特点和键的极性判断分子的极性,并据此对分子的一些典型性质及其应用作出解释
	课时9:认识分子间存在相互作用,知道范德华力是常见的分子间作用力,以及范德华力对熔点、沸点等性质的影响规律;知道氢键是常见的分子间作用力,能说明氢键对物质熔点、沸点等性质的影响
	课时10(整理与提升):能利用图示展现自己对单元的结构化理解,形成基于"认识思路"的结构化,内化"结构决定性质"的基本观念

例二:课时教学目标

如二氧化硫性质与应用课时的教学目标为:

(1)能够说出 SO_2 所具有的物理性质和化学性质,会书写与化学性质相关的化学方程式,能利用某些特殊性质鉴别 SO_2;

(2)会用语言或思路图表达以 SO_2 为代表的元素化合物性质的研究视角和一般思路,且能与同伴合作设计绿色化学实验探究 SO_2 的化学性质;

(3)能够与别人交流 SO_2 在生产生活中的应用以及可能带来的环境问题,并能提出防治的方法。

例三: Fe^{2+} 与 Fe^{3+} 之间的转化课时教学目标

(1)通过实验探究 $FeSO_4$ 溶液久置于空气中颜色会变化的原因,学会几种常用的检验 Fe^{2+} 存在的化学实验方法;

(2)会从元素化合价、物质类别等角度预测 Fe^{2+}、Fe^{3+} 的性质并设计简单化学实验加以验证,建立具有多种价态的金属元素化合物性质的认识模型;

(3)通过分组讨论"补铁剂使用注意事项"等活动,感受铁及其化合物的应用价值,体验严谨求实、崇尚真理的科学精神。

落实课程标准需要具体化、精细化的目标体系,但这个目标体系不是"死"的,是灵活、有弹性的。在实际教学时,不能机械套用、照搬教学目标,不同层次学校、不同层次班级的学生情况不同,教学的起点、教学情境、活动设置都是不同的,应根据实际情况调整教学目标,并做相应的变通。另外,学生发展是动态的、非线性的,要想促进学生能力发展和个性品质培养,就要增加目标的弹性和变通性,以适应课程改革与社会发展需要。

第二节 知识体系建立

学科的知识体系是在已建立的各个模块和各个单元的知识体系基础上建成的,建立的过程需要知识不断结构化。知识的结构化就是要建立普遍的联系,包括知识与知识之间的联系,知识与生活之间的联系。要实现高质量的结构化,必须有重要的、少数的大概念作为牵引,把知识归纳出概念,把下位概念导向上位概念,把上位概念引申在下位概念,把下位概念牵引为知识,用知识解决问题。

教师在审视指向每一个大概念的单元知识内容时,需要明确大概念下的层级式知识内容结构,并区分不同知识在大概念中的地位。同时,以大概念为统领,在教学中帮助学生将相关单元知识按照内在逻辑关系建立起相应的层级结构。

简约化学的关键词"约取"要求大概念统领下的教学思路要清晰化,即在大概念统摄下,知识层级分明、主线明了、逻辑严谨。当然概念"大"和"小"是相对的,学科置顶的大概念只有很少的几个,在单元的实际教学中,大概念是为了有效服务于教学,"大"和"小"在不同教学任务中可能是不一样的,不管大概念如何界定,其性质和功能是不变的。

1.初中化学单元知识体系的构建

以人教版《化学 九年级 上册》"水的组成及变化的探究"为例,如表3-3所示。

表3-3 "水的组成及变化的探究"单元教学知识层级图

大概念	物质的组成与结构			
次级大概念	物质是由元素组成的		物质是由分子、原子、离子构成的	
基本概念	元素符号书写、含义、元素周期表	单质、化合物、氧化物	分子分解成原子、原子构成分子、相对原子质量	化学式含义、书写、读法、化合价、相对原子质量的计算
内在联系	构成物质的微粒之间存在相互作用			
具体知识	水是氢和氧等元素组成的氧化物;自然界的水是纯净的氧化物;水由水分子构成,通电条件下,水分子可分解成氢原子和氧原子;氢原子、氧原子重新组合分别构成氢分子、氧分子,分子聚集分别构成氢气和氧气			

2.高中化学必修部分单元知识体系的构建

如鲁科版《化学必修第一册》"研究物质性质的方法和程序"中的钠和氯及其化合物单元知识层级表如表3-4所示。

表3-4 钠和氯及其化合物单元教学知识层级表

学科大概念	物质化学性质			
基本概念	金属单质通性、非金属单质通性、金属氧化物通性、盐的通性		价态视角	特性视角
具体知识	钠及其化合物	金属单质	Na与非金属单质（O_2等）反应	Na与H_2O反应
		金属氧化物	Na与酸（H_2SO_4等）反应	Na与盐溶液（$CuSO_4$等）反应
		盐	Na_2CO_3、$NaHCO_3$与酸（H_2SO_4等）反应	$NaHCO_3$与碱[$Ca(OH)_2$等]反应
	氯及其化合物	非金属单质	Cl_2与金属单质（Na、Fe、Cu等）反应	
			Cl_2与非金属单质（H_2等）反应	Cl_2与$Ca(OH)_2$等反应
		酸		HClO的漂白性、HClO分解
		盐	$Ca(ClO)_2$与CO_2、H_2O反应	

3.高中化学选择性必修部分单元知识体系的构建

如《化学 选择性必修2 物质结构与性质》的"分子结构与性质"单元，大概念为"物质结构决定物质的性质"，大概念统摄下的知识结构如表3-5所示。

表3-5 "分子结构与性质"单元教学知识层级表

大概念	物质结构决定物质的性质		
次级大概念	价层电子对互斥	共价键	分子间作用
基本概念	价层电子对互斥模型、杂化理论	极性键、非极性键	分子的极性、手性分子、氢键、范德华力
内在联系	微粒之间存在作用力		
具体知识	σ键、π键、键能、键长、键角、价层电子对、中心原子上的孤电子对数、相似相溶原理、手性分子等概念;常见分子的分子式、某些共价键的参数、常见分子的空间构型、某些分子的键角、某些物质的熔沸点、某些物质的溶解性、典型分子的球棍模型		

第三节 教学单元组建

一 单元教学概述

当前的课堂教学,教师主要着眼于单节课时的教学设计,学校的教研活动通常也是以课时为单位的"三课"(备课、观课、研课),隔断了课时与课时之间的联系。教师教学时就知识讲知识,不注重学科知识体系的建构,没有教会学生以关联的方式来思考学科内容,不注重让学生在真实情境中生发问题,仅通过任务与活动来引领学生学习新知识,导致学生对所学内容不理解、记不住,或者记住了也不会迁移应用,从而对学习不感兴趣、不爱学,更谈不上学科核心素养的培育。单元教学设计是基于化学大概念,围绕相关主题(专题)、问题和活动(任务)等精选学习材料,并结构化地设计学习历程。每个单元自成系统,相对独立,集目标、内容、过程及评价于一体。单元教学设计具有较强的系统性和逻辑性,并非知识、技能与方法的简单安排,而是基于明确的学习目标,是为了让学生围绕某一主题经历完整的学习过程所做的专业设计,其根本目的是促进学生对化学大概念和重要概念的建构、理解和应用。

教学单元,具有如下几个基本属性[1]:①相对完整性,即自成系统,内部各要素形成一个有机整体,能够发挥整体效应;②相对独立性,即与其他教学单元之间具有较明确的边界;③内在关联性,即构成整体的各个部分之间具有内在的逻辑关联,且都指向共同的教学主题;④目标一致性,即单元中的每个部分皆指向且服务于共同目标。一个教学单元就是一个指向素养的、相对独立的、体现完整教学过程的课程细胞。

单元的类型有多种,在此主要介绍如下四种类型:依据教材章节形成的单元、参考课程标准主题构造的单元、围绕解决特定的化学问题构建的单元和基于专项能力构建的单元。

---

[1] 杨玉琴.核心素养视域下的单元教学设计:内涵解析及基本框架[J].化学教学,2020(5):3-8,15.

综上所述,本文所说的单元不是教材的章节单元,一般指围绕解决特定的化学问题构建的单元,这里所说的单元是一种学习单位,一个单元就是一个学习事件、一个完整的学习故事[1]。因此,一个单元就是一个微课程,教材中有的单元有大概念而有的没有大概念,没有大概念统摄的单元只能称之为内容单位,而不是学习单位,即单元教学是实现大概念教学的一种重要形态。

二 基于大概念的单元教学的意义

杨玉琴指出,单元教学设计是以一个完整的教学主题为单位进行的教学设计,是介于宏观课程设计与微观课时设计之间的中观教学设计,向上能够较好地兼顾课程总体目标与课程结构,向下能够合理协调不同课时之间的学科认知逻辑或教学逻辑,并从教学单元的构建、单元教学目标的制订、教学起点的分析、教学过程的设计、教学评价的设计等角度阐述了单元教学设计的基本框架[2]。

大概念教学应该是生成意义和获得方法的教学,这是其优于知识点灌输式教学之处。学生在具体的情境中,不断运用知识解决问题的过程,本就是一个有意义的知识建构过程,同时在此过程中学生能够逐渐掌握运用知识的操作方法,提高或养成了许多能力。此外,学生需要不断地在动态过程中做一些尝试和应用,又会生成一系列持久的态度和立场。从这个角度看,基于学科大概念的单元教学实现了学科教学由知识教学向素养培育的转变。由于大概念具有抽象性、统摄性等特征,故单元教学成为促进学科大概念理解的基本教学样态。威金斯和麦克泰格在合著的著作中提到:通过与数以千计的教师一起工作多年,我们发现单元为设计过程提供了恰当而实际的切入点。单课相对简单,时间太短,以至于无法考虑大概念的深入发展,也无法探究本质问题和实际应用。当一堂课被包含在更大的单元和课程设计中,通常才会有目的性和连接性。可见,基于学科大概念的单元教学,在大概念统摄下进行单元整体建构,能解决学生思维发展存在的低阶性、零散性和教学单元之间存在的割裂性等现实问题,促进学生对学科大概念的深度理解并能促进学生发展学科核心素养。

---

[1] 崔允漷.如何开展指向学科核心素养的大单元设计[J].北京教育(普教版),2019(2):11-15.
[2] 杨玉琴.核心素养视域下的单元教学设计:内涵解析及基本框架[J].化学教学,2020(5):3-8,15.

三 教学单元划分的依据

单元设计是撬动课堂转型的一个支点[1]，基于学科大概念的单元教学设计需要树立整体观，从单元的高度出发，统筹知识、情境、问题、活动、评价等教学要素，通过对各部分进行整合，帮助学生把握表层知识背后所蕴含的学科本质与关键，并发展学科大概念和培育学科核心素养。那么，高中化学教学单元划分所遵循的依据是什么呢？

1.课程标准的相关要求

解读课程标准中的内容要求、学业水平要求和学科核心素养要求；分析与学科核心素养在单元教学的载体——单元大概念和一般概念、具体知识的层级逻辑关系。

以苏教版《化学 必修 第一册》专题5的第二单元"微粒之间的相互作用力"为例，以"化学键"为单元大概念。课程标准的内容要求是：①认识构成物质的微粒之间的相互作用，结合典型实例认识离子键、共价键的形成，建立化学键的概念。②知道分子存在一定的空间结构。③认识化学键断裂和形成是化学反应中物质变化的实质和能量变化的主要原因。学业质量水平2-1和2-2要求理解化学反应的微观本质和物质的性质。素养目标是：促进"宏观辨识与微观探析""证据推理与模型认知"等学科核心素养的进一步提升。

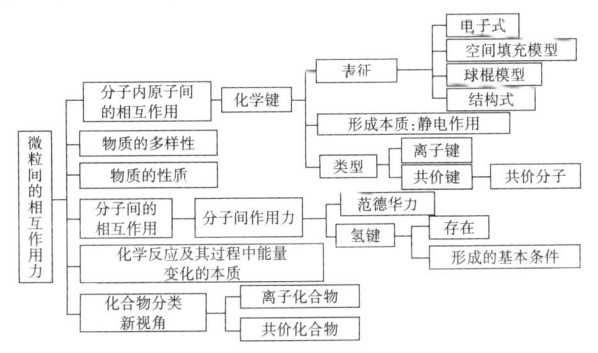

"微粒之间的相互作用力"的单元大概念关系如图3-4[2]所示，可以"微粒间的相互作用力"为单元，确立"微粒之间的相互作用力"为学科大概念，以"化学键"为单元大概念来统摄整体教学。

图3-4 "微粒之间的相互作用力"的单元大概念关系图

---

[1] 钟启泉.单元设计：撬动课堂转型的一个支点[J].教育发展研究,2015,33(24):1-5.
[2] 洪清娟.化学学科理解视域下的教材单元整体备课[J].化学教育(中英文),2021,42(19):49-55.

2.教材编写的脉络和认知逻辑

要厘清教材内容涵盖的知识结构与关系,掌握学生已有的与单元学习相关联的知识储备情况,分析教材与学生实际认知水平、认识思路、认识角度的匹配度;明确教材单元要达成学科核心素养的教学重点;确定课时教学内容与顺序。

对教材单元所包含的必备知识、关键能力、思维方式、研究方法、单元学科大概念、学科核心素养和学科观念等进行挖掘、归纳与梳理,抽提出相应的认识视角与认识路径。

整合各种素材资源,选择真实且有意义的情境,创设有关联且有层次的核心问题或任务,采取合适的教学策略和教学模式,合理规划与设计教学过程等。

例如,学生已经在苏教版《化学 必修 第一册》专题1的第三单元"物质的分散系"中学习了电解质与非电解质,知道了电解质导电的原因。在专题3的第一单元"氯气及氯的化合物"的学习中对钠在氯气中燃烧的实验现象有了宏观具象的直观体验。在专题5的第一单元"元素周期律和元素周期表"中学习了同周期、同主族元素的金属性与非金属性、原子得失电子能力的递变规律,初步建立起对元素性质与原子结构关系的认识。这些单元的学习前提是学生在第二单元"微粒之间的相互作用力"建立了化学键概念,并且第二单元的学习为后续第三单元"从微观结构看物质的多样性"的学习提供了一个更本质的视角与微观解释的基础。下面将苏教版《化学 必修 第一册》专题5的第三单元内容结构梳理如下(图3-5)[①]。

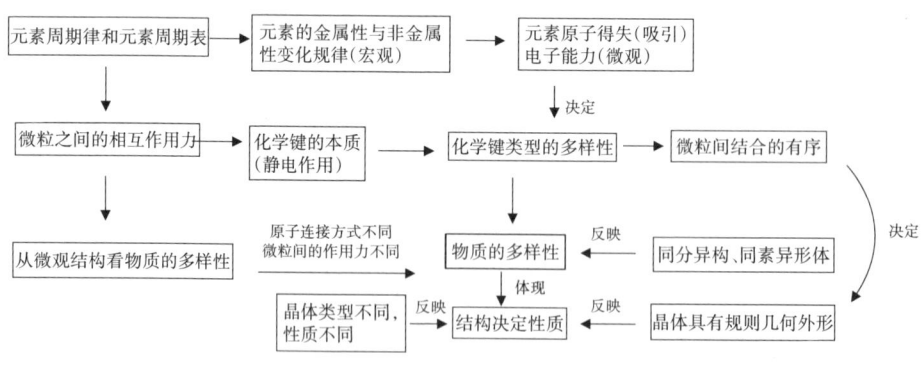

图3-5 专题5"微观结构与物质的多样性"的整体内容结构图

综上,以"微观结构与物质的多样性"为教学单元,以"元素周期律"为大概念来统摄本单元的教学。

[①] 洪清娟.化学学科理解视域下的教材单元整体备课[J].化学教育(中英文),2021,42(19):49-55.

四 教学单元的进阶组建

简约化学的关键词"约取"主张单元的划分要追求教学的有效性,要有化学学科整体认识,不能"只见树木、不见森林";要遵循学习进阶的规律,考虑高中化学课程知识安排的一贯性;另外,还要体现在同一单元中对大概念理解、大任务问题解决的思维进阶性。

化学教材并不是化学课程本身,而是基于化学课程理念和课程标准要求,按照一定的逻辑体系和一定的呈现形式加以展开和具体化、系统化的材料[1]。"一定的逻辑体系"并不意味着只有一种逻辑体系,这从"一标多版"中已获诠释。而教师在研读不同版本的教材"章—节"或"专题—单元"时,需要在把握单元属性的基础上,深入分析课程标准要求,对教材进行理性分析。采纳合理的教材单元,对于不适合教学逻辑或学生特点的教材单元进行重构。在单元的构建中,要注重学生的整体认识,培养学生的学科认识,精心选取教学资源,对教材进行二次开发,做到"博观而约取"。教学单元划分的方法如下。

1.自然单元

自然单元是按照课程标准中的内容模块以及现行教材中所规定的章节模块确定的教学单元。例如,《普通高中化学课程标准(2017年版2020年修订)》中,将高中化学教学内容分为三类课程,其中必修课程涉及5个主题,而不同版本的化学教材将这5个主题划分为不同的章节。由于此类单元偏向于体现学科逻辑和侧重于学科内容的深度学习,学界又将其称为学科内容主题单元。

2.自主单元

自主单元是在课程标准以及教材章节内容的基础上,按照教学需求对自然单元进行重新规划与组织后形成的单元类型。自主单元还可以进一步分为方法单元和任务单元两种,前者基于学科关键能力或方法组织单元教学内容,后者以任务驱动的方式,按照问题解决路径组织单元教学内容。在这一环节中,可以根据学科核心素养发展的要求,对照初步构建的大概念体系及其内容结构和教材章节框架,对建构出的单元所属的基本类型作出判断,并明确单元组建的基本逻辑思路。

---

[1] 杨玉琴.核心素养视域下的单元教学设计:内涵解析及基本框架[J].化学教学,2020(5):3-8.

五 单元教学设计原则

基于大概念的单元教学设计遵循逆向教学原则和简约性原则,具体体现如下。

1. 逆向教学原则

"通过设计促进理解模式"理论是美国课程改革专家威金斯和麦克泰格倡导的以学生为主体,以发展学生核心素养为前提,运用逆向思维进行教学设计,旨在提高学生的深度理解、持久性学习能力教学模式。威金斯和麦克泰格于20世纪90年代末受追求理解性学习思潮的影响,对传统内容本位和活动本位的教学设计进行了反思,提出了"追求理解的教学设计"(UbD理论)模式,即逆向教学设计,主张"从终点即想要的结果开始,先确定达成预期结果的评估证据,再从证据出发组织学习和教学活动"。在此理论指导下,教学设计可分为三步:确定预期目标、制订合适的评估依据、设计学习活动(见图3-6)[1]。用输出指导输入,使教学评价优先于教学活动设计,教师在教学目标指引下带着问题去思考教学,从思考"教"的问题转向思考学习的"学"是否真实发生、如何发生,更关注学生的理解程度、知识迁移和实际应用情况。因此,基于UbD理论的逆向单元教学设计可作为实现深度学习的一种教学模式。

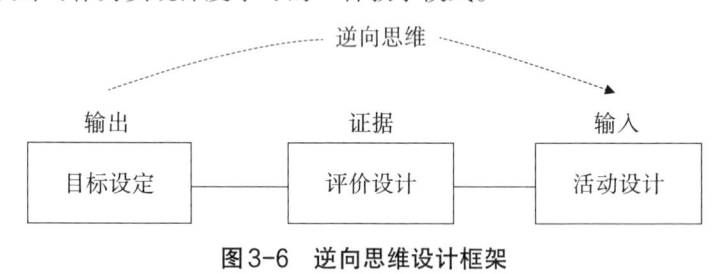

图3-6 逆向思维设计框架

综上所述,逆向设计的结构逻辑是从"要知道什么"开始,思考"怎样证明知道了",再到"原先知道什么,还需要知道什么",最后探究"怎样才能知道"。下面以氧化还原反应为例介绍一下逆向教学。

---

[1] 赵萍,郭泽琳.深度学习视域下逆向单元教学设计在高中数学教学中的应用成效[J].华南师范大学学报(社会科学版),2022(3):54-65.

第一阶段:明确预期结果(如表3-6所示)。

表3-6　教学目的设置

所确定的目标:会从宏观微观结合的角度认识氧化还原反应,理解其中的变化与守恒规律,并能够通过证据推断化学反应类型。	
学生将理解: (1)氧化还原反应的特征是化合价变化。 (2)氧化还原反应的本质是电子的得失和偏移。 (3)氧化还原反应中的对立与统一、变化与守恒的关系。	基本问题: (1)怎样将氧化还原反应中的微观电子得失或偏移宏观展示出来? (2)通过什么活动,能理解氧化还原反应中的电子得失守恒?
学生将会知道: (1)氧化还原反应与四大基本化学反应类型的区别与联系。 (2)氧化剂与还原剂的基本性质和强弱规律。 (3)氧化还原反应中存在化合价升降相等、电子得失守恒的现象。 (4)氧化还原反应的普遍存在及其对人类生产生活的影响。	学生将能够做到: (1)从化合价升降的角度判断氧化还原反应。 (2)能找出氧化剂和还原剂并比较。 (3)能对氧化还原反应进行简单的计算和配平。

第二阶段:选择评估证据(如表3-7所示)。

表3-7　教学评估证据设置

表现型任务	其他证据
(1)在课堂教学互动的提问与回答中,能说出氧化还原反应的特征与本质。 (2)在探究活动和小组活动中,能用氧化还原反应的基本理论解决问题。 (3)能完成氧化还原反应的习题检测。	将学生分组,让小组在课后完成"生产生活中的氧化还原反应"社会调查,要求呈现: (1)调查的目的及场所。 (2)调查的结论和氧化还原反应的分析。 (3)所调查的化学反应给生产生活带来的影响。

第三阶段:设计学习计划(略)。

2.教学的简约性原则

简约化学的教学提倡"约取""唯真""简构""精鉴"的主张,与大概念教学理念是一致的,因此高中化学单元教学设计也要遵循简约性原则,具体体现如下。

(1)强调整体建构

强化上位学习、彰显主体力量、关注长远发展。着眼于整体理解,才可能抓大放小。学习不但要"把书本读厚",而且要"把书读薄",后者难度更大,那么为什么最后留下的"薄"的内容可以统摄"厚"的知识呢?因为最后留下的应该是整体性、关键性、联结性的大概念,或是各层级的概念。因此教师一定要用心归纳总结、概括综合、去粗取精、抓住本质,用精准的大概念教学深化知识、活化思维、强化能力。另外,整体性的建构还要求把握好学科的知识逻辑,常用"思维导图""树状图""鱼骨图"等让思维外显,揭示知识的内在联系,增强教学的思维含量,建立学科的结构,明确各层级概念、知识之间的关系,由此做到删繁就简、由博返约。

比如在高中有机化学的学习中,旧教材(2019年之前审定通过的版本)是各类有机物按照从简单到复杂先后呈现,循序渐进。学生普遍认为,开始学习难度很大,物质性质、有机反应、物质结构、有机实验等内容和方法都和无机化学有很大不同,尤其是许多学生不能理解有机物的化学性质,感觉有机物的学习很烦琐。新教材有很大的改进,比如鲁科版《化学 必修 第二册》"第3章 简单的有机化合物",先介绍有机物的一般性质、结构特点,详细介绍了同分异构、同系物、官能团等知识,使学生对有机物的大概念"结构决定性质"有了一定的认识,对学习有机物的方法有初步的了解,那么后续学习的难度就降低了,学习自信心也就提高了。

(2)把握形态简单

人本能地排斥烦琐的学习形态,大脑工作记忆的有限性要求教学简约。依据乔治·米勒的研究,人类的记忆主要包含工作记忆和长时记忆。工作记忆是信息加工的主要场所,其容量非常有限,一般只有7±2个信息组块。故人脑的工作记忆极易超载,一旦超载就会抑制学习。长时记忆以图式为基本单元,当图式被调取到工作记忆时,只作为一个组块被加工利用。尽管每一图式可能包含着相当复杂的细节,但在工作记忆中却只占一个组块,从而可以腾出更多的工作记忆容量。可见,将知识"打包"(结构化、简约化)为图式是明智的做法,而烦琐化教学必然导致信息的严重超载[1]。

在教学形态上,简约化学主张站在学生学习的立场:反对化学史实的简单堆砌,让学生一头雾水;反对教学内容的盲目拔高,影响师生的教学体验;反对滥用信息技术,降低课堂效率。

比如在鲁科版《化学 必修 第一册》第3章的第3节"氮的循环"的教学中,该课时的大概念是"多种因素影响物质的性质"。从播放视频《生命元

---

[1] 翁乾明.打开视野漫谈简约化教学[J].福建教育,2014(49):11-14.

素——氮》进入教学,通过探究模拟 NO_2 在空气放电条件下发生的反应、NO_2 与水反应、NO 和空气反应三个实验,引导学生建构氮及其化合物相互转化的思维模型,最后总结出氮的"价—类"二维图。教师通过简洁的语言、科学的设问,让学生自主探究、寻求答案。设计的问题简洁明了、层次分明,有效促进了学生化学思维模型的构建。

(3)营造灵动思维

智慧上的灵动,就是能在经济妙用之间,使师生的思维流与情绪流既合拍又顺畅,让学生常有恍然大悟、豁然开朗、妙不可言、眼前一亮的感觉,达到知识与思维的高度契合。素养为本的教学要求在真实情境中学习,获得体验,发展思维,培养核心素养。大概念教学是核心素养教学的载体,同样要求真实性,倡导在问题解决中理解学科大概念乃至跨学科大概念。因此在单元整体教学中,教学问题的设置非常重要,简约化学强调问题设置具有目标针对性、问题解决具有有效性、核心知识具有迁移性,如此才能发展灵动的思维。

以高中化学选择性必修"醛、酮和糖类"单元教学为例,教学问题的设置如表3-8所示[①]。

表3-8 "醛、酮和糖类"单元教学问题设置

课时	教学问题
课时1:醛酮的性质研究	问题1:阅读资料,观察醛、酮在结构上有什么相同和不同之处,你能归纳出醛、酮的概念吗? 问题2:能否利用你所掌握的有机化合物结构与性质间关系的知识,推测醛可能具有的化学性质? 问题3:如何设计实验证明醛基具有还原性?
课时2:单糖的性质研究	问题4:根据现代葡萄糖提取工艺,请思考如何利用化学方法确定葡萄糖($C_6H_{12}O_6$)的结构简式? 问题5:如何设计实验验证葡萄糖可能含有的官能团? 相应的试剂:硝酸银与稀氨水、硫酸铜溶液与NaOH溶液、石蕊试液等。 问题6:果糖是酮糖,是否也像葡萄糖一样具有还原性?
课时3:双糖和多糖的性质研究	问题7:双糖是单糖脱水缩合后得到的产物,双糖(蔗糖、麦芽糖)是否也是还原性糖,如何设计实验证明呢? 问题8:阅读材料,纤维素乙醇产业的发展现状。你认为纤维素或淀粉是如何转变为乙醇的? 问题9:预测淀粉的水解情况,如何设计实验检验淀粉的水解程度?

---

① 王春,李艳.学科大概念统摄下的化学单元整体教学设计——以"醛酮和糖类"教学为例[J].化学教学,2022,(03):48-52.

此单元的大概念是"结构决定性质,性质决定应用",聚焦官能团醛基与羰基在结构上的区别,从而说明醛类和酮类物质性质的不同。而与醛、酮相比,糖类含有多种官能团,结构相对较复杂。进一步对糖类结构与性质进行多角度综合探究,是对醛、酮化学知识和认识思路的具体应用。在问题设置中,重点培养学生基于实验事实进行推理论证、演绎归纳、自主迁移的能力,能有效实现知识素养化。

(4)追求内涵丰富

简约化学就是在教学系统中"节能""降耗""减排",但不是简单地在教学的各环节、各项目都做减法,而是"以精为要""以能为重",追求内涵丰富,做到"简约而不简单"。首先,教学目标要高位,明晰各级概念的层级关系,确立核心素养培育目标,对大概念学习的进阶目标要心中有数,科学安排单元的整体结构;其次,真正树立以学生学习为中心的理念,认真分析学情,把握学生的最近发展区,反复甄选资源,精心设计资源呈现的形式和时机,以问题解决为线索,把重要概念和方法作为问题设计的核心,提升教学内容结构性、活动性,把握教学内容与教学目标的对应性,聚焦大概念的理解和迁移,做到主线清晰、节奏明快;最后,做好"三个一致性",即教学内容与教学目标的一致性,具体知识和一般概念指向大概念的一致性,教学情境中问题设置与问题解决能力培育的一致性。

六 单元教学设计的基本框架

不同的教学设计研究专家所提出的教学设计模型不尽相同,但无论哪一种水平和层次的教学设计,都必须回答4个基本问题:学生走向哪里?学生从哪里出发?学生如何到达那里?怎样知道学生到达了那里?基于这些基本问题,单元教学设计的框架应该包括:教学单元的创建、教学目标制订、层级式知识结构梳理、问题与任务创设、教学评价设计等。同时在单元教学设计框架中,要体现"约取""唯真""简构""精鉴"的简约化学教学主张。具体如图3-7所示。

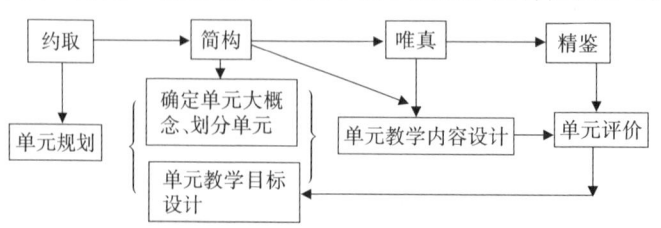

图3-7 简约化学单元教学设计框架图

第四章

唯真：简约化学的内容原则

《义务教育课程方案和课程标准(2022年版)》的重要理念是建立关联、突出实践。建立关联就是让学生建立学生与学科知识的关联、学习与生活的关联、学习与社会的关联；突出实践，就是学习要在做中学、用中学、创中学。显然《义务教育课程方案和课程标准(2022年版)》更加倡导学生主体地位，更迫切要求转变学习方式，要基于真实的生活场景让学习真正发生，努力培养学生运用学科的知识去解决真实生活中不确定的综合问题，从而逐渐形成学科核心素养。

简约化学提出"唯真"的教学理念(如图4-1所示)，提倡设置真实教学情境，让化学学习与生活和生产相连接，在生活场景中进行化学学科大概念的建构，逐渐丰富和加深大概念统摄下化学知识的结构化，形成"活性""可迁移"的化学学科知识体系。简约化学倡导基于真实教学情境的"真实问题"探究，化学问题既然是真实，必定是综合的、多角度的，问题的答案还可能是开放的。学生在探究的过程中，经历了科学认识过程，运用了科学认识的程序与方法，学习方式是分工合作。简约化学倡导在课堂教学中，学习要真正发生，教学引发学生积极参与学习，学习的过程不是知识的输入叠加，而是一种抽丝剥茧，追寻本质规律的过程。唯真理念要素关系如图4-1所示。

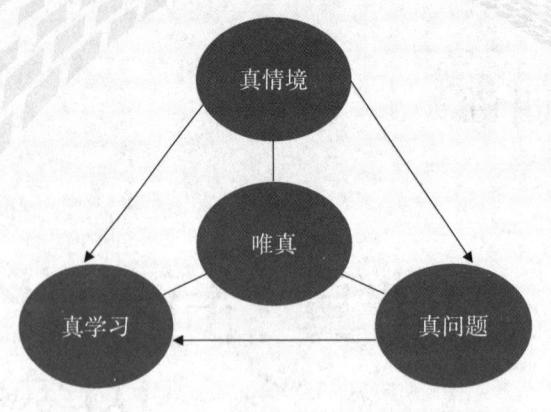

图4-1　简约化学唯真理念要素关系图

第一节 基于真实学情的需求分析

学情是教学的起点,是贯彻"学生主体观""学生中心观""以学定教"的主要表现,是实现有效教学追求的前提条件。古今中外的教育家历来都非常重视学情分析,春秋时期的孔子提出要熟悉学生的特点,针对不同学生"因材施教";古希腊的亚里士多德倡导"自然教育论",认为教育的前提是对人的本性的理解与把握,教育要适合青少年的自然天性;近代以加涅为代表的一批研究者在大量心理学研究基础上,建立起一个贯通多种观点的系统学习理论——学习分类理论。学习分类理论将学生的学习分为若干类型,主张在实施具体教学前,分析不同的学习类型,然后再根据学习的类型进行教学系统设计。

1.学情分析的内涵

(1)学情分析的内涵

目前,学者对学情分析的内涵并没有公认的、一致的界定。一般认为,从具体教学的角度来说,学情分析就是在"课前""课中""课后"对学生情况进行了解,让教师的"教"促进学生的"学"。笔者拟从学情分析的发展历史角度来剖析学情分析的内涵。"学情"的概念早在20世纪80年代初就出现了,而学情分析走进教师日常教学实践则是近十几年发生的事情。最初,"学情"指的是对学生学习情况的了解,这是一种静态的描述。学情分析是教学质量的重要生长点,其内涵主要表现为:学情分析的目的是"以学定教",学情分析的内容是影响学生在学习过程中有效学习的因素,学情分析侧重于方法论和实践的层面,为教学设计和教学实践提供行动的基础和策略指南[1]。

(2)学情分析的功能

从过程上看,在教学的准备阶段,教师要先通过学情分析了解学生起点,并以此为基础,为学生设置合适的教学"支架";在教学中,学情分析为教师教学行

---

[1] 邵燕楠,黄燕宁.学情分析:教学研究的重要生长点[J].中国教育学刊,2013(2).60-63.

为提供反馈信息和改进依据;在课后对学习结果的分析能促进教师教学反思,同时也可让教师了解和认识下一阶段的学习起点。有效的学情分析可以帮助教师"因材施教",强化教学效果,更好地服务于教学目的。作为有效教学的核心组成部分,学情分析的根本目的与教育教学相同,即促进学生发展。

2.学情分析的途径方法[①]

(1)学生起点能力的分析

起点能力是指学生在学习新内容之前原有的知识和技能等的水平。起点能力是学生学习新知识和形成新能力的必要条件,在很大程度上决定了教学的成效。建构主义学习观认为,学生对任何新知识的学习只有在其已有经验之上主动地生成,才是牢固的。如果忽视对学生起点能力的分析,教学内容的确定、教学方法的选择以及教学策略的应用就会脱离学生实际,影响教学效果。学生起点能力分析的主要内容包括了解学生的认知基础、接受水平、学习能力及思维规律等。如了解学生已经具备了哪些知识与技能,还没有掌握的知识与技能有哪些?哪些知识是学生通过努力自己能学会的,哪些知识是需要在教师的点拨和引导下才能学会的?怎样的引导更符合学生的认知水平?什么样的点拨对学生的帮助最有效?

(2)学生非智力因素的分析

非智力因素包括学生的学习兴趣、学习态度和学习习惯等。学生的发展和成长是智力因素和非智力因素共同作用的结果,以情感需要为核心的一系列非智力因素,是影响并制约学生学习和发展的内在动力机制。试想,一个对学习缺乏兴趣的学生,怎么可能主动参与学习。一个不能主动参与的学生,又如何去经历、去体验和去感受,又怎么能有切身的体会和深刻的感悟。课程标准从提高学生学科核心素养的角度,强调"知识""能力""素养"对促进学生的进步和发展具有同等重要的作用。苏霍姆林斯基认为,教师应尽可能深入地了解每个学生的精神世界。因此,学情分析必须充分关注学生的心理需求,注重激发学生的内在学习动机,如了解学生对哪些内容感兴趣,乐于参与什么样的教学活动,最期待的教学方法是什么,最喜欢的学习方式是什么。

[①] 肖红梅.学情分析是提高教学有效性的重要保证[J].中学化学教学参考,2010,(04):6-7.

(3)对学生"可能"的预测分析

在进行课堂教学前,除了要对学生的起点能力和非智力因素进行分析外,还要对学生在课堂教学中的"可能"进行预测。课程标准倡导以科学探究为主的多样化学习方式,增加了教学过程中的不确定因素,这不仅为课堂教学的精彩生成提供了广阔的空间,而且对课堂教学的预设提出了更高的要求。因此,在每一节课前必须对学生的"可能"进行认真预测和分析,对课堂教学中可能出现的生成点加以深入研究和思考。既要尽可能对学生在学习过程中的各种"可能"进行准确而全面的预测,又要精心做好应对有关"可能"的预案分析,以便在遇到突发情况时能做出合理的处置和有效的引导。

(4)对学生行为的实时分析

课堂教学的对象是学生,每个学生都是完整的、鲜活的个体,教学中学生的行为不可能完全按照教师的设计意图来表现。因此,真正的学情源自课堂,最有效的学情分析应高度关注课堂教学。教师必须重视在课堂教学的过程中随时进行学情分析,一方面,要通过认真观察和倾听,及时了解学生的所思、所为,并以此为依据合理地调整教学问题和适时地调控教学进程;另一方面,要密切关注学生的学习状态,准确了解学生的体会和感受,并从有利于学生全面发展的实际需要出发,有效开发和利用课堂教学中的生成性资源,修订、充实和完善教学方案,增强教学的针对性。

(5)对学生状况的反思分析

通过与学生的对话和互动,教师对学生认知水平和学习能力的了解会更加准确,对学生行为习惯和学习风格的认识会更加全面,对如何针对学生实际开展有效的教学会有许多新的感想和新的思考,将这些了解与认识、感想与思考及时进行总结、分析和记录,不仅能为今后的教学提供有益的借鉴,还有利于及时补救教学中的不足,尽可能减少失误所造成的不良影响。另外,学生课后的练习情况也是进行学情分析的重要依据,如从学生对待练习的热情,可以感知学生对所学内容是否有兴趣,有利于更好地把握学生的心理需求;从学生完成练习的质量,既可以看出学生的接受能力和课堂学习的效果,也可以看出学生的学习态度和学习习惯,对确定学生再学习的起点具有至关重要的作用。

3.学情分析的内容

在单元教学设计中,学情分析的内容一般包括以下部分:(1)学生已有的知识和能力。即学生在学习本单元前,已经具备的单元大概念的具体知识,和学习本单元各级概念和新知识的基础经验和技能。(2)学生学习障碍点。指在学生已有的知识和能力的基础上,学习本单元各级概念和具体知识时会碰到的认识难点、盲点和思维的障碍点,还有建立知识之间、知识与生活之间联系节点的障碍。(3)学生学习发展点。指学生在学习本单元后形成的大概念统摄下的知识体系和认识系统性能达到的水平,以及解决实际问题的能力。

4.学情分析的案例

案例一:高中选择性必修课程"有机化学基础"的"醛、酮和糖类"教学单元学情分析。不同版本的教材对"醛、酮和糖类"的编排不同,但基于官能团的结构特点,将具有相同官能团的有机物知识整合成"醛、酮和糖类"教学单元[1],如表4-1所示。

表4-1 "醛、酮和糖类"教学单元学情分析

学情分析项目	学情分析具体内容
学生已有的知识与能力	在高中化学必修阶段,学生对醛、酮的官能团、部分化学性质及代表物乙醛和丙酮的分子结构有了初步的认识;学生已了解乙醇、乙酸等典型有机物的结构和部分化学性质,并通过苯的同系物、卤代烃以及酚的学习,对羟基到醛基官能团的转化及基团之间的相互影响有了一定的了解;在初中阶段,学生从生活视角认识了糖类与人体健康的关系,知道糖类是对生命活动有重要意义的有机物;在高中化学必修模块的"基本营养物质"一节中,初步认识了糖的分类及葡萄糖分子结构,对代表物的组成、典型性质以及在日常生活中的应用有了初步的了解。
学生学习障碍点	初中及高中必修部分的知识以结合生活、面向社会的常识性知识和少数典型代表物的性质与应用等知识为主,学生对各类有机物结构、性质与应用的认识较为浅显,对有机物"结构决定性质"观念的理解及灵活应用等方面存在不足,缺乏系统性。学生尚不能主动从结构角度认识和分析有机物的性质,对醛类物质氧化还原反应原理的分析存在障碍。另外,学生在设计化学实验方案时往往忽视试剂的用量和体系的酸碱性,缺乏考虑官能团之间的相互影响以及排除干扰的意识,利用陌生证据进行推理的能力以及利用已有知识解决生产生活中的实际问题的能力还有待提高。

[1] 王春,李艳.学科大概念统摄下的化学单元整体教学设计——以"醛酮和糖类"教学为例[J].化学教学,2022,(03):48-52.

续表

学情分析项目	学情分析具体内容
学生学习发展点	学生通过本单元的学习，已学会并能运用含氮基的有机物结构及其化学性质，认识水平从代表物到官能团，再到基于化学键水平，构建较完整的结构分析模型和性质预测模型，形成分析研究有机物性质的一般思路。另外，学生通过本单元的学习能从化学视角系统认识单糖（葡萄糖）的组成、结构特点和主要化学性质，通过双糖、多糖的探究实验，学习科学探究的基本方法，培养科学探究的能力。

案例二：高一必修阶段"化学能与电能"教学单元学情分析，如表4-2所示。

表4-2　高一必修阶段"化学能与电能"教学单元学情分析

学情分析项目	学情分析具体内容
学生已有的知识与能力	学生通过初三的学习，知道物质发生化学变化时伴随有能量变化，认识到通过化学反应获得能量的重要性；通过高一的学习，认识到氧化还原反应的本质是电子转移；通过化学能与热能的学习，认识到化学反应中化学键的断裂和形成是化学反应中能量变化的本质原因；同时学生还形成了一定的元素观、转化观、微粒观、能量观等。
学生学习障碍点	高一学生所学知识有限、科学探究的经历也有限，因此对实验的观察、探究、设计能力还不足；对原电池发生的氧化还原反应原理的理解缺乏基础认识；还需发展对原电池本质的理解，特别是对原电池电极材料、电解质溶液的组成及状态、电池连接方式等可以影响化学能转化为电能的效率的理解。
学生学习发展点	进一步丰富对能量转化形式、能量转化途径和条件的认识，建立能量相互转化的途径，逐步形成"当事物发生变化或被改变时，会发生能量的转化，但是在宇宙中能量的总量总是不变的"这一大概念。

案例三：初中化学"金属、酸、碱、盐知识"教学单元学情分析，如表4-3所示。

表4-3　"金属、酸、碱、盐知识"教学单元学情分析

学情分析项目	学情分析具体内容
学生已有的知识与能力	初中学生已经初步学习了氧气、硫、碳等非金属单质，以及铁、镁、铜等金属单质；学习了水、二氧化碳、二氧化硫、四氧化三铁等氧化物，盐酸、硫酸等酸，氢氧化钠、石灰水等碱，硫酸铜、氯化钠、氯化钙等盐的化学性质。

续表

学情分析项目	学情分析具体内容
学生学习障碍点	学生的学习大多停留在对具体事实的感知与记忆水平上，缺乏对这些知识间的内在联系及其所蕴含的学科思想与方法的理解，导致学生在处理实际问题时往往缺乏思考或求解问题时思路不清。此外，水溶液中酸、碱、盐的反应，其微观实质是"离子间的反应"，限于初中学习要求，学生还未形成从微观角度分析和理解酸、碱、盐反应的一般思路。
学生学习发展点	建立研究和认识物质性质的思路与方法，加强从元素视角认识物质类别、基于物质类别认识物质的性质与反应规律以及各类物质间转化关系的能力。初步形成物质的分类观、变化观。

第二节 基于真实问题的情境创设

自学科核心素养培养目标提出后,教学情境就与核心素养紧密联系在一起。德国学者有一个形象的比喻:把15克盐摆在你的面前,无论如何你都难以下咽;但如果把15克盐溶解到一盆美味可口的汤中,那我们就在享用汤的同时不自觉地将盐吸收了。知识之于情境,就犹如盐之于汤,让学生在情境中认识和吸纳知识,有助于提高学习效率。知识具有情境性,知识因情境具有活力,教学情境能够激活学生的认知和情感,使化学学习活动充满活力[①]。

教学情境是指教师在开展教育教学活动的过程中使用各种手段和形式创建、设计的一种适合教师施教和学生学习的课堂情感氛围,目的是实现教学目标并奠定教学基础[②]。

《义务教育课程方案(2022年版)》强调"加强知识学习与学生经验、现实生活、社会实践之间的联系,注重真实情境的创设,增强学生认识真实世界、解决真实问题的能力"。简约化学教学倡导"唯真"的教学理念与课程标准的理念是一致的,"唯真"强调学习要在"真情境"中发生,才是有意义的学习。

一 教学情境的分类

化学作为一门基础的自然学科,与食品、医药、环境、能源以及自然现象等都有着密切的联系,不同学者按照不同的分类标准将教学情境分为了不同的类型,比如:按照情境的来源将教学情境分为"社会与生活""化学学科知识""科学技术(含科学史)""跨学科知识"等类型;按照课程标准中的高频词语,将教学情境分为"STSE""学科知识""科学实验""化工生产"等几种主要类型;按照情境知识类别将教学情境分为"学科知识""社会生活""化学实验""学术前沿"四种类型。综合已有研究,可选择的教学情境素材可划分为以下三种类型。

---

① 陈进前.关于"化学学科理解"的思考[J].课程•教材•教法,2022,42(1):110-116.
② 严文法,张瑶,马圆.基于情境的高中化学习题设计——以新人教版必修教材中的习题为例[J].化学教学,2021,(01):85-89.

1.化学史情境素材

化学史记录了化学家们认识物质、探索规律以及运用实验验证的过程,化学史情境教学能够发展学生从化学史中获取信息并利用信息来解决实际问题的能力。化学史料类型丰富,比如物质发现史、理论变迁史或者我国古代科学技术发展中的化学史实等都可以纳入教学情境素材的选择范围。在人教版必修教材的习题中就出现了我国古代科技发展史,如黑火药的爆炸原理、火法炼锌的工艺原理、"曾青得铁则化为铜"的工艺记载等,学生在基于化学史的情境化教学中,既理解了其中蕴含的化学知识,也加深了对我国古代科学技术的认识,有助于增强学生的民族自豪感和爱国之情。

2.化学实验情境素材

化学是一门以实验为基础的学科,化学实验是人们认识世界、改造世界的重要途径,也是学生学习化学知识、进行科学探究、培养科学兴趣的重要方式。化学学科中可供选择的实验非常多,比如物质的制备实验、性质验证实验以及数据测量实验等都可以作为实验素材,而且依据不同的实验类型可以建构不同方面的知识,问题类型也会比较丰富。人教版教材中就出现了较多基于化学实验的情境化习题,例如探究Na_2CO_3性质的实验、浓硫酸与木炭反应的实验、利用数字化实验设备探究镁与不同浓度盐酸反应速率的实验等。教材习题中设计的实验情境与该章节所学的知识密切相关,主要是将学生容易忽视或不理解的知识融入习题中启发学生思考,加深学生对知识的理解,并且引导学生运用所学知识与方法去验证和探索化学变化的规律,培养学生分析信息、证据推理、解释预测的能力,进而提高学生的科学探究意识。

3.真实应用型情境素材

化学与日常生活息息相关,衣食住行都离不开化学知识,通过创设真实而富有意义的生活情境,能够让学生感受到化学学科的重要性及其独特的学科魅力,所以教师在教学时,可以选择一些基于真实应用的情境素材。人教版教材的习题中就出现了大量的真实应用型情境素材,例如食品包装袋中的干燥剂、工业制氨、对城镇的生产和生活区水样进行抽样调查等生活情境。基于真实应用的情境化教学能够让学生从已有的社会生活经验出发,将课堂中所学的理论知识转化为认识事物和解决问题的工具,从中体会到化学对日常生活和社会发展的重要价值,并能够学会从化学的角度看待和解决社会生产生活中的问题,增加对化学的学习兴趣。

根据教学情境在教学作用,还可将其分为大情境和一般情境两类。真实大情境,一要突出"大",以一个大情境贯穿单元教学始终,学生能够依据大情境自主设计实际问题、解决实际问题,即知道要干什么、应该怎么干。这种大情境区别于教师为了引入下个活动抛出的"小情境",大单元的整体教学倡导的是大情境。

二 教学情境的创设

如何介入真实情境与任务？指向素养的学习必须是真实学习,真实学习必须要有真实情境与任务的介入。只有在真实情境下运用某种或多种知识完成特定的任务,才能评估关键能力、必备品格与价值观念等的水平。当今惯用的双向细目表,适合评估学生对知识点的识记、理解、简单应用等情况,但显然这与学科核心素养的育人目标是不匹配的。因此,每一个大单元教学的设计都必须介入真实情境与任务,任务既可以是学习任务,也可以是评估任务。此处的"真实"有三层意思:第一,把真实情境与任务背后的"真实世界"直接当作课程的组成部分,以实现课程与生活的关联;第二,只有学以致用、知行合一的学习才是真实的学习,中小学生对于知识的意义的感受与理解往往是通过在真实情境中的应用来实现的;第三,评估学生是否习得核心素养的最好方法就是让学生"做事",而"做事"必须有真实的情境[①]。

例如,在"电解池的工作原理"单元课时教学中,可以创设如下情境。

情境一:国家大力推进节能减排,各级政府积极响应,都在加快推动太阳能路灯的开发与应用。太阳能路灯白天如何存储吸收太阳能？晚上又如何将太阳能转化为电能？

情境二:电解水的成功使人们意识到电可用于化学研究。英国化学家戴维提出:电可以分解水,那么给盐溶液通电后又会发生什么反应呢？

其中情境一创设的目的主要是引出实验设计任务,引导学生展开充分讨论,并根据已有知识和经验进行实验创新设计,培养学生合理利用化学反应中能量转化的意识。情境二创设的目的主要是借助化学科学史实激发学生探究

---

① 崔允漷.学科核心素养呼唤大单元教学设计[J].上海教育科研,2019(4):1.

不同类型盐溶液电解规律的兴趣,引导学生运用已有知识解决新的化学问题,进而发展学生的化学学科核心素养。

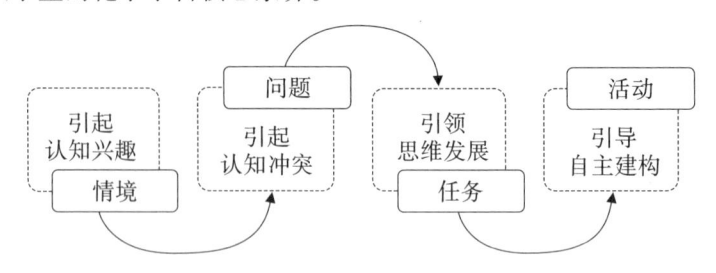

图4-2 情境、问题、任务、活动之间的逻辑关系

具有教育价值的情境必须把握三个关键词[1],如下。

(1)目标

教育归根结底是经验的再建构。教育的目标不是单纯提供经验,而是借助目标来促进学生展开分析与思考。

(2)话题

话题是指学生在共同思考中发现意义,让学习发生,并能进行思考。这种话题必须是符合学生当前水平,并且是让学生容易产生兴趣的内容。诸如回答质问、做出判断、解决问题、运用比喻、描述特征、引出结论、给出定义等,以某种方法积极地参与学习。

(3)评价

评价学生学习情况有两种方式,即每一个学生的成熟度评价与班级整体的成熟度评价,教师通过这两种评价可以把握学生的成长状态与理解能力。

因此课堂教学不能为了情境而情境。复旦大学附属中学化学特级教师郑胤飞生动地指出化学教学不能"为情所困",他列举了一些教师在公开课上使用过的不恰当的教学情境(表4-4),对准确理解教学情境有很大的帮助。

表4-4 不恰当的教学情境列举

课题	教学情境	存在问题
固体混合物含量测定	病毒核酸检测	两者不匹配
水的化学性质	李时珍《本草纲目》写道"水是万化之源"	李时珍四百多年前就知道水有化学反应?

---

[1] 钟启泉.单元设计:撬动课堂转型的一个支点[J].教育发展研究,2015,33(24):1-5.

续表

课题	教学情境	存在问题
电解质的电离	取一颗泡腾片在水中溶解	泡腾片能让学生看见盐先电离后反应?
化学反应速率	运动员打破110米栏世界纪录视频	高中生不知道什么是速度(速率),要靠那段录像来认知?
离子键的形成	钠在氯气中剧烈燃烧	从哪个角度看出来钠烧成了阳离子、氯烧成了阴离子?
铜锌原电池	新能源汽车	差距太远了
乙烯的性质	乙烯催熟水果	准备解释乙烯的激素原理?
乙醇的性质	何以解忧唯有杜康	课题是酿酒还是乙醇的性质?
乙醇的性质	警察查酒驾	整堂课未提及六价三价铬,酒精氧化是用铜丝来做的?
甲醛和乙醛	家庭装潢污染	居然从抹黑开始,甲醛如此不堪,还要它干嘛?

三 单元教学中引用教学情境的案例

案例一:化学能与电能单元教学情境

化学能与电能是高中化学必修二的内容,课程标准要求:能举出化学能转化为电能的实例,能辨识简单原电池的构成要素,并能分析简单原电池的工作原理。本单元的大概念为"能量是守恒的,不同的能量可以相互转换"。

用"小车动起来"为教学情境贯穿化学能与电能单元教学始终,提出"如何让小车跑起来?""小车为何可以跑起来?""如何让小车跑得更好?"三个任务,开展系列的真实问题的研究活动,这些问题之间有一定的层次性和逻辑结构,符合学生对陌生项目解决的认知思路,体现了相关知识在解决生产生活中实际问题的应用价值,有效地提高了学生建立原电池的认识模型及运用认识模型来解决实际问题的能力[①],见图4-3。

---

① 夏添,王姝玮,王珍珍.大概念统领下"化学能与电能"单元教学设计与实践[J].化学教学,2022(12):48-52,58.

```
真实情境  ──提炼→  实际问题  ──分析→  化学知识
        ←指导──          ←解决──
```

真实情境：小车动起来

实际问题：
如何让小车跑起来？
小车为何可以跑起来？
如何让小车跑得更好？

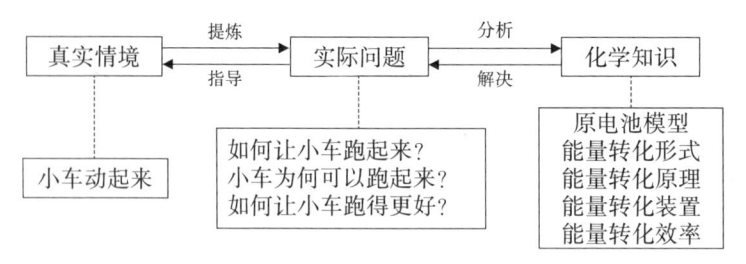

化学知识：
原电池模型
能量转化形式
能量转化原理
能量转化装置
能量转化效率

图4-3　化学能与电能单元教学中"真实情境""实际问题""化学知识"之间的关系

案例二：离子反应教学单元教学情境[①]

"电离与离子反应"属于必修课程主题2"常见无机物及其应用"中的重要内容，《普通高中化学课程标准（2017年版2020年修订）》的要求是：认识酸、碱、盐等电解质在水溶液中或熔融状态下能发生电离，通过实验事实认识离子反应及其发生的条件，了解常见离子的检验方法。本单元的大概念为"化学反应需要一定的条件、遵循一定规律"，本单元教学共分为3个课时进行（如表4-5所示）。

第1课时，创设生活情境。根据海岛居民用海水使LED灯发亮的现象，探究NaCl溶液能够导电的原因，以及物质在熔融状态也可导电的宏观现象，绘制微观图并解释导电行为；结合HCl气体、NaOH固体不导电，但溶于水后可导电的现象，建立起电离的概念，能使用化学符号即电离方程式表达酸、碱、盐的电离过程；从电离的角度对酸、碱、盐进行界定，并对化合物进行分类。

第2课时，创设实验情境。通过氢氧化钡分别与硫酸钠、硫酸溶液反应都能出现白色沉淀的宏观现象，绘制微观图，分析微粒变化。考虑水溶液中离子间的相互作用，建立离子反应概念，学习离子方程式的书写方法，通过电导率的对比分析，理解离子反应的实质；通过碳酸钙与盐酸反应产生气体等实验现象，归纳离子反应发生的条件；从离子反应角度分析 $SO_4^{2-}+Ba^{2+}=\!=\!=BaSO_4\downarrow$ 代表的物质间的反应，体会离子反应的意义。

第3课时，创设生产情境。从海水资源得到的粗盐一般含有多种可溶性杂质，情境设问"利用离子反应可做些什么""如何利用单一、复杂水溶液的除杂问题进行粗盐提纯"，建构思维模型并予以应用。通过实验探究杂质是否除尽等相关问题，认识离子的转化、分离、提纯、鉴定等在实际生产中的重要作用，深化对离子反应本质的认识，体会离子反应的重要性，并激发爱国情怀与信念。

[①] 谭湘湘,何彩霞.促进化学学科理解的单元教学实践——以"离子反应"单元为例[J].化学教学,2022(11):49-54.

表 4-5 从海水资源得到粗盐的教学情境

课时	问题情境	活动探究	核心知识
课时1	生活情境:海岛居民用海水使LED灯发亮,这是如何怎么实现的?	通过NaCl在水溶液和熔融状态下的导电性实验,绘制微观图示;了解HCl气体、NaOH固体不导电,但溶于水后可导电,并书写电离方程式。	电离概念;电离方程式表达单一物质的电离过程;进一步认识酸、碱、盐。
课时2	实验情境:海水中有较多硫酸根离子,向其中加入氢氧化钡溶液,有何现象?微粒如何变化?	往粗盐溶液(硫酸钠)、硫酸溶液中分别加入氢氧化钡,对比两者实验现象(相同)与电导率图(不同);碳酸钙与盐酸反应产生气泡,书写离子方程式。	离子反应概念;用离子方程式表示两种物质参与反应的过程;离子反应的条件及本质。
课时3	工业情境:海水资源获得的粗盐如何精制?利用离子反应可做什么?	粗盐精制中,探讨与分析试剂的选择、用量、加入顺序,以及检验、除杂等实际问题。	离子反应的应用;常见离子的检验方法、除杂思路、侯氏制碱法。

案例三"科学防疫"主题教学单元的教学情境[①]

社会责任素养既是跨学科素养的要求,又是化学课程培育目标之一,结合化学学科特点,《普通高中化学课程标准(2017年版2020年修订)》对"社会责任"的要求在学科方向上适当延伸,指向更加明确和具体,它有如下要点:深刻认识化学对创造更多物质财富和精神财富、满足人民日益增长的美好生活需要的重大贡献;具有节约资源、保护环境的可持续发展意识;从自身做起,形成简约适度、绿色低碳的生活方式;能对与化学有关的社会热点问题做出正确的价值判断,能参与有关化学问题的社会实践活动。

以"合理使用ClO_2泡腾片"(表 4-6)和"口罩滤芯材料的设计及发展"(表 4-7)为教学载体,组成"科学防疫"主题教学单元,化学学科大概念为"社会责任感"。

表 4-6 "消毒剂课例"的教学情境

问题情境	活动探究	核心知识
湖北村民误服ClO_2消毒泡腾片导致中毒	任务1:如何使用ClO_2泡腾片 活动1:确定研究总方向 活动2:提出研究方案,讨论研究思路	ClO_2的氧化性原理;ClO_2的合成原理

[①] 叶依丛,顾建辛.发展社会责任素养的高中化学课堂教学实践"——以"科学防疫"主题单元教学为例[J].化学教学,2022(4):50-55.

续表

问题情境	活动探究	核心知识
ClO_2是安全等级A1级的第四代含氯消毒剂	任务2:利用ClO_2泡腾片配制ClO_2消毒液,观察并记录现象 活动3:阅读说明书上的配制注意事项,提炼要点 活动4:配制ClO_2消毒液,观察并记录配制过程中的现象 活动5:观察并描述ClO_2溶液的物理性质	ClO_2物理性质;配制一定物质的量浓度溶液
	任务3:认识ClO_2的强氧化性 活动6:结合ClO_2消毒水的用途,从氯元素化合价角度预测ClO_2的化学性质 活动7:根据提供的药品,设计实验验证ClO_2的氧化性 活动8:设计家庭小实验验证ClO_2的氧化性	用氧化还原反应原理推测ClO_2的化学性质;ClO_2消毒原理;认识和研究物质性质的程序和方法
ClO_2作为食品添加剂写入国家标准	任务4:认识剂量对物质性质的影响 活动9:讨论"ClO_2是一种食品添加剂"与"村民误服ClO_2泡腾片导致中毒"是否矛盾	分析ClO_2的产生原理,能从价态—类别角度认识物质间的相互转化
ClO_2消毒剂从发明到推广历经百年	任务5:认识"泡腾技术"的妙用 活动10:从氧化还原反应角度认识ClO_2的制备原理 活动11:结合ClO_2泡腾片成分,从离子反应角度认识"泡腾"技术 活动12:结合ClO_2不稳定性,从反应速率角度说明"泡腾技术"的巧妙之处	ClO_2的制备原理;ClO_2化学性质
ClO_2消毒剂使用说明书	任务6:归纳"合理使用化学品"的思路 活动13:阅读说明书,从学科知识角度阐释"注意事项"的学科内涵 活动14:通过本节课的学习,说明该如何合理使用化学品 活15:制作海报宣传合理使用家用消毒剂	认识和研究物质的制备程序和方法;处理生活中的化学问题

表 4-7 "口罩材料课例"的教学情境

问题情境	活动探究	核心知识
流行性感冒发生期间，口罩能发挥至关重要的作用	任务1：探秘口罩——认识防病毒口罩滤芯材料的结构和性质 活动1：基于防护功能，选择合适的防病毒口罩滤芯材料 活动2：基于实物，认识防病毒口罩滤芯材料的结构特点 活动3：实验验证聚丙烯的疏水性、热塑性并从微观角度解释	"结构决定性质，性质决定应用"大概念
1.口罩短缺时，中石化官微发文"我有熔喷布" 2.口罩导致的"白色污染"会对环境产生威胁 3.文献资料《防雾霾纳米滤芯及其口罩的开发与生产》	任务2：探索防病毒口罩滤芯材料的来源与去向 活动4：设计从石油到聚丙烯的合成路线 活动5：基于聚丙烯结构特点，归纳加聚反应特征 活动6：调查废弃一次性口罩的去向，并从绿色化学角度进行评价	聚丙烯的合成；加聚反应
	任务3：从绿色化学角度设计新型口罩滤芯材料 活动7：从官能团和分子骨架角度优化结构，实现材料可降解 活动8：阅读文献，设计可降解口罩滤芯材料——聚丁二酸丁二酯的合成路线 活动9：基于绿色化学观念，从结构角度认识并评价原料可再生、产物可降解的新型口罩滤芯材料——聚乳酸	聚丁二酸丁二酯性质；聚丁二酸丁二酯合成；聚乳酸合成
展望新型空气过滤高分子材料	任务4：建构与凝练思维模型 活动10：建构有机高分子认识模型 活动11：凝练化工产品设计模型 活动12：查阅资料，选择空气过滤高分子材料，从结构、性质、转化等多角度分析和论证其优势	有机高分子化合物的性质和结构特点

第三节 基于真实任务的活动设计

教学活动设计是课堂教学中最重要的环节,是实现教学目的的载体,核心素养背景下的教学活动设计,是以教学情境为背景,以任务为驱动,以问题为导向,注重科学探究并能激发学生主动参与的过程。

教学活动设计还要聚焦大概念的理解与应用,根据教学情境设置问题,以问题为驱动,引导学生建构知识和发展思维。简约化学中"唯真"的要求,就是要设置"真问题",极力建立能发生认知冲突以及能梳理知识、建立认识角度、建立关联、优化方法的问题链,然后组织教学,在学习过程中,有合作、有思辨、有独立思考、有教师适时点拨等,让学习真正发生。

化学教学活动设计,其实就是科学探究的设计,通过科学探究建构知识和发展思维,形成解决问题的能力,发展核心素养。

以科学探究为核心的教学已经成为国际科学教育的共识,科学探究有如下特征:以问题为核心,是一个主动建构的过程,是一种思维活动,重视交流活动。科学探究的过程包括观察和提出问题、形成假设、检验求证、得出和解释结论、交流和应用等步骤[①],如图4-4所示。

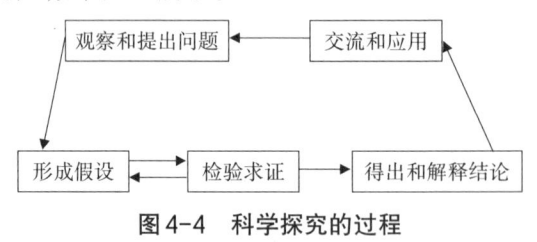

图4-4 科学探究的过程

一 提出问题

问题是探究的前提,是探究的逻辑起点,也是探究的核心内容,是推动探究不断前进的动力,更是探究的灵魂,探究的本质就是发现问题和解决问题。问题的设置有以下原则。

---

① 袁维新.科学探究教学模式的反思与批判[J].教育学报,2006(4):13-17,30.

1.真实性

问题设置要基于真实教学情境,因此问题要真实反映教学情境中的物质性质、物质变化、反应现象等背后的知识原理、思维逻辑。在教学活动中,问题与教学情境紧密相关。问题可以是教师预设的,但更好的是学生在课堂探究活动中发现的,比如与化学实验中出现的异常现象相关的问题,这些问题更具有真实性,也比较有教学价值。

比如在"使用比色法探究抗贫血补铁药物测定"实验中,当补铁剂经过研磨、溶解、过滤后,加入一定量的双氧水溶液,再加入硫氰酸钾溶液,溶液会变成血红色,再用比色法对比,根据红色的深浅判断出铁离子的浓度。有一个学生在实验操作过程中,向经过处理的补铁剂溶液中加入硫氰酸钾溶液,但是溶液不显血红色,学生会提问这是为什么?这个就是在实验情境中发生的问题,非常真实,也非常有价值。

2.挑战性

解决问题所要求的知识和能力水平应符合学生的最近发展区,要让他们"跳一跳"就"摘得到",问题太难,他们没有信心,问题太简单,他们没有兴趣。在设置问题时,要考虑几个思维"拐点",并且问题要能够产生认知冲突。

比如某恒温恒压下存在一个平衡体系——$N_2+3H_2 \rightleftharpoons 2NH_3$,向该平衡体系中加入一定量的氮气,试推断该平衡将向哪个方向移动?多数学生会想到因为是增加反应物氮气浓度,平衡会正向移动,但是,也有同学认为虽然增加了氮气的物质的量,但同时也增大了体系的体积,认为平衡将逆向移动,到底哪个观点是正确的呢?通过讨论、阅读、教师点拨,学生发现,向平衡体系中加入氮气后,平衡移动的方向与原来氮气的平衡浓度的大小和后面所加氮气的量有关,平衡移动可能存在三种情况:平衡正向移动,逆向移动,不移动。通过探究该问题,答案与学生认知发生冲突,学生将深刻体会到化学平衡方向移动的分析与反应条件密切相关。

3.递进性

在设置问题时,首先是基于大概念的引领统摄,从教材的基础性知识问题出发,再提出综合性问题,最后设置应用性问题,如此便形成了系列问题。设置的问题层层递进,不断驱动学生去思考、建立关联、讨论思辨,建立"是什么""为什么""怎么办"的逻辑思路,不但能激发学生的学习兴趣,而且还能不断提升学生的问题解决能力。基础性问题主要涉及教材上的基本原理、基本概念、基本定律等基本知识;综合性问题是在这些基本概念、基本原理、基本定律之间的相互关联、相互融合的基础上设置的问题;应用性问题是利用具体知识和个人经验并需要运用学科的思维方法去解决的真实问题。

如"钢铁在氯化钠溶液中电化学腐蚀"的探究活动中,可以设置如下问题:
①铁碳微电池的腐蚀原理是什么?
②钢铁的成分是什么?
③如何设计模拟实验证实铁碳微电池的腐蚀原理?
④钢铁在氯化钠溶液中是否是铁碳微电池形成的条件?
⑤浓差电池腐蚀的原理是什么?
⑥可以设计一个浓差电池吗?
⑦氧浓差电池符合原电池形成的条件吗?
⑧氧浓差电池在工业、农业生产中广泛存在吗?

以上问题的顺序体现了明显的递进性,①②④⑤属于基础性问题,属于应知应会的基本知识,全体学生都可以回答,③⑦属于综合性问题,回答问题需要用到多种知识,而⑥⑧属于应用型问题,需要用综合知识才能回答。

4. 聚焦性

设置的问题要聚焦学生对大概念的掌握、理解和应用。由于课堂教学的时长是有限的,学生在课堂上精力集中的时间和分配也是有限的。大概念教学倡导的"少而精""核心""统摄""关键",与简约化学提倡的"约取""简构"等理念都指向主干知识建构和主要能力培养,因此问题切忌"大而全""面面俱到",要指向最重要的那一部分。

如在"强电解质和弱电解质"教学中,设置如下问题:
①为什么醋酸没有完全电离呢?
②如何证明醋酸溶液中还存在醋酸分子?
③还没有电离的醋酸分子会电离吗?
④能用实验方法证明已电离出的醋酸根与氢离子会结合成醋酸分子吗?
⑤能用实验证实未电离的醋酸分子还能继续电离吗?
⑥还有其他方法证明醋酸分子能在水溶液建立动态的可逆电离过程吗?

以上问题指向"电离平衡"这个课时大概念,针对醋酸的电离本质,展开追问,不但聚焦了弱酸电离的原理,而且还突出了"证据推理与模型认知"化学学科核心素养的培养。

二　形成假设

假设源于个体所提出的问题,是对问题的一种简洁的陈述,它试图解释一种模式或预测一种结果,是个体在已有的知识经验的基础上所提出的关于问题的可能性解释[1]。教学中假设是针对问题解决,提出实验性的观点,它还需要观察和实验来验证,假设可能是一种,也可能是多种。学生的假设是一种重要思维的过程,基于学生已有的知识经验积累和对关联机制的运用。比如用惰性电极电解 $FeCl_2$ 溶液,问题是"在阳极区域滴入 KCNS,溶液会变红,这是为什么?是什么离子在放电?"许多学生会提出假设,比如:可能是 Fe^{2+} 放电;可能是 Cl^- 放电,产生 Cl_2 把 Fe^{2+} 氧化;也可能是 Fe^{2+}、Cl^- 都放电。学生能够提出以上假设的前提是掌握了元素化合物知识以及已有的研究物质的经验,还包括经历了化学问题解决过程思维的训练。

三　检验求证

检验是对观察和假设的一种验证,通过检验,假设就可能被证实或支持,也可能被否定或推翻。中学课堂的科学探究和真正科学研究有所不同,主要是培养学生掌握认识科学的方法,在深度、广度、精度等方面不作太高的要求。检验求证的方法一般是以实验的方式,采取演示实验或学生分组实验,基于假设的观点,设计实验方案,并实施实验,最后对实验现象和实验数据进行分析,根据分析结果得出结论。检验求证也可以查阅文献资料,借鉴他人的研究成果来证明或否定假设。

如使用石墨电极,在某电压下电解 0.1 mol/L $FeCl_2$ 溶液,检验电解池阳极只产生 Fe^{3+} 可以采取对照实验的方法,设计同样条件下电解 0.2 mol/L NaCl 溶液,检验阳极是否产生 Cl_2,如果没 Cl_2 产生就说明 Fe^{2+} 放电能力强于 Cl^-,说明某电压下电解 0.1 mol/L $FeCl_2$ 溶液只有 Fe^{2+} 放电。

四　结论表达

结论表达是在验证的基础上进行概括和归纳,得出结论或对某些方面的一般性的认识。学生在得出结论或认识的过程中要具体经历以下步骤:收集证

---

[1] 陈琴,庞丽娟.科学探究:本质、特征与过程的思考[J].教育科学,2005,21(1):1-5.

据、证据推理、建立关联、逻辑推论。此外,学生还需要用文字,把结论准确描述出来,或者用语言表达出来,也就是信息表达,这个过程也是重要的思维过程。表达过程也要遵循简约化学的思想,言简意赅,抓住关键词和主线,简明扼要说明问题,切忌言之无物、拖泥带水。

比如就使用石墨电极,在不同电压下电解0.1 mol/L $FeCl_2$ 溶液,发现当电压比较大时,有 Fe^{3+} 和 Cl_2 生成,当电压比较小时,既没有 Fe^{3+} 也没有 Cl_2 生成,当电压为某个值(中间值)时,发现只有 Fe^{3+} 生成。基于以上事实,可以得出两点结论:一是离子放电能力与电压大小有关,二是在相同条件下 Fe^{2+} 还原性强于 Cl^-。

五 教学强调

1.发挥教师的主导作用

情境创设、任务布置、问题创设、知识点拨、阶段归纳、模型建构等都需要教师的主导作用,教师的专业引领与学生是学习的主体没有矛盾。学生是学习的主体,但是离开教师的教学主导,就会偏离方向,降低学习效率,尤其是学生的学科关键能力和逻辑思维能力得不到应有的训练。因此,一方面要反对"满堂灌""一言堂",另一方面也要反对过度放任学生自主学习、自主讨论的教学方法。

2.激发学生的学习热情

课堂探究学习活动的内容、流程需要教师的研究、设计,活动的展开需要教师的组织、启发、指导,但更需要学生的主动参与。学生也可以围绕学习内容提出自己发现的需要进行探究的问题,提出并进行自己希望进行的活动。如果教师只是依据学习内容,按照科学探究的几个要素和一般过程设计、组织探究活动,让学生按照教师的预设进行实验操作,回答教师提出的问题,验证书本上的知识,就可能把"学生活动"变成"活动学生",难以达到探究学习应有的教学效果,难以实现课程的核心素养学习目标[1]。

3.聚焦大概念的理解

探究学习活动不能只强调培养学生的科学探究技能,而忽视探究学习对促进科学概念建立、科学知识建构的作用。科学探究是科学认识的一种方法,也

---

[1] 王云生.化学探究学习活动设计组织刍议[J].化学教育,2009(9):23-25.

不是任何问题都需要假设、实验、解释、得出结论等全过程。有的问题可以用演绎或归纳的方法进行逻辑推理,从而得出一般的认识或结论。但是,问题设计都要有利于学生对大概念统摄之下的知识层级的理解以及蕴含在知识中的探究方法的掌握。

六 教学活动设计的举例

下面以高中教学中有关"氯气与水的反应、氯水的成分"内容的教学设计为例。

设计和组织的学习活动如下:

(1)观察与思考。观察氯气通入水的演示实验(有尾气处理装置)。问题:从观察到的现象看,你认为氯气能溶于水吗?说说你的理由。

(2)问题与实验。你能设计一个简单实验证明氯气能溶于水吗?与同学交流、讨论提出实验设计。(若学生提出了可行的实验方案,教师在给予鼓励的同时,提出必要的改进意见,让学生实施实验并进行评价。随后,教师介绍自己的实验方案,让学生观察演示实验:用100 mL针筒抽取80 mL氯气,再抽取20 mL水,振荡,观察发生的现象。引导学生说明现象,推理得出结论。)

(3)小结,引出新的探究问题。80 mL氯气与20 mL水,振荡,得到的溶液小于100 mL,说明氯气能溶于水。得到的溶液称为氯水,氯水有氯气的气味。据此,能否认为氯水就是溶解在水中的氯气与水的混合物?说说你的想法和理由。

(4)讨论和实验。评价同学的猜测,再请学生观察如下实验:把一小片干燥的红色布条,分成3段,分别置于氯气、氯水、水中,观察发生的变化,进一步思考,寻找问题的合理答案。实验与讨论小结:实验证明氯气或水都不会让红色布条褪色,而氯水可以,说明氯水中含有能使红色颜料褪色的物质。这种物质一定是氯气溶于水后生成的新物质。可见氯水并不是溶解在水中的氯气和水这2种物质的简单混合物。人们研究得知,氯气溶解于水时,部分氯气可与水发生反应,生成一种被称为次氯酸HClO的物质,反应方程式为$Cl_2+H_2O \Longrightarrow HCl+HClO$,次氯酸(HClO)有很强氧化性,可以起到漂白作用,可以漂白某些染料和有机色素。品红是一种常见的红色颜料,氯水也可以使它漂白褪色(演示)。

(5)提出进一步探究的问题。根据氯气与水的反应,氯水中还应该存在盐酸。能否设计一个简单的实验,检验氯水中存在的盐酸?提出你的实验设想,并和同学讨论,确定几种简便的实验方法。

(6)整理、归纳提出的实验方案,依照可行的几个实验方案,组织学生实验。例如,用石蕊试剂或用pH试纸检验氯水是否有酸性,用实验证明氯水与碳酸氢钠溶液或锌粒的作用,用实验证明氯水与硝酸银溶液的作用。

(7)实验小结,质疑实验中发现的问题。实验证明,氯水与硝酸银溶液作用能生成白色氯化银沉淀,说明氯水中含氯离子;氯水与碳酸氢钠溶液作用有气体析出,可见氯水呈酸性。这2个实验可以说明氯水中存在盐酸。在实验中同学们发现一些和已学知识不相吻合的现象:紫色石蕊试液滴入氯水,溶液变红后却褪色了;用pH试纸测氯水,发现试纸颜色变化有异常;锌和氯水反应放出气体的现象不太明显。问题:该怎样解释这些"反常"现象?能依据这些现象否定氯水中存在着盐酸的结论吗?

(8)讨论、解疑。氯水显酸性、氯水中存在氯离子,支持了氯气溶解于水,部分氯气和水发生反应,生成盐酸和次氯酸的结论。由于次氯酸具有强氧化性,因此,石蕊和pH试纸中的酸碱指示剂可能被氧化,用它们检验氯水的酸性,显现的现象不会持久。锌和氯水反应缓慢,说明氯水中酸的浓度较小。

(9)提出、思考有关氯水的新问题,深化对氯气与水作用的认识。人们发现,氯水保存时间过长,其中的氯气和次氯酸会逐渐消失,氯水最终变成很稀的盐酸。这是为什么呢?请同学观察并分析下列实验现象:把一个装满氯水的烧瓶,倒置在水槽中,放置一段时间后发现烧瓶顶部有气体出现。把装置放到阳光下,请大家仔细观察,看看还能发现什么?想想为什么?谈谈你的看法。小结:实验观察发现,光照下氯水中有微小气泡形成。联系长久放置的氯水最终会变成稀盐酸的事实,可以推想,氯气与水反应生成的次氯酸不稳定,分解成盐酸并放出气体。科学家的研究证明了这种推测的正确性。次氯酸分解生成盐酸和氧气,化学方程式为 $2HClO = 2HCl + O_2\uparrow$,光照能加速它的分解。

第五章

简构：简约化学的模式诉求

简构是简约化学最重要的特质,表现为结构简要、脉络清晰、主线清楚、层次分明、重点突出、经济适用,课堂教学达到"高品位、低门槛",其内涵是教学目标形简义丰,教学环节简明高效,教学情境真实精妙,设问精准提升,具体如图5-1所示。

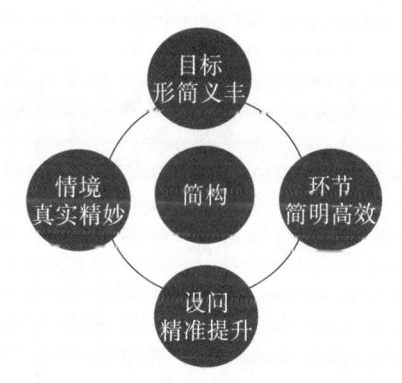

图5-1 简构要素图

与简约化学相契合的教学模式主要有三种,即项目式学习、大单元教学、任务式学习等。项目式学习比较宏观,学科跨度比较大,有的甚至是跨学科的;大单元教学比较中观,是学科内的模块重组或单元重建;任务式学习比较微观,是就某个具体学习任务开展的教学模式。以上三种教学模式,都是基于大概念理论和简约化学理论的教学设计。

第一节 化学项目式学习

一 化学项目式学习概述

项目式学习(project-based learning,PBL)以学生为主体,让学生在真实的问题情境中实践,并在探究和解决问题的过程中获得基本知识、技能、关键能力和必备品格,项目式学习的理念和目标都与当前基础教育教学改革相一致,是有效促进核心素养融合发展的教学方式,更是推动教育发展范式转型的重要抓手[1]。

化学学科的项目式学习以深度理解与持续建构化学学科知识体系为目标、以实践活动为主要学习载体、以问题解决为主要学习路径,是培育学生学科核心素养的重要路径。项目式学习还有其他表述,比如项目式教学等。

1.项目式学习的意义

项目式学习立足于真实情境中的问题的解决,以学生为学习的主体,重视学生在学习过程中的综合能力和学科核心素养的培养。实施项目式学习有如下积极意义。

①项目式学习一般以跨学科、跨模块等形式呈现,克服了单节课的局限,这就需要教师对教学内容进行整合和二次开发,并将其转化成真实情境下的、可以实操的、符合学生思维水平和能够激发学习兴趣的教学项目,促使教师进行课程整合,成为课堂的组织者、学习的引领者。

②项目式学习主题明确突出,实施项目式学习,可以促进学生利用已学的知识和积累的经验进行自主探究和同伴间的合作探究,进而产生思维碰撞,既满足了学生个性化和多样化的学习需求,又培养了学生的知识迁移能力和实践能力,还提升了科学探究和高阶思维的水平。

---

[1] 王磊,胡久华,魏锐,等.化学项目式学习的课程、教学与评价系统研究——北京师范大学化学教育研究团队20年研究历程与成果[J].化学教育,2023,43(16):24-29.

2.项目式学习的特点[①]

(1)真实的问题解决

项目式学习聚焦真实问题的解决,鼓励学习者去发现真实世界中有待解决的、有价值的问题。问题的解决还可能改变或改善真实世界。真实问题需要从学生视角去发现,有别于应用题式的"虚拟问题情境"。例如"如何制备肥皂?",这个问题指向的活动是学生动手制备肥皂,如果学生只是仿制一个日常生活中已经存在的物品,就不是项目式学习。由于学生在日常生活中可以买到各式各样的肥皂,这些都要比自己在实验室制作的更好用、更好看。换句话说,学生仿制的肥皂并没有给学生带来生活的便利,没有改进生活条件,甚至在生活中无法使用,没有体现需要解决的真实生活问题。真实的生活问题,如用浴桶洗澡时肥皂掉到桶底,光滑的肥皂从桶底拿起来很费劲,再如肥皂掉入马桶底部很难打捞,造成堵塞等。这些项目包含了需要解决的真实问题,不只是让学生动手制作肥皂,而是让他们根据日常生活中出现的问题研制出一种新的产品,或者也可以看作是改进产品。学生通过"制作一种漂浮的肥皂"项目式学习得到的最终产品,可以改善自己的生活,并感受到科学知识在生活中的实用价值。

(2)最终的成果展示

项目式学习的结果一定要有一个目标产品。这个产品必须是真实的、可见的物品,而不是学生思维的产物、个人理解层面的东西或者交流收获的结果。这个产物是有形的并能够直接解决实际生活问题的物品。项目式学习制备的产品不是唯一固定的,而是以是否解决了生活问题为标准衡量产品的质量,根据生活需要不断改进和优化产品。目标产品是学生自己动手制作出来的,是个人实践的产物。在当前开展的一些项目式学习中,教师有意识地引导学生制备一些产品。例如,自制洗手液、制作镀铜纽扣等。这些产品都是真实的、可见的,符合项目式学习的特征。也有一些教师对产品产生了误解,将学生绘制的思维导图、课堂知识总结或者宣传海报看作是项目式学习的产品,由于这些成果体现的是学生个人理解层面的东西,不符合项目式学习的关键特征。还有的教师将实验得到的产物当作产品,虽然这些产物是真实、可见的,但是并不具备满足生活需要的作用,也不符合项目式学习的这一关键特征。

[①] 卢姗姗,毕华林.中学理科教育中项目式学习的内涵与特征[J].化学教学,2023(2):3-7.

(3)活动中技术应用

项目式学习的活动过程要应用技术,这一关键特征在当前开展的项目式教学实践中经常被忽略。项目式学习具有工程设计的思想,工程设计是人类改造世界的活动,核心是技术,出发点是人类需求,而不是客观世界本身,工程设计考虑的是如何应用客观事物的各种属性满足现实需求或要求[1]。工程设计与科学探究不同,科学探究是人类认识世界的活动,通过科学思维和方法形成的对自然、人类社会及其发展规律的理论;而工程设计是将想法做成产品,从而满足人类的需求。技术方案表现为对目标产品进行结构设计和制作流程设计;技术工具表现为根据技术路线,采用仪器制作产品。

项目式学习,一般是围绕一个大任务去探究学习,学习的周期相对比较长,因此经常是以单元教学的形式,开展教学。另外,在教材的自主单元教学中,教师经常会结合真实情境和社会议题进行基于项目式学习理念的教学,虽然没有满足项目式学习的全部特征,尤其展示的产品不一定是真实的物件,但可能是问题的解决方案,这种教学方式,也可以归入项目式学习。

3.大概念与化学项目式学习的内在关联

根据《大概念统整下的学科项目式学习设计》[2]一文,归纳出4点两者之间的关联。

大概念的内涵和特性决定了其对学生学习与发展的价值,也决定了其在学科项目式学习设计中的核心地位,大概念的整合性能够使学科项目式学习的设计走向深层。

(1)整合学科项目式学习目标,凸显学科核心素养

大概念内含知识本体、知识作用、知识意义,是对知识、技能、态度的高度整合,可以说大概念是学科核心素养的知识表达形式,不仅关注知识面、技能面、态度面,更将"学知""做事""做人"联系起来。

(2)整合学科项目式学习内容,精炼学科核心知识体系

大概念能够整合下位概念、整合外围概念、整合表层概念、整合实践经验。以大概念为核心对知识进行解构与重组,可以形成一个囊括无数相互联系的小

---

[1] 叶宝生,曹温庆.技术思维的形象思维特征及其教学策略[J].课程·教材·教法,2020,40(10):112-118.
[2] 贺慧,陈倩.大概念统整下的学科项目式学习设计[J].天津师范大学学报(基础教育版),2021,22(1):51-54.

概念与大量相关事实、范例的知识体系,能够有效解决学科知识的"少"与"多"、"劣"与"精"、"散"与"融"等问题。

(3)整合学科项目式学习过程,彰显学科学习的实践性

大概念是内容与形式、过程与方法的统一体,形成于建构概念、使用方法、价值观和世界观产生的过程中。大概念自身的系统性及生成的渐进性,都使得其能够很好地整合学科项目式学习的学习内容、学习过程和学习方式。从本质上来说,大概念为我们提供了一种"概念性视角",即用一种概括性的、整合性的视角去理解课程与教学,以大概念为"抓手",利用其结构性、灵活性、相对性和意义性去整合学科知识、学科方法和学科价值,将知识与技能的学习、学科思维与方法的掌握、学科意义与价值的获得融合在一个有机的、统一的过程之中,从而让学生在这个过程中自然地获得知识、发展能力、形成价值观念。

(4)简约化学与化学项目式学习的关联

简约化学中的简构要求教学目标形简义丰,教学环节简明高效,教学情境真实精妙,设问精准提升。项目式学习在项目立项、情境创设、问题驱动、成果展示等环节中,引导学生进行情境理解、抽象反思、深入阅读、观点碰撞等有意义的学习以及问题解决活动,一方面教学过程主题突出、线索清晰、目标指向清楚,另一方面学习过程不单是知识的建构学习,还突出知识的应用性、关联性、综合性,引导学生在独立思考、解决实际问题中优化和活化知识,培育可迁移的能力、提升学科核心素养,从而提高学习的有效性。

二 项目式学习的设计

项目式学习过程主要包括项目任务、项目活动、制作作品、展示交流、点评提升、达成目标等。项目式学习设计主要包括学习目标设计、任务设计、活动设计三大部分。

下面以"基于碳中和设计低碳行动方案"项目[①]为例,阐述项目式学习的设计。

---

① 胡久华,褚童,王静波,等.大概念统领的项目式学习——基于碳中和理念设计低碳行动方案[J].化学教育(中英文),2022,43(9):6-14.

1.确定学科大概念,设计核心目标

化学大概念是对整个化学学科重要事实内容的抽象提炼,是单元教学的重点。在项目式学习过程中,教师借助课程标准和教材,寻找单元知识中的化学大概念及其包含的重要概念,据此设计教学目标,并确定与这些关键概念和能力相关的一系列基础知识和技能,以期实现学生对化学大概念的深刻理解和迁移应用,真正提升化学学科核心素养。

"碳中和"是统领"基于碳中和设计低碳行动方案"项目的大概念,具有高度概括性、统摄性和迁移性。碳中和是低碳行动的目标,是我国"十四五"规划的重要任务,也是完成该项目任务、实现目标的重要指导思想,对整个项目活动具有统摄作用。碳中和高度概括了以二氧化碳为核心的主要知识及知识结构,不仅包括二氧化碳作为生成物的主要化学反应、二氧化碳实验室制法等内容,还包括二氧化碳作为反应物的化学反应、二氧化碳的性质及应用等内容,两方面的内容整合形成以二氧化碳为核心的碳及其化合物转化关系的知识结构。此外,碳中和还蕴含着"致中和"的中庸思想,使天地万物各得其所、各遂其生,理解人与自然和谐相处的生态自然观,实现知、情、意、行的统一。因此,碳中和不仅是解决项目问题的思路方法,还概括了项目承载的核心知识及知识结构,并且体现了期待学生通过项目活动建立的情感态度价值观。

项目使学生置身于真实情境中,在面对个人生活需要、国家发展、人类发展与低碳要求的矛盾时,要发展化学观念,建构"可持续发展"学科大概念。具体如表5-1所示。

表5-1 "基于碳中和设计低碳行动方案"的大概念及知识层级

学科大概念	可持续发展		
次级大概念	二氧化碳制备	二氧化碳的性质	二氧化碳的吸收
学科知识	产生二氧化碳的途径、实验室制备二氧化碳的方法	二氧化碳具体性质、二氧化碳的用途、二氧化碳的吸收方法	从科学、技术、社会、政策等方面设计、评价低碳行动
项目任务	二氧化碳从哪里来	二氧化碳到哪里去	低碳行动方案

【项目教学目标】

①通过分析全球气候变暖及其影响、温室效应,学生可以认识到大气中二氧化碳含量过高带来的环境问题,认识到我国实现"碳达峰""碳中和"双碳目标的必要性和迫切性;通过分析相关资料和小组交流研讨,构建"减少排放、增加吸收"这一降低大气中二氧化碳的思路。

②通过"二氧化碳从哪里来"的探究活动,从碳元素视角认识二氧化碳的产生途径及相关的化学反应,学习实验室制取二氧化碳的原理、装置及基本操作,建立实验室制取气体的思路。基于二氧化碳的来源,探讨减少大气中二氧化碳的措施。

③通过"二氧化碳到哪里去"的探究活动,发展学生"提出假设—设计实验方案—实施实验—归纳得出结论"的科学探究能力,加强控制变量的实验思想,进而认识二氧化碳的性质,建立二氧化碳性质与用途的关联。基于二氧化碳的去向,探讨增加吸收二氧化碳的措施。

④通过"低碳行动方案"可行性的分析评价活动,从元素守恒、物质转化视角,自主应用二氧化碳的性质及转化等知识,并调用多学科知识,从科学、技术、社会、政策等方面设计、评价低碳行动方案,发展系统思维和提高解决实际问题的综合能力。

⑤通过展示、汇报、宣讲低碳行动方案,将化学与可持续发展理念转化成行为准则,积极践行低碳行动,实现知、情、意、行的统一;树立远大志向,强化社会责任、国家认同、国际理解等。

2. 设计核心内容,构建知识网络

该项目主要承载了初中化学碳和碳的氧化物中的相关内容,包括碳及其化合物的性质与应用、含碳物质的转化、二氧化碳的制备实验、二氧化碳的性质探究实验等,重点发展学生的元素观、变化观。学生在进行项目式学习前已经系统学习了氧气的相关性质,初步建立了认识物质性质的基本角度和思路;掌握了实验室制取氧气的实验原理,但没有形成实验室制备气体的一般思路和方法;初步了解了自然界存在碳循环,也学习了元素的相关知识,但还不能基于元素守恒、物质转化的视角认识碳循环;了解了温室效应对环境的影响及基于生活经验的低碳行动措施,但缺乏解决真实问题的思路及多角度分析问题的能力。

3. 形成本质问题,转化为驱动性问题

在单元教学中实施项目式学习,需要通过问题激发学生对核心知识的思考和探索。问题可分为两类:一类是本质问题,直接指向核心知识中的概念和能力,但是本质问题往往比较抽象,离学生已有认知水平有较大距离,很难激发学生的学习兴趣;另一类是驱动性问题,通过有趣的、符合学生学情的、能激发学生兴趣的问题,驱动学生自觉主动、积极地投入项目式学习中。因此,将本质问题转化为驱动性问题,有利于将问题化抽象为具体,变深奥为浅显,更具有可操作性。

比如在探究"二氧化碳从哪里来"时,可设置如下四个问题:①产生CO_2的途径有哪些?为什么会产生CO_2?②上述途径真的能产生CO_2吗?设计实验并进行验证。③如何获得较纯净的CO_2?在实验中感受CO_2的收集。④哪些CO_2的来源可以控制?如何减少CO_2的排放?

又如在探究"二氧化碳到哪里去"时,设置如下问题:①如何降低大气中CO_2的含量?②水为什么能吸收CO_2?吸收效果如何?有哪些利弊?③石灰水吸收CO_2的原理是什么?效果如何?如何提高吸收效果?石灰水、NaOH溶液吸收CO_2各有哪些利弊?

4.综合考虑项目,设计教学流程

项目的流程包括项目任务、驱动问题、项目活动、基于大概念的素养目标等。"基于碳中和设计低碳行动方案"流程如表5-2所示。

表5-2 "基于碳中和设计低碳行动方案"教学流程

项目任务	驱动问题	项目活动	基于大概念的素养目标
导引课(第1课时):了解项目背景,明确项目任务,建立项目问题解决的框架。	(1)为什么要低碳?(2)降低大气中CO_2含量的思路是什么?(3)如何制订低碳行动方案?需要解决哪些问题?小组如何分工合作?	(1)课前,了解碳中和的有关概念,设计低碳行动方案。(2)课上,讨论碳中和的重要意义;基于碳中和思想,建立减少排放及增加吸收的思路。(3)课后,梳理知识,调查大气中CO_2的来源。	(1)体会大气中CO_2含量过多对生态环境的影响,激发研究热情,增强环保意识。(2)认识实现"碳达峰""碳中和"的必要性和迫切性,增强国家意识。
研究课1(第2课时):二氧化碳从哪里来?	(4)产生CO_2的途径有哪些?为什么会产生CO_2?(5)上述途径真的能产生CO_2吗?设计实验并进行验证。(6)如何获得较纯净的CO_2?在实验中感受CO_2的收集。(7)哪些CO_2来源可以控制?如何减少CO_2的排放?	(4)课上,汇报大气中CO_2的来源,分析化学反应及含碳物质的转化。(5)课上,开展分组实验,感受CO_2的产生。(6)课上,分组实施实验,制取CO_2。(7)课上,从减排角度寻找低碳的措施。(8)课后,梳理知识,改进行动方案,查阅吸收CO_2的方法。	(3)从元素守恒角度认识含碳物质与CO_2之间的转化。(4)从元素守恒、物质转化的角度系统认识大气中CO_2的来源;形成通过减排降低大气中CO_2的思路方法。

续表

项目任务	驱动问题	项目活动	基于大概念的素养目标
探究课2（第3课时）：二氧化碳到哪里去？	(8)如何降低大气中的CO_2含量？ (9)水为什么能吸收CO_2？吸收效果如何？有哪些利弊？ (10)石灰水吸收CO_2的原理是什么？效果如何？如何提高效果？石灰水、NaOH溶液吸收CO_2各有哪些利弊？	(9)课上，分享课前调查的转化CO_2的方法。 (10)课上，设计实验，探究CO_2分别与水、石灰水、NaOH溶液的反应，综合评价这3种溶液吸收CO_2的方法。 (11)课上，梳理增加CO_2吸收量的方法，总结CO_2的性质。 (12)课后，梳理知识，改进低碳行动方案。	(5)建立物质转化视角，有意识地应用化学反应把CO_2转化为其他含碳物质。 (6)应用物质性质及化学反应解决问题的时候，开始考虑实际问题解决的需要，初步具备综合视角。
探究课3（第4课时）：低碳行动方案的可行性分析。	(11)化石燃料使用过程中如何实现低碳？有哪些具体可行的措施？ (12)CO_2的去向有哪些？ (13)要想实现清洁能源的广泛使用，需要解决哪些问题？	(13)认识我国能源使用现状，讨论化石燃料的合理使用。 (14)讨论工业生产中减少CO_2排放的具体方法、CCUS技术等；分析利用工业上合成甲醇的反应降低大气中CO_2含量的可行性。 (15)了解清洁能源的应用展望。 (16)综合科学、技术、政策、社会等多角度进行考虑，完善低碳行动方案。	(7)可以从科学、技术、政策、社会等4个角度综合分析、评价低碳行动方案的可行性。 (8)发展提取和加工信息、分析解决实际问题的能力；发展批判性思维、系统思维等高阶思维能力。
展示课（第5课时）。	(13)低碳项目的研制历程是怎样的？ (14)最终的低碳行动方案是怎样的？ (15)低碳项目带来了怎样的收获？	(17)课前，提前指导展示内容，包括低碳行动方案及改进过程、小组合作情况、收获感想。 (18)课上，各组进行全面的汇报展示、互评互议，教师总结。 (19)课下，完善低碳行动方案，选择并实施低碳行动的实践活动。	(9)发展总结、反思、协作交流的综合素养。 (10)从个人、国家和国际层面全方位认识并践行低碳理念，发展系统思维，增强责任担当。

三　项目式学习的实施

项目式学习一般是以单元的形式开展,由于项目式学习的内容可能是涉及课内、课外的学科知识,也可能是跨学科的知识叠加,因此每个项目的学习不可能在1课时内完成,往往需要2课时以上,有的甚至需要6~7课时。学习过程还包括学生课后或课前查阅资料等。在单元中,每个课时的任务不同,有的侧重方案的设计,有的侧重问题的探究,有的侧重学习成果的展示,但是整个单元的任务包括情境导入、任务驱动、问题探究、成果展示等环节,学习过程中提倡自主合作,教师根据大概念的教学目标的达成情况而做适度点拨和引导,要求体现课堂结构简要以及教学脉络清晰、主线清楚、层次分明、重点突出、选材经济适用的简构思想。

"基于碳中和设计低碳行动方案"项目包括导引课、探究课、展示课3种课型,共5课时,具体教学流程如表5-2所示。

5课时的项目活动在前面已经完整实施。通过探究课1、2的学习,学生在探究二氧化碳的来源与去向过程中认识了二氧化碳的制备、性质及用途,建立了从元素守恒及物质转化的视角分析低碳问题的思路。探究课3重点发展学生从科技、经济、政治等综合视角系统分析低碳行动方案可行性的能力,以期提升学生解决真实复杂问题的能力。探究课3的教学实录如下。

【课前资料】视频:CCUS碳捕获、利用与封存技术简介。

1.讨论化石燃料的合理使用

【教师】了解CO_2的来龙去脉后,要在行动层面设计具体可行的低碳行动方案。我国的经济发展需要消耗大量能源,煤炭作为我国的主要能源,也是未来长期使用的能源,结合资料分析若使用煤炭作为能源要如何才能实现低碳?

【资料1】据2017年世界资源研究所的数据显示,我国的碳排放80%以上来自能源使用,其中发电供热行业占41.6%,交通运输占7.5%,其他燃料燃烧行业占2.5%,制造业和建筑业占23.2%,工业生产过程占9.7%。

【资料2】传统火力发电厂生产流程(图5-2)。

【资料3】化石燃料富氧燃烧系统(图5-3)。

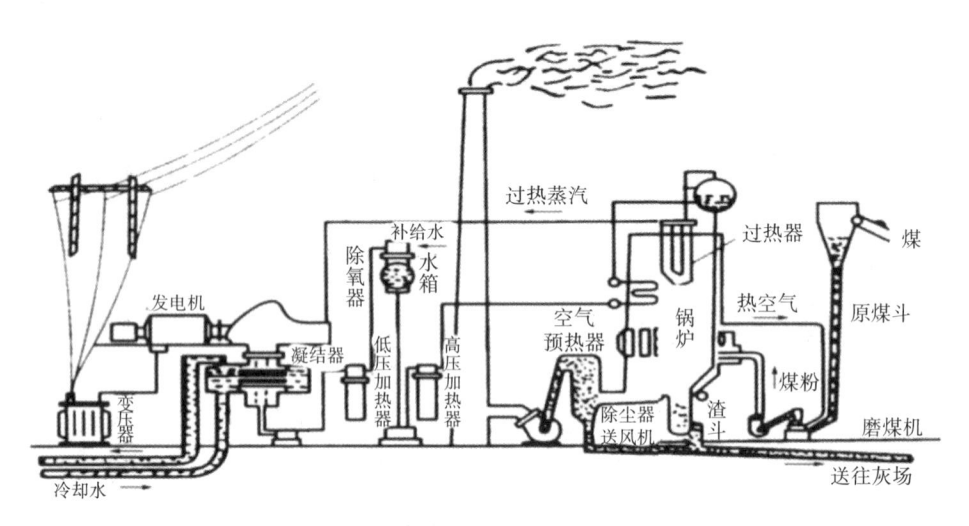

图5-2 传统火力发电厂生产流程

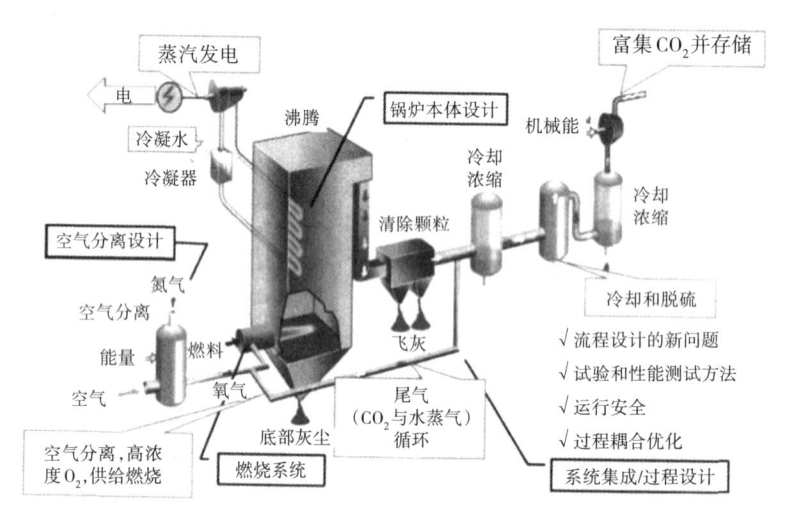

图5-3 化石燃料富氧燃烧系统

【资料4】国家针对节能减排出台的法律法规有《中华人民共和国节约能源法》《可再生能源中长期发展规划》《国务院关于进一步加大工作力度确保实现"十一五"节能减排目标的通知》等。

【学生1】发展技术,使用富氧燃烧系统可以提高煤炭的使用效率。

【追问】富氧燃烧系统如何提高煤炭使用效率?

【学生1】通过空气分离得到高浓度氧气,使燃烧更充分;收集尾气,循环利用。

【学生2】传统的火力发电未对尾气做进一步处理。利用现代化的先进技术可以对尾气进行脱硫处理,回收尾气中的氧气进行循环利用,富集二氧化碳进行封存。

【学生3】可以利用尾气中的余热来加热低压蒸汽,从而进行发电。

【教师】富氧燃烧系统本质上在物质(如利用高浓度氧使碳充分燃烧)及能量(如热的尾气提供能量)两方面实现了燃料的充分利用。将"提高燃料利用率"观念转化为具体的行动需要运用技术、工程方法对已有的能源设备、能源系统进行系统优化。

2. 捕获的CO_2如何处理

【教师】化石燃料经过富氧燃烧之后,产生并捕获了大量的CO_2,这些CO_2如何处理?小组讨论后提出可行的处理方法,并说明其中的原理及可能的利弊。

【学生】小组讨论并汇报(见图5-4)。

【小组1汇报】按照CO_2处理与再利用的思路,我们认为有4种方案:(1)将收集到的CO_2制成干冰再利用;(2)将CO_2通入农业大棚;(3)将CO_2通入油井,提高原油采收率;(4)将CO_2入地封存。以第1种方案为例,其优势在于实现CO_2的再利用,弊端在于无法彻底减少CO_2,仅是延迟排放。

【小组2汇报】基于元素守恒,我们推测可以将CO_2分解为碳和氧气;也可以将CO_2转化为能源,如CO_2与氢气反应转化为甲醇;以CO_2作为碳源在生物中进行合成。

【小组3汇报】将CO_2转化为灭火器原料、人工降雨原料、食品原料、大理石原料等。

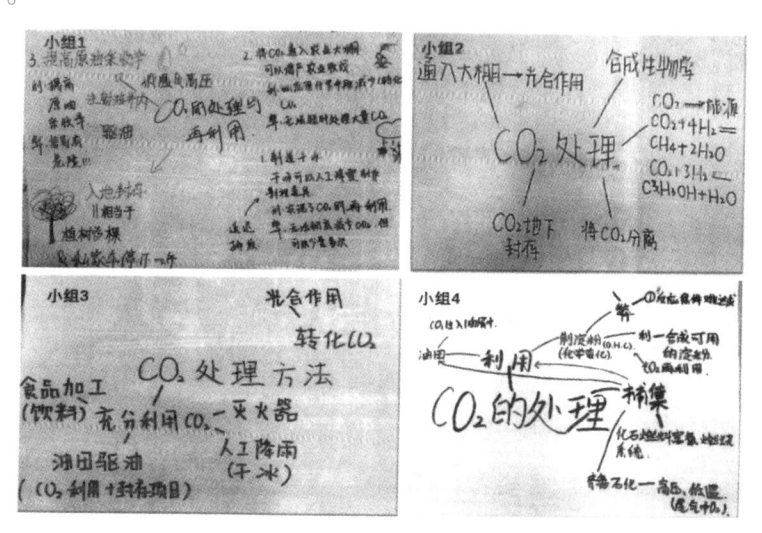

图5-4 学生小组汇报内容

【小组4汇报】淀粉由碳、氢、氧元素组成,CO_2由碳、氧元素构成,猜想可以利用CO_2和氢气制成淀粉,但这种方法的条件可能比较苛刻。此外,可以通过高压、低温条件实现尾气中CO_2的捕集,再将二氧化碳封存到地下,但这种方法有一定危险。

【教师追问】将二氧化碳转化为大理石,或用二氧化碳合成淀粉等方法采用了什么原理?

【学生齐答】元素守恒。

【教师点评】同学们的方案可分为如下3类:(1)将CO_2转化为生活中可以利用的物质,如制成干冰、将CO_2直接通入蔬菜大棚等。但同学们在解决实际问题时要有"量"的意识,例如,我国每年排放的CO_2的量在100亿吨左右,这些方法无法处理如此大量的CO_2。(2)利用碳捕集和碳封存技术将CO_2注入地下,这种方法仍存在一定的风险,如地壳运动引起二氧化碳喷发而导致灾难,因此不到万不得已的时候不可大范围使用此方法。(3)利用碳元素守恒原理将CO_2转化为甲醇、淀粉等有用物质,实现CO_2的再利用。这种方案在原理上是可行的,但可以进行工业化生产吗?

【资料】甲醇的化学式为CH_3OH,为无色液体,是一种重要的基础有机化工原料,也是一种新型清洁能源。二氧化碳转化为甲醇的反应可表示为:$CO_2+3H_2 \rightarrow CH_3OH+H_2O$。

【学生4】从反应物来看,要考虑使用的原料是否廉价易得,氢气在自然界中不存在,运输和使用氢气时存在危险;从生成物来看,得到的是清洁的水和纯度较高的甲醇;从反应条件来看要考虑是否容易达到。

【学生5】通过电解水获得氢气的同时也需要电力,又会排放二氧化碳,得不偿失。

【教师】实现CO_2制甲醇的工业化,核心在于获取氢气以及达到反应条件,这些都需要一定技术手段,此外还要考虑成本、二次污染等问题。从成本来看,中国科学院给出了相应数据,投入价值108元的6 kg氢气能够产出价值80元的32 kg甲醇,从经济角度看是亏本的。但利用该反应减少的碳排放量可用于碳交易(图5-5)。在碳交易市场的调节下,减排效果越好,收益越大,经济效益有可能发生逆转。因此,实现碳中和目标需要多措并举,既要进行需求导向的科学、技术攻关,还要发挥碳交易市场等政策的调节作用,形成鼓励机制,促进企业自发减排。

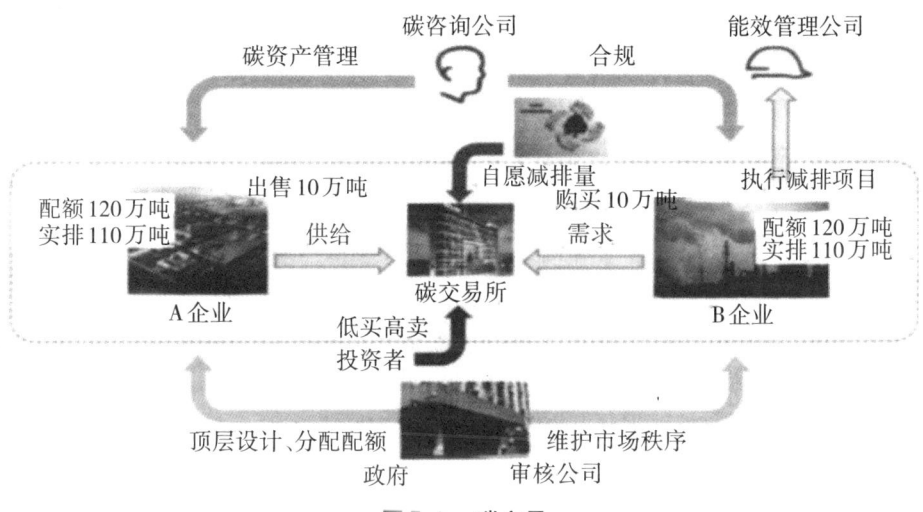

图 5-5 碳交易

3.发展清洁能源面临的问题与挑战

【教师】在减少化石燃料使用中的碳排放量的基础上,我国还要发展、利用清洁的可再生资源,例如太阳能和风能。太阳能和风能在发展和利用中面临的挑战是什么?

【资料5】光伏/风能发电的一般环节有发电储能、转化、输电、消费。发电储能包括抽水储能、电池储能、化学储能(制取氢气)等方式。抽水储能受地形的限制;电池储能受能量密度、电池容量、循环使用次数的限制;化学储能技术还处于发展阶段,成本高且转化率较低。

【学生6】太阳能和风能分布不均且不稳定,受自然天气的影响较大,并且需要解决能量存储问题。

【学生7】此外,大面积使用光伏/风能发电还需要政策的推动与支持,还要考虑成本、二次污染等问题。

【教师】想要将低碳理念转化为具体可行的方案,需要全社会经济体系、能源体系、技术体系等发生变革,需要科学、技术、社会、政策等协同发力,需要中国携手国际社会共同努力,更需要每个人的积极参与。随着碳中和这场牵动全局大变革的完成,人类社会将由工业文明进入生态文明,实现人与自然的可持续发展!

【课下任务】从综合视角和不同层面改进低碳行动方案,项目成果展示如图5-6所示。

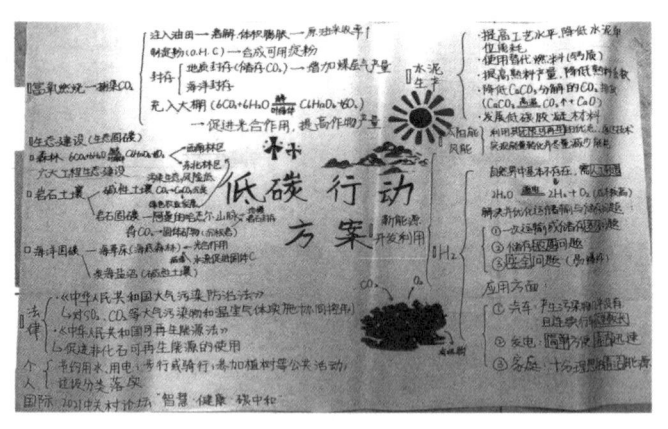

图5-6 学生项目作品

四 项目式学习教学评价

以"基于碳中和设计低碳行动方案"项目式学习为例,教学评价如表5-3所示。

表5-3 "基于碳中和设计低碳行动方案项目式学习"教学评价

课时	素养目标	项目任务	项目活动	评价方法
课时1	目标(1)(2)	碳中和的方案	活动(1)(2)(3)	通过分组讨论和展示,采取学生互评、提问等方式,了解学生对碳中和的概念和意义的认识以及对低碳行动方案的思考。
课时2	目标(3)(4)	二氧化碳从哪里来?	活动(4)(5)(6)(7)(8)	通过分组讨论和展示,采取学生互评、教师提问等方式,了解学生对二氧化碳来源的认识;通过实验、化学方程式整理,了解学生对二氧化制备等知识的建构程度。
课时3	目标(5)(6)	二氧化碳到哪里去?	活动(9)(10)(11)(12)	通过对二氧化碳吸收问题的讨论,以及学生在整理二氧化碳化学性质后发起的反馈,了解学生对二氧化碳知识的结构化掌握情况以及在实际生活中处理二氧化碳问题的能力。
课时4	目标(7)(8)	低碳行动方案的可行性分析	活动(13)(14)(15)(16)	通过分组讨论、教师点拨、科学探究,了解学生结合多种因素处理二氧化碳复杂问题的能力。
课时5	目标(9)(10)	学习成果展示	活动(17)(18)(19)	通过小组展示和汇报,将互评、自评、师评相结合,在评价中引导,在引导中提高,不断优化低碳行动方案,发展合作能力,逐渐形成处理复杂问题的能力,并在参与社会议题过程中,提高社会责任感。

五　项目式学习的案例

教学案例一：本案例由福建省厦门市集美区灌口中学候静老师提供[①]

项目主题：钙钛矿太阳能电池材料——运用结构决定性质的视角解构太阳能电池

(一)项目的简要说明

本项目以"钙钛矿太阳能电池材料"为载体，围绕吸收层材料与传输层材料，引导学生从原子结构、微粒间作用力和晶体结构等角度解析这一新型高效材料，将思维模型的建构与真实情境相结合，注重知识的结构化和思路方法的可视化，形成解决真实问题的思维模型。项目式学习活动基本设计思路如图5-7所示。

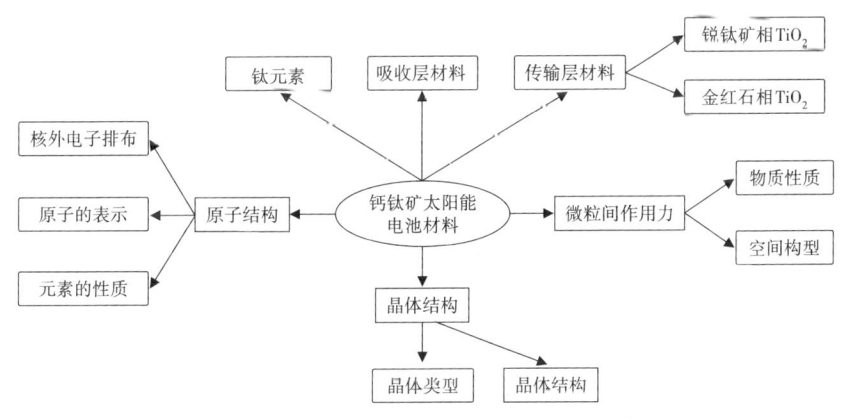

图5-7　项目式学习活动基本设计思路

(二)学情分析

①学生已经掌握了与元素化合物有关的基本知识，基本建立了"元素观""变化观"，并能用"价—类"二维方法认识和推断陌生物质的化学性质。

②学生已经学习了电化学的基本知识，掌握了原电池和电解池的基本原理。

③学生已经建构了原子结构角度，能从"位构性"角度认识物质的性质。

④学生能够运用价层电子对互斥理论和原子坐标相关知识对物质结构进行基本分析，学生也可以自我建构晶胞计算思维模型。

⑤学生对多模块知识的融合以及多视角分析物质的性质和转变等缺乏训练，处理真实情境下的问题的能力相对不足。

[①] 侯静.基于真实情境项目式教学实践研究[J].理科考试研究,2023,30(15):49-52.

(三)学科大概念的确定(表5-4)

表5-4　钙钛矿太阳能电池材料大概念与知识层级图

学科大概念	结构决定性质		
次级大概念	原子结构	微粒间作用力	晶体结构
学科知识	核外电子排布；原子的表示；元素的性质	物质性质；空间构型	晶体类型；晶体结构
项目任务	钙钛矿太阳能电池材料的性能分析	钙钛矿太阳能电池材料的结构分析	钙钛矿太阳能电池材料的合成分析

(四)项目教学目标

1.项目教学目标

①通过分析钙钛矿太阳能电池材料的优良性能,运用电化学和物质结构核心知识解决太阳能电池发展过程中遇到的问题,感悟化学学科的魅力,培育"科学探究与创新意识"化学学科核心素养。

②通过分析钙钛矿太阳能电池材料的结构,建构原子结构角度、"位构性"角度和立方晶胞空隙的分析模型,训练迁移类比逻辑思维能力,培育"宏观辨识与微观探析""证据推理与模型认知"化学学科核心素养。

③通过分析钙钛矿太阳能电池材料的合成,运用价层电子对互斥理论和原子坐标相关知识对合成工艺进行优化设计,建构晶胞计算思维模型,发展工艺工程思维,培养基于证据进行合理推理的关键能力,弘扬学科价值。

2.课时安排

共3课时,包括导引课(1课时)、研究课(1课时)、展示课(1课时)。

(五)项目流程设计

根据项目教学目标,遵循知识进阶和能力进阶双主线思想,项目的学习过程分为3个核心任务,每个核心任务下设层层递进的学习活动,项目的学习流程设计如图5-8所示。

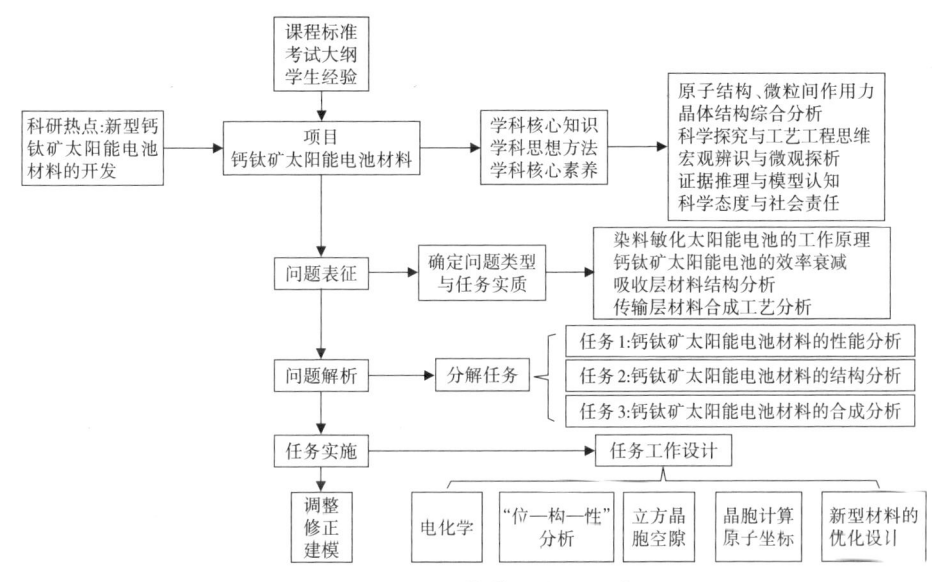

图5-8 项目的学习流程设计

(六)项目式学习的实施

任务1:钙钛矿太阳能电池材料的性能分析(表5-5)

表5-5 钙钛矿太阳能电池材料的性能分析活动设计表

教师活动	学生活动
创设情境:研发高效低成本的新型太阳能电池,是实现太阳能光伏发电广泛应用的技术基础,也是解决日益严重的能源危机及环境污染的重要途径之一。钙钛矿太阳能电池是有机-无机掺杂的一种新型太阳能电池,现阶段,其光电转化效率已经与手机和平板、电视中的商用有机发光二极管相当。 问题:作为钙钛矿太阳能电池的前身,染料敏化太阳能电池的工作原理是什么? 追问:如何解决液态电解质材料带来的一系列问题?	(1)科学·探究——染料敏化太阳能电池的工作原理。 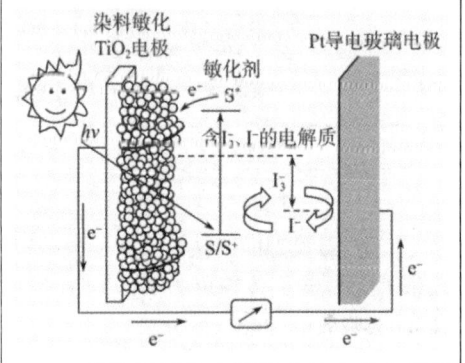 一种染料敏化太阳能电池中发生的反应及原理如上图所示。运用电化学相关知识分析此种电池的工作原理。

123

续表

教师活动	学生活动
总结归纳:液态电解质材料不仅对电池工作的长期稳定性有非常不利的影响,而且对器件的封装及大规模组装和生产造成了显著的阻碍。钙钛矿太阳能电池采用固态化电解质材料,有效解决了这一问题。 再问:如何解决钙钛矿太阳能电池的效率衰减问题? 整合提升:由于使用环境的特殊性,太阳能电池需要在户外条件下长时间保持稳定。由Walsh提出的晶格降解过程机理图可知,H_2O作为催化剂与$CH_3NH_3^+$发生相互作用,导致晶格结构发生了降解。为了提高材料对环境湿度的耐受性,可选择极性相似而体积较大的苯乙胺阳离子来替代$CH_3NH_3^+$,从而在一定程度上缓解晶格降解。	(2)交流·研讨——钙钛矿太阳能电池的效率衰减问题。 Walsh提出H_2O降解$CH_3NH_3(PbI_3)$的机理如下图所示。在此降解过程中,H_2O的作用是什么?为了提高材料对环境湿度的耐受性,可选择苯乙胺阳离子来替代$CH_3NH_3^+$,原因是什么?

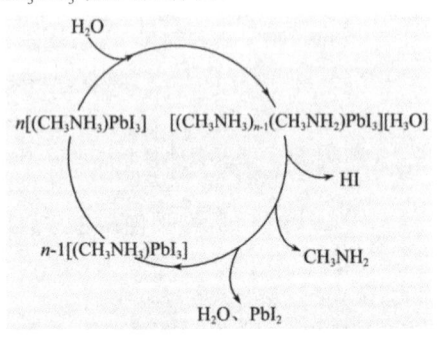

设计意图:以科研热点作为活动切入点,引导学生感悟化学学科的魅力,在初步认识太阳能电池结构的基础上,深入研究太阳能电池的发展历程。通过创设层层递进的真实问题情境,将电化学核心知识与实际生产生活中的问题进行巧妙融合,在培养理解与辨析、分析与推测以及归纳与论证等学科关键能力的同时,培育"宏观辨识与微观探析""证据推理与模型认知"学科核心素养。

任务2:钙钛矿太阳能电池材料的结构分析(表5-6)

表5-6 钙钛矿太阳能电池的结构分析活动设计表

教师活动	学生活动
情境:最典型的钙钛矿太阳能电池以致密TiO_2为电子传输层材料,以$CH_3NH_3(PbI_3)$为吸收层材料。 问题:钙钛矿太阳能电池的优良性能与传输层材料和吸收层材料的结构有着密不可分的关系,如何从原子结构、元素周期律和晶体结构等角度进行分析?	(3)思考·交流——再探钛元素。 结合元素周期表,从原子结构角度分析以下问题: ①钛元素在元素周期表的什么位置? ②基态钛原子的核外电子如何排布?价电子轨道表示式是什么? ③与钛同周期的元素中,基态原子的未成对电子数与钛相同的有几种? ④根据钛原子的结构,分析钛元素及其化合物在哪些方面有着重要的用途。

续表

教师活动	学生活动
整合提升：从原子结构、元素周期表和元素周期律角度对物质进行剖析，明确该晶体属于离子晶体，并运用均摊法确定化学式为ADX_3，在此基础上对晶胞内部空隙与微粒空间构型展开全面分析，进而概括该吸收层材料的优势。	（4）交流·研讨——钙钛矿太阳能电池吸收层材料结构分析。 　　固态钙钛矿太阳能电池中最典型的吸收层是有机金属卤化物，其晶体结构如下图所示（A：$CH_3NH_3^+$、$CH_3CH_2NH_3^+$或$HN=CHNH_3^+$等；B：Pb^{2+}或Sn^{2+}；X：I、Br或Cl）。 　　1.分析组成$CH_3NH_3^+$的C元素和N元素的第一电离能、电负性和原子半径的大小顺序。 　　2.用A、B、X表示该有机金属卤化物的化学式。 　　3.该晶体属于什么类型？ 　　4.与B紧邻的X有多少个？它们形成怎样的空间构型？ 　　5.此晶胞中，A与X可形成几个四面体空隙？ 　　6.简述钙钛矿结构的吸收层材料运用于太阳能电池的优势。

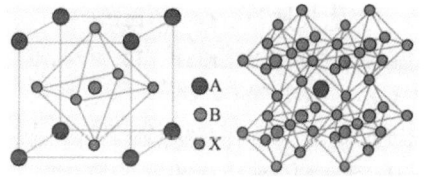

设计意图：以吸收层材料晶体结构为素材，通过解决递进式问题，引导学生建构原子结构角度分析模型、"位构性"分析模型以及立方晶胞空隙分析模型，进而阐述结构与优良性能之间的关系。此项目的学习任务设计旨在将化学核心知识与化学观念和思维方法巧妙融合，关注知识体系与思维模型的构建。

任务3：钙钛矿太阳能电池材料的合成分析（表5-7）

表5-7 钙钛矿太阳能电池材料的合成分析活动设计表

教师活动	学生活动
情境:钙钛矿太阳能电池材料的制备,包括基底、电子传输层、钙钛矿吸收层以及电极的制备,制备过程中可通过处理钙钛矿溶剂、添加空间层、添加空穴传输层等手段提高电池的效率。 问题:锐钛矿相TiO_2是钙钛矿太阳能电池中使用率最高的传输层材料,通常采用气溶胶喷雾热解法和旋涂等手段进行制备,并采用500 ℃高温煅烧来提高传输能力,这严重限制了其在柔性塑料基底上的应用。如何实现低温制备TiO_2? 总结归纳:运用价层电子对互斥理论确定碳原子杂化方式为sp^2和sp^3,并结合分子结构中氧原子孤电子对的影响确定键角大小。 追问:金红石相TiO_2制备方法要求的温度更低,其呈现怎样的晶体结构? 再问:光电转换效率的提升离不开电子-空穴对的有效分离,这对电子传输层材料提出了更高的要求。如何制备高性能的介孔结构TiO_2纳米棒电子传输层材料? 讨论:在水热反应时间为3 h时制得的纳米棒的性能最好,既可以使钙钛矿更有效地渗透其中,提高载流子分离效率,具有较好的光透过率,且电阻小,电池性能也达到最佳。	(5)交流·研讨——TiO_2电子传输材料合成工艺分析。 有学者将直径小于5 nm的锐钛矿相TiO_2纳米颗粒分散在二异氧基双乙酰丙酮钛(TiAcAc)的乙醇溶液中,实现了低温制备TiO_2。TiAcAc的结构式如下图所示。 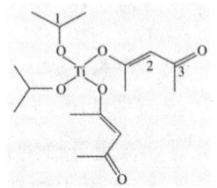 ①该化合物中碳原子采用了哪些杂化方式?对分子的空间构型有何影响? ②运用所学知识将结构图中三个键角按角度大小进行排序。 (6)金红石相TiO_2的晶胞结构(晶胞中相同位置的原子相同)如下图所示。A、B、C、D的原子坐标分别为$A(0,0,0)$、$B(0.69a, 0.69a, c)$、$C(a,a,c)$、$D(0.19a, 0.81a, 0.5c)$ 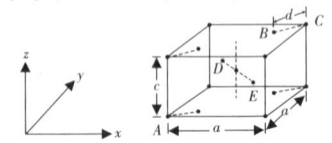 ①在A、B、C、D、E五个微粒中,哪些代表氧原子? ②写出E原子的坐标。 ③计算钛氧键的键长d和晶胞密度。 (7)视野·拓展——介孔TiO_2层对钙钛矿太阳能电池的影响。 采用水热法合成金红石相TiO_2纳米棒,在水热反应时间分别1 h、2 h和3 h下制备的TiO_2纳米棒,从TiO_2纳米棒的长度及致密度角度进行分析,哪种反应条件下制备的传输层材料性能更好?

设计意图:聚焦钙钛矿太阳能电池传输层材料,创设真实情境下的实用性问题,围绕低温合成工艺开展各项学生活动,帮助学生构建价层电子对互斥理论分析模型和晶胞计算思维模型,并引入原子坐标、点阵以及结构基元等概念,引导学生深入分析晶体结构,最后设置视野拓展活动,培育在陌生真实情境下复杂问题的解决能力。

(七)项目教学目标(表5-8)

表5-8 项目学习教学评价

课时	目标	任务	活动	评价方法
课时1	目标1	钙钛矿太阳能电池材料的性能分析	(1)(2)	通过分组讨论和展示、学生互评、提问,引导学生感受化学学科的魅力,在初步认识了太阳能电池结构的基础上,深入研究太阳能电池的发展历程。通过创设层层递进的真实问题情境,将电化学核心知识与实际生产生活中的问题进行巧妙融合。
课时2	目标2	钙钛矿太阳能电池材料的结构分析	(3)(4)	通过分组讨论和展示、学生互评、教师提问,引导学生建构原子结构角度分析模型、"位构性"分析模型以及立方晶胞空隙分析模型,进而阐述结构与优良性能之间的关系。
课时3	目标3	钙钛矿太阳能电池材料的合成分析	(5)(6)(7)	聚焦钙钛矿太阳能电池传输层材料,创设真实情境下的实用性问题,帮助学生构建价层电子对互斥理论分析模型和晶胞计算思维模型,深入分析晶体结构,培育在陌生真实情境下解决复杂问题的能力。

教学案例二:本案例由福建省厦门市金尚中学化学组成员开发

项目主题:"双碳"行动跨学科综合实践项目

(一)项目简要分析

本单元教学内容主要以碳元素在大气圈、岩石圈、水圈的循环为研究对象,认识碳及其氧化物的性质及转化,探究二氧化碳的实验室制法,掌握气体制取的一般思路和方法。同时融合生物学、地理、道德与法治等课程相关内容,以自然界中的碳氧循环和物质在自然界中可以相互转化为基础,树立元素观和转化观。认识温室效应及其危害,引导学生树立资源循环使用、环保节约的绿色发展观,尤其是在面对国家发展和低碳相矛盾时,以"绿色环保可持续发展观念"为指导,走绿色发展的道路,筑牢人类命运共同体观念。

(二)学情分析

①就本学科的学习而言,学生在前面几个单元已经学习了基本的实验操作方法,已经具备了用实验的方法进行初步化学探究的能力;学习了从分子、原子的层面认识物质;学习了从质量守恒定律认识化学变化;以氧气为例,初步体验了探究物质性质和变化的一般思路和方法。所以在本单元对碳单质及其氧化物探究中,学生已经有了一定的知识储备,同时具备了一定实验的技能。

②在道德与法治课程中,学生学习了生态文明建设等内容,已经从国家政策、国际合作角度认识了"碳中和"的意义,但尚未结合化学视角进行更全面的认识。

③在生物课程中,学生已经认识到绿色植物在维持生物圈碳—氧平衡中的重要作用,并从生物圈调节碳—氧平衡能力达到限度的视角了解了二氧化碳对环境的影响等。还知道通过改变生活方式(如多步行、少吃肉等)可以减少"碳足迹"。

④在地理课程中,学生已经了解了碳元素分布在地球表层系统的各个圈层中,可以发挥生物圈、岩石圈和水圈吸收大气圈二氧化碳的作用,丰富减碳手段,改变碳循环路径。还知道了碳含量对地理环境的影响,在高中地理阶段还将碳含量的相关知识进一步延伸到"全球气候变化与国家安全"等内容中。

(三)学科大概念确定

1. 大概念统摄下跨学科的知识层级关系(表5-9)

表5-9 "双碳"行动学习的知识层级关系

大概念	绿色环保可持续发展观念				
次级大概念	物质多样性	物质变化观	双碳问题		
基本概念	对物质进行分类;结构决定性质,性质决定应用	在一定条件下通过化学反应可以实现物质转化	化学是推动可持续发展的力量	国家认同和国际理解	生物圈碳—氧平衡	人类活动对气候的影响
内在联系	建立自然界物质循环与转化、性质和社会应用的有机联系				
具体知识	碳单质、一氧化碳、二氧化碳、碳酸、碳酸钙等物质性质;制取气体、其他碳的化合物;光合作用、气候变化、国家和国际应对气候变化出台的政策				

2. 跨学科内容结构(表5-10)

表5-10 "双碳"行动学习内容结构

学科	教材内容	聚焦
化学	碳和碳的氧化物,我们周围的空气,燃料及其利用	"双碳"行动中的化学力量
生物	绿色植物与生物圈中的碳—氧平衡	人类活动对气候的影响
地理	我们需要洁净的空气,气候与人类活动,发展与合作	人类可持续发展
政治	在承担责任中成长,我国基本国策	人类命运共同体

(四)项目教学目标

1. 单元确定和课时划分

将本单元拆解为6个课时,分别是"何为低碳?"(2课时)、"为何低碳?"(1课时)、"如何低碳?"(2课时)和"低碳何为?"(1课时),以绿色环保可持续发展观念为统摄,教学设计做到"知、情、意、行"的统一(图5-9)。

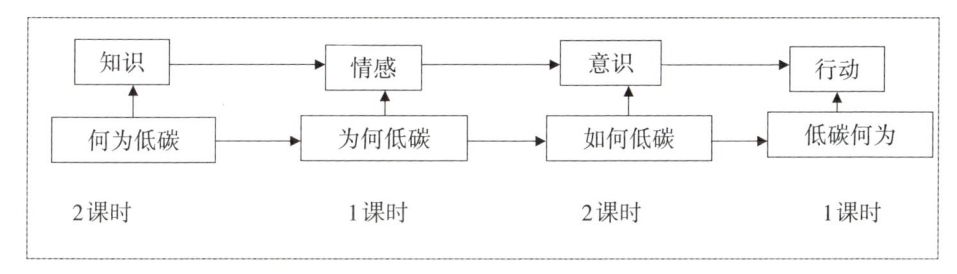

```
知识 → 情感 → 意识 → 行动
何为低碳 → 为何低碳 → 如何低碳 → 低碳何为
2课时    1课时    2课时    1课时
```

图5-9 单元的课时安排

2.单元目标设定

单元目标:使学生置身于真实情境中,引导学生在面对个人生活需要、国家发展、人类发展与低碳要求的矛盾时,提高解决实际问题的能力,形成国际化视野和构建人类命运共同体的意识,强化社会责任、国家认同和国际理解等理念,加深对可"绿色环保可持续发展观念"大概念的理解。

将本单元拆解为6个课时,并设计递进性的分课时目标,如表5-11所示。

表5-11 "双碳"行动课时目标

教学主题	课时	教学目标
1.何为低碳	2	1.了解碳元素的原子结构;2.了解石墨、金刚石、C_{60}木炭、活性炭、焦炭、炭黑等性质与用途,理解结构决定性质的原理;3.掌握还原反应和还原性的概念,了解碳单质具有还原性;4.培育从"三重表征"的化学视角,探究物质的科学思维;5.了解"双碳"行动的内容和意义。
2.为何低碳	1	1.掌握二氧化碳的物理性质和化学性质;2.了解自然界中二氧化碳的循环;3.了解二氧化碳含量升高会引发的问题,如温室效应、海洋酸化、海平面上升等;4.理解我国"双碳"目标的目的和意义。
3.如何低碳	2	1.掌握二氧化碳的实验室制法,归纳气体的制备方法;2.分析空气中二氧化碳含量升高的原因;3.归纳碳及其化合物相互转化的化学反应;4.寻找减少二氧化碳排放量的途径;5.认识二氧化碳资源化利用方式;6.通过撰写"双碳"行动报告促进对"绿色环保可持续发展观念"大概念的理解。
4.低碳何为	1	1.通过分析二氧化碳吸收路径,提高碳及其氧化物的知识结构化水平;2.通过查阅资料和实验探究,提高解决问题的能力;3.通过低碳行动从自己做起,增强责任意识;4.通过推广和践行"双碳"行动提高社会责任感。

3.教学情境的构建

人类在工业生产和生活中过度使用汽油和煤等燃料,造成过量的二氧化碳排放,产生温室效应,全球气候变暖,导致大自然发生种种反常现象,如海平面上升、极端天气频发等。为了解决或缓解这些问题，我国政府提出了"双碳"行动即低碳行动和碳中和行动，主要包括两项重要工作，一是减少二氧化碳的排放，二是增加二氧化碳的吸收。基于问题情境，学生通过学习研讨、查阅资料、调查研究、展示交流等多种方式，加深对"绿色环保可持续发展观念"的理解和认识。具体教学情境如图5-10所示。

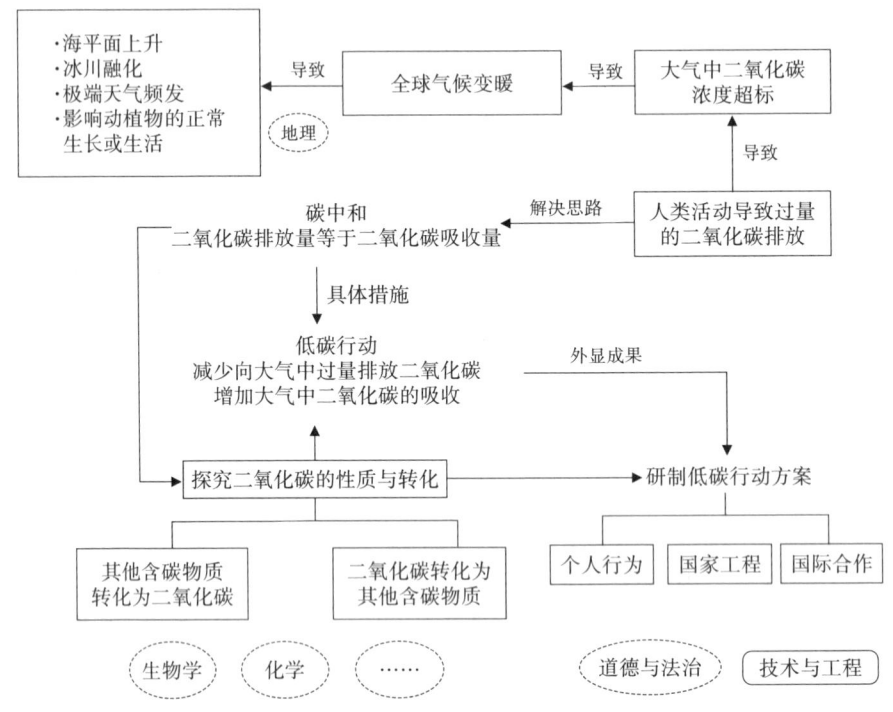

图5-10 "双碳"行动各学科内容结构之间的关系

(五)项目流程设计(表5-12至5-17)

表5-12 主题1"何为低碳"第1课时教学设计

教学环节	核心问题或任务	主要活动
环节1:情境引入	任务1:金刚石和石墨都是碳单质，为何是不同的物质？	活动1:通过教师提供的视频，对比金刚石和石墨的异同，了解金刚石和石墨在古代的运用，体会中华文化的源远流长。活动2:了解石墨可以转化为金刚石，认识它们都是碳单质。
环节2:初步建构模型	任务2:通过阅读课本，归纳结构、性质和用途的联系。	活动3:阅读课本，让学生观察金刚石、石墨、C_{60}的结构，将对应物质的结构、性质和用途联系起来，开展讨论性质与用途的联系。

续表

教学环节	核心问题或任务	主要活动
环节3:深化模型认识	任务3:认识C_{60}和石墨烯、木炭、活性炭、焦炭和炭黑等碳单质的性质和用途。	活动4:通过研讨,得出结论,即结构决定性质,由同种原子或分子构成的物质,性质不同的原因是构成物质的微粒排列方式不一样。
环节4:课后探究	任务4:利用生活用品,动手实验,验证石墨具有导电性。	活动5:参考实验范例,动手实践,思考实验现象背后的本质原因,并查阅资料进一步研究含碳物质的结构和性质。

表5-13 主题1"何为低碳"第2课时教学设计

教学环节	核心问题或任务	主要活动
环节1:情境引入	任务1:以中国现存最早的古画引入教学,让学生观看视频《千年古画不褪色的秘密》,认识碳单质的稳定性。	活动1:通过视频和教师讲解,引导学生对碳原子结构进行微观探析,得出碳单质比较稳定的原因。
环节2:对比碳的可燃性	任务2:回顾之前学习过的氧气和碳的反应,再结合碳的不充分燃烧引起的中毒事件,讨论两个化学反应的原理。	活动2:比较碳在氧气中充分燃烧和不充分燃烧所发生的化学反应。
环节3:探究碳的还原性	任务3:观看碳还原氧化铜的实验视频,分析是否发生了还原反应,理解物质还原性的定义。	活动3:观察现象,分析产物,写出反应方程式。 活动4:掌握还原反应和还原性的概念,理解碳单质的还原性,可以利用还原性来冶炼金属。
环节4:课后实践	任务4:应用微信小程序(碳足迹计算工具),试从家庭层面制订低碳行动的路径。	活动5:结合微信小程序(碳足迹计算工具),计算家庭每周在衣食住行用等方面产生的二氧化碳总排放量,和对应的需要种植的树木的量进行对比,初步提出并改进家庭低碳行动路径。

表5-14 主题2"为何低碳"第1课时教学设计

教学环节	核心问题或任务	主要活动
环节1:情境引入	任务1:由视频《汽水是谁发明的》引入教学,根据已有的生活常识,思考视频中用于制作汽水的气体是什么。	活动1:观看视频,了解汽水的发展历史,根据生活常识知道用于制作汽水的气体是二氧化碳,引发学习二氧化碳的兴趣。

续表

教学环节	核心问题或任务	主要活动
环节2:调查交流	任务2:交流二氧化碳的其他科学概念。	活动2:结合生活常识,以及其他学科的学习经验,交流你所知道的二氧化碳。 活动3:结合上节课的调查,交流你所知道的"低碳行动",以及家庭的低碳行动路径。
环节3:探究二氧化碳的性质	任务3:根据已有的知识基础,归纳出二氧化碳的部分物理性质,验证二氧化碳的密度及溶解性,了解二氧化碳可以与水、石灰水反应等性质。	活动4:巩固学过的二氧化碳的相关知识。 活动5:观察实验现象,分析得出实验结论,理解每步实验设计的目的和设计思路。通过探究活动,归纳已掌握的二氧化碳的物理和化学性质。
环节4:了解二氧化碳的危害	任务4:了解二氧化碳的危害,知道二氧化碳对温室效应的影响和温室效应加剧对地球的影响。	活动6:知道二氧化碳含量升高会引发的问题,如温室效应、海洋酸化、海平面升高等。了解二氧化碳的危害,知道化学与环境息息相关,培养学生的社会责任感和对化学的学习兴趣。
环节5:课后实践	任务5:1.做个小小剧作家,辩证地说一说你认识的二氧化碳。2.用手绘或电脑制作一份地球的"碳循环"图谱。	活动7:1.创作辩证认识二氧化碳的情境剧本,组队进行舞台剧表演,要求融入我国的碳中和目标、意义,体现中国担当,以轻松、幽默的口吻来创作和表演。2.准备好介绍自己绘制的"碳循环"图谱。

表5-15 主题3"如何低碳"第1课时教学设计

教学环节	核心问题或任务	主要活动
环节1:情境引入	任务1:以自然界的碳循环和二氧化碳发生器引入教学。提出问题:如何制取二氧化碳?	活动1:了解自然界的碳循环和生活中的二氧化碳制取方法,思考实验室如何制取二氧化碳。
环节2:空气中二氧化碳含量升高的原因	任务2:回顾所学过的可以生成二氧化碳的反应,分析是否适合作为实验室制取二氧化碳的反应。	活动2:讨论空气中二氧化碳含量升高的原因,可能是生物代谢、燃料燃烧、工业排放,或是C(可燃性、还原性)、CO、碳酸、碳酸盐的转化等。

续表

教学环节	核心问题或任务	主要活动
环节3:寻找减少二氧化碳排放的途径	任务3:对比氧气,迁移类比学习二氧化碳实验室制法,包括原理、装置、步骤、检验和验满等。	活动3:掌握实验室制取二氧化碳的原理,知道如何选择合适的反应制取气体。 活动4:合作交流,根据选择发生装置的原则和制取二氧化碳的反应原理,确定发生装置,知道不同发生装置的各自优点。 活动5:根据选择收集装置的原则和二氧化碳的性质,确定收集装置。
环节4:课后实践	任务4:课后,进行家庭实验,查阅资料,动手试试还有什么方法能制取二氧化碳,给出可能用到的药品。	活动6:生活中常见生成二氧化碳的反应有以下几个。1."清水"变"汽水"(食用碱和白醋反应);2."跳跳糖为什么会跳"?(跳跳糖溶解于水中);3."生气"的柠檬(柠檬汁与苏打粉反应);4."生气"的鸡蛋/贝壳(鸡蛋壳、贝壳等与食醋反应);5.汽水产气(振荡雪碧、可乐等碳酸饮料)。注:可用干燥剂(CaO)等自制澄清石灰水。

表5-16 主题3"如何低碳"第2课时教学设计

教学环节	核心问题或任务	主要活动
环节1:情境引入	任务1:如何吸收二氧化碳?	活动1:以澳大利亚大堡礁生态环境恶化,红珊瑚面临危机的视频引入教学,并让教师讲解,重视二氧化碳过量排放造成的海洋酸化问题。
环节2:寻找增加二氧化碳吸收量的途径	任务2:通过绘制的地球"碳循环"图谱,介绍几种二氧化碳吸收途径。	活动2:交流评价,通过绘制的地球"碳循环"图谱,介绍几种二氧化碳吸收途径,如光合作用和用水、碱液等进行吸收。
环节3:实验室模拟捕捉二氧化碳的方法	任务3:对比水、石灰水、氢氧化钠溶液吸收二氧化碳的效果。	活动3:对比观察到的现象,分析可能的产物,写出反应方程式,进一步理解实验中的控制变量法。
环节4:二氧化碳的资源化利用	任务4:归纳二氧化碳在工业、农业、生活中的用途。	活动4:二氧化碳的用途包括以下几个。1.工业中用于生产甲醇、汽油等燃料。2.农业中用于合成淀粉、人工降雨、气体肥料。3.生活中用于灭火、制作制冷剂和碳酸饮料。
环节5:课后实践	任务5:查阅资料,简明概括出全球的"低碳行动"调查报告。	活动5:调查我国及国际上其他国家的碳中和路径,撰写全球的"低碳行动"调查报告,制作并展示PPT。

表5-17　主题4"低碳何为"第1课时教学设计

教学环节	核心问题或任务	主要活动
环节1:情境引入	任务1:二氧化碳对地球的影响就像硬币一样具有两面性,同学们对二氧化碳有哪些认识?	活动1:情景剧《二氧化碳知多少》(融入碳中和目标等)。
环节2:减少二氧化碳排放	任务2:展示并介绍碳循环图,指出二氧化碳主要排放路径;建立含碳物质转化模型,并书写方程式;结合碳排放数据,讨论并汇报合理的碳减排措施。	活动2:二氧化碳排放途径有哪些? 活动3:请写出二氧化碳排放途径中的反应原理。 活动4:小组讨论碳减排的主要措施。
环节3:促进二氧化碳吸收	任务3:结合含碳物质转化模型、碳循环图,书写吸收二氧化碳的化学方程式;小组讨论并汇报碳吸收的主要可行途径,并概括不可行因素。	活动5:二氧化碳的性质与转化途径有哪些?写出碳吸收反应原理。 活动6:小组讨论碳吸收的主要可行性径径。(从成本、能耗、对环境影响等方面进行讨论)
环节4:碳中和行动路径的调查	任务4:在日常生活中测定碳排放量,并初步制订低碳行动路径;调查我国为实现碳中和在政策、经济等领域制定的低碳行动路径。	活动7:调查家庭一周的碳足迹,并提出家庭低碳路径。 活动8:调查国内外碳排放现状、碳中和路径。
环节5:课后实践	任务5:在日常生活中践行低碳生活理念,走进社区宣传低碳行动。	活动9:以个人为单位,走进家庭践行低碳生活,记录并对比接受宣传前后平均每周的碳排放,由此评价低碳宣传效果。

(六)项目式学习的实施

下面以主题4"低碳何为"(1课时)为例,主要以学习小组为单位,实施项目式学习,具体如下所示。

【课堂导入】

教师:通过前面的学习,大家对CO_2有了一定的了解,很多学科也讲过了与CO_2有关的知识,希望大家对CO_2的认识要更加全面,下面请看化学课代表和生物课代表关于CO_2的对话视频。

学生A:影响大气的最主要因素是什么?

学生B:最主要的肯定是二氧化碳。

学生B:让我来考考你,结合初三所学知识,你对二氧化碳有了哪些新的认识?

学生A:二氧化碳有许多优点,物理老师说过干冰是二氧化碳,可以用于人工降雨;生物老师说过二氧化碳在光合作用产生氧气的过程中必不可少;化学老师在课上讲过二氧化碳具有不可燃的性质,可用于制作灭火器。

学生B:二氧化碳也有许多缺点,地理老师说二氧化碳会导致温室效应,引起全球气候变暖、海平面上升。为了应对气候变化,我国提出在2023年达到碳达峰,2060年达到碳中和。

学生A:什么是碳达峰和碳中和?

学生B:碳达峰就是二氧化碳的量不再增加,碳中和就是二氧化碳排放和吸收量达到平衡。

学生A:那我们应该怎么助力碳中和呢?

学生B:作为青少年,我们要节约资源、绿色出行,向身边的亲朋好友宣传绿色低碳的生活方式。

学生A:好的,让我们一起行动吧!

教师:听了以上同学的对话,相信大家会更加辩证地看待二氧化碳,大家明白什么是碳达峰和碳中和吗?

学生:明白了。

教师:我们可以从哪些途径实现"碳中和"呢?

学生:减少二氧化碳的排放,加快和增加二氧化碳的吸收。

教师:课前布置了三个任务,同学们都分组完成了,下面请第一组同学展示汇报。

任务1:如何减少二氧化碳的排放?

问题1:CO_2排放的主要途径有哪些?

【第一组展示汇报】

学生A:展示大气中CO_2循环图(图5-11),说明大气中CO_2的循环路径。

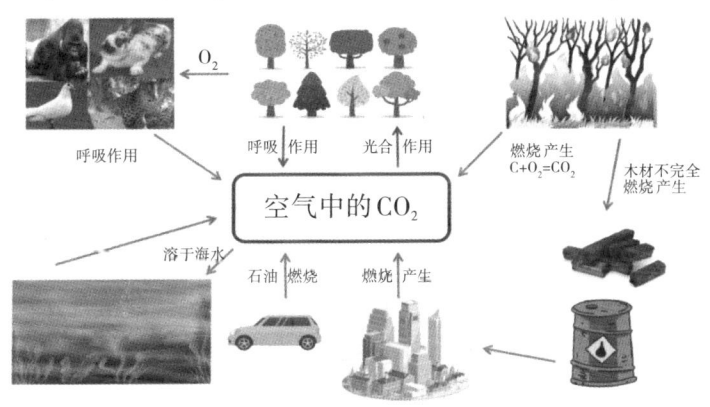

图5-11　大气中CO_2循环图

学生B：生活中CO_2生成包括可乐瓶摇动、柠檬与小苏打反应、小苏打与醋混合、跳跳糖加入水中、"爆炸盐"加入水中(以PPT展示)。

学生C：大家知道生产中碳排放量居于前三的行业是哪些吗？(继续展示PPT)分别是制造业、电力、运输。

学生D：人类的任何活动都有可能产生二氧化碳，碳排放和我们每天的衣食住行息息相关。

问题2：减少CO_2排放的主要措施有哪些？

学生A：1.减少化石能源使用；2.大力发展太阳能、风能等清洁能源；3.绿色出行；4.节约能源，比如使用节能灯，做到人走灯灭。

教师点评：以上同学能用实验验证CO_2产生，值得表扬。同学们可以结合以上同学的发言，继续完善减少二氧化碳排放的措施。

任务2：如何促进CO_2的吸收？

问题3：CO_2可以转化成哪些物质？

【第二小组展示汇报】

学生A：展示CO_2转变成其他物质的思维导图(图5-12)，提出问题"二氧化碳转化为碳酸的方法是否可行"。

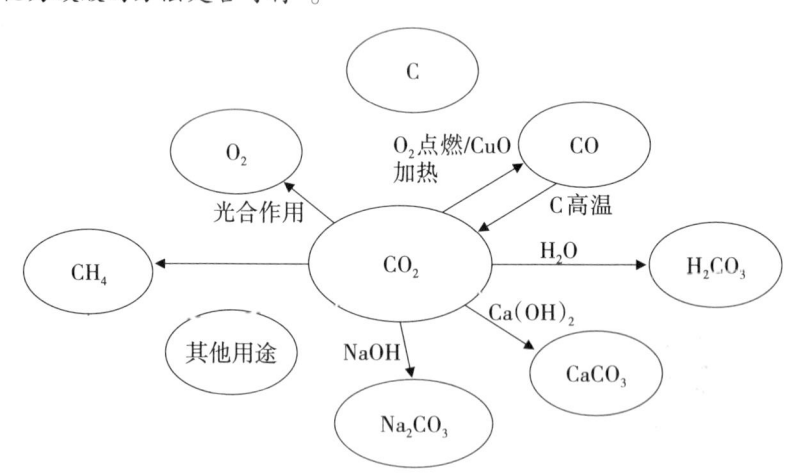

图5-12 CO_2转变成其他物质的思维导图

学生B：将CO_2通入水中，大部分CO_2都溶解在水中，只有极少部分形成碳酸。即使形成碳酸，也很容易分解成CO_2和H_2O，因此我认为这种方法不可行。

接下来，同学B播放用塑料瓶作为装置，用水吸收二氧化碳的实验视频。

学生C：是否可以用碱溶液吸收CO_2？(展示表5-18)由表中数据可知，

Ca(OH)$_2$微溶于水,CO$_2$与其反应的转化效率不会很高。如果将CO$_2$与NaOH反应,NaOH价格又高,不符合低成本要求。如果将CO$_2$转化成CH$_4$,那么这种方法是否可行?

表5-18 两种常见碱的基本信息

碱	溶解性	价格/吨	用途
NaOH	易溶	3000~5000	造纸、制肥皂、纺织印染、合成洗涤
Ca(OH)$_2$	微溶	420~700	建筑材料、化工原料

学生D:是可行的,CH$_4$可以作为燃料,我从资料中得知,神舟载人飞船空间站就是通过CO$_2$与H$_2$结合生成CH$_4$,然后用CH$_4$为飞船提供能源。

问题4:如何促进CO$_2$吸收?

学生A:通过我们组的分享,大家说说有利于促进CO$_2$吸收的途径有哪些。

学生B:植树造林,以及将CO$_2$转化为甲烷、汽油、乙醇等燃料。

教师点评:这组同学很有创新意识,能够通过查阅资料和用实验验证的方法来证明CO$_2$转化是否可行,尤其是利用生活中的塑料瓶等原材料进行实验,体现了很好的创新能力和环保意识。不过老师要更正一个问题,海水是吸收CO$_2$的重要渠道,已经吸收了30%~50%的CO$_2$。

任务3:"双碳"行动行动路径调查

问题5:家庭每天的"碳足迹"

教师:面对"双碳"问题,个人和国家、国际应该如何行动呢?我事先让同学做了两个调查,下面请第三组同学上来展示汇报。

【第三小组展示汇报】

学生A:同学们,大家知道"碳足迹"吗?"碳足迹计算"是一个微信小程序,可以通过大家的衣食住行,计算碳的排放量。

学生B:展示一家3口的碳排放量,排放量较多之处,一是用电,每周会产生44.9 kg碳排放量,需要种植0.2棵树才能碳中和,二是猪肉消耗,每周会产生24.2 kg碳排放量,需要种植0.1棵树才能碳中和。

学生C:根据网络调查结果,家庭碳排放主要来源于食物消耗和能源消耗。

学生D:我们组制定了低碳生活的行动指南。第一是绿色出行,第二是节约材料,第三是节约能源,第四个是改用节能电器,第五个是增加绿化。我们倡导"低碳一小步,卫生环保一大步",让我们开始行动吧。

教师点评:感谢第三组同学分享的个人"双碳"计划,那么国家和国际社会又会如何进行"双碳"行动呢?

问题6:我国和国际的"碳中和"路径

【第四小组展示汇报】

学生A:我国非常重视碳中和,实施了产业结构优化调整,在能源、电力、工业、交通、建筑等多个方面采取了措施以实现碳中和。一是提升经济发展的质量和效益;二是打造清洁低成本的工厂;三是加快构建以新能源为主体的新型电力系统;四是以电气化和深度脱碳技术为支撑;五是通过高比例电气化实现交通工具的低碳转型;六是突破绿色建筑关键技术的限制。

学生B:德国是汽车大国,汽车尾气是大气中二氧化碳的主要来源。德国采取的碳中和主要措施:首先,全面启动碳排放交易系统,调整化石燃料的CO_2定价;其次,关注能源创新,就地取材,大量启用风力发电。

学生C:日本发布了"绿色成长战略"并设立了高额基金用于低碳绿色创新。

学生D:查阅资料后发现各国的"双碳"行动的共性包括如下几点。一是发展清洁能源,二是出台相关法律法规,三是调节碳价,四是实施环保政策,五是实施环保监管,六是出台绿色建筑评价体系。

(七)项目评价设计(表5-19)

表5-19 "低碳理念跨学科综合实践项目"单元教学评价

课时	问题与任务	活动	评价方法
课时1	1.1	1.1 1.2	初步认识金刚石和石墨,了解石墨可以转化为金刚石,知道石墨和金刚石都是碳单质。
	1.2	1.3	能将物质的结构、性质和用途联系起来。
	1.3	1.4	能从宏观、微观、符号相结合的视角,理解"结构决定性质",形成探究物质的科学思维。
	1.4	1.5	能参考实验范例,动手实践,思考实验现象背后的本质原因。
课时2	2.1	2.1	能从微观探析和宏观辨识相结合的视角,再次认识物质的结构、性质和用途之间的关系。
	2.2	2.2	掌握碳不充分燃烧的反应现象和反应原理。提升从分子、原子层面分析化学变化本质的微观探析素养。

第五章 简构:简约化学的模式诉求

续表

课时	问题与任务	活动	评价方法
课时2	2.3	2.3 2.4	能通过现象分析产物,写出反应方程式,明确注意事项。能通过列举碳单质具有还原性和碳单质的用途,知道还原反应和还原性的概念。
	2.4	2.5	能设计出直观简明的统计表格,以此进行家庭成员"碳足迹"(即二氧化碳排放量)和实现碳中和的植树量的统计。撰写出针对家庭的低碳行动路径,要求内容翔实具体,可操作性强。
课时3	3.1	3.1	了解汽水的历史,知道汽水中的气体是二氧化碳。
	3.2	3.2 3.3	结合常识及各学科的经验,交流已知的与二氧化碳相关的知识和"低碳行动",以及初定的个人低碳行动路径。
	3.3	3.4 3.5	观察实验现象,得出实验结论,理解每步实验设计的目的和思路。归纳二氧化碳的物理和化学性质。
	3.4	3.6	了解二氧化碳的危害,知道二氧化碳引起的温室效应、海洋酸化等环境问题,理解化学与环境的相关性。
	3.5	3.7	创作出信息量合适且生动的剧本,并进行轻松幽默的表演;能绘制出图文(画在A4上),要求布局合理、配色舒适美观、内容翔实可信、符合科学规律。
课时4	4.1	4.1	了解自然界的碳循环和生活中的二氧化碳制取方法。
	4.2	4.2	归纳造成空气中二氧化碳含量升高的几个途径。
	4.3	4.3 4.4 4.5	掌握实验室制取二氧化碳的反应原理,知道如何选择合适的反应制取气体。能根据发生装置的选择原则和制取二氧化碳的反应原理,确定发生装置,知道不同发生装置的各自优点。能根据收集装置选择的原则和二氧化碳的性质,确定收集装置。
	4.4	4.6	能制取出二氧化碳,并能通过实验发现二氧化碳的相关化学性质;能设计出合理的实验路径。
课时5	5.1	5.1	重视二氧化碳过量排放造成的海洋酸化问题。
	5.2	5.2	通过绘制的地球"碳循环"图谱,介绍几种二氧化碳吸收途径。
	5.3	5.3	观察现象,分析产物,进一步理解实验中的控制变量法。
	5.4	5.4	能归纳出二氧化碳在工业、农业、生活中的用途。

续表

课时	问题与任务	活动	评价方法
	5.5	5.5	能根据所查阅的相关新闻、文献等资料,简明概括出全球的"低碳行动"调查报告,并能制作和展示PPT。
课时6	6.1	6.1	融入碳中和目标,编演情景剧"二氧化碳知多少"。
	6.2	6.2 6.3 6.4	展示并介绍碳循环图,指出二氧化碳主要排放路径;结合碳排放数据,讨论并汇报合理的碳减排措施。
	6.3	6.5 6.6	结合含碳物质转化模型、碳循环图,小组讨论并汇报碳吸收的主要可行性途径。
	6.4	6.7 6.8	结合碳减排、碳吸收措施,制订零排放措施,从个人、国家、国际等层面做进一步思考,完善低碳路径。
	6.5	6.9	在日常生活中践行低碳生活理念,以小组为单位,走进社区宣传低碳行动。

第二节 化学大单元教学

基于大概念的单元教学是随着课程改革产生的教学方式,目的是进一步推动核心素养课堂教学的落地,因此必定会推动传统教学方式的变革,一些发展性、生成性的教学方式也因此产生。

一 化学大单元教学概述

《普通高中化学课程标准(2017年版2020年修订)》提出了"大概念教学",即"重视以学科大概念为核心,使课程内容结构化,以主题为引领,使课程内容情境化,促进学科核心素养的落实"。学科大概念的提出,要求学科教学打破传统的单元教学而倡导大单元教学,大单元教学成为落实学科大概念的实践范式。2022年教育部颁布的《义务教育课程方案(2022年版)》明确提出"探索大单元教学,积极开展主题化、项目式学习等综合性教学活动,促进学生举一反三、融会贯通,加强知识间的内在关联,促进知识结构化"。我国基础教育课程改革倡导大单元教学,并将此作为促进知识结构化和发展学生核心素养的主要教学方式[1]。

学习单元重构是以学习者为核心,基于学科核心素养和课程标准,全面分析和评估课程内容所承载的学生素养发展价值和社会应用价值,以学科知识主题为中心,将教材较为零碎的学习内容、学习目标、学习情境、学习任务、学习活动和学习评价重新整合成具有相同或相似特点的具有一定主题和结构化的学习单元,并以该完整单元为单位进行教学,以激励学生深度参与学习过程,全面促进学生发展。在教学中合理开展单元重构式教学,能改变传统教学中以课时为教学单位的碎片式教学方式,对学科知识发展和建构及学科发挥育人价值有着重要意义。

---

[1] 王鉴,张文熙.大单元教学:内涵、特点与实施策略[J].中国教育学刊,2023(10):20-25.

基于大概念的大单元教学,遵循大概念的核心和统摄作用,联结各级概念和知识,形成结构化知识。

单元是教材组织和教学活动的基本单位。从教学的角度而言,一般教学单元有三种类型:一种是依据学生思维的结构和过程来组织的经验单元;二是依据学科知识的逻辑体系来建构的教材单元;三是围绕大概念组织的内容单元。本文重点阐述的是第三种教学单元。

二 化学大单元教学设计

基于大概念的简约化学的单元教学设计步骤:选择单元教学主题、建立概念层级、设定教学目标、创设教学情境、开展教学活动、实施教学评价等。具体流程如图5-13所示。

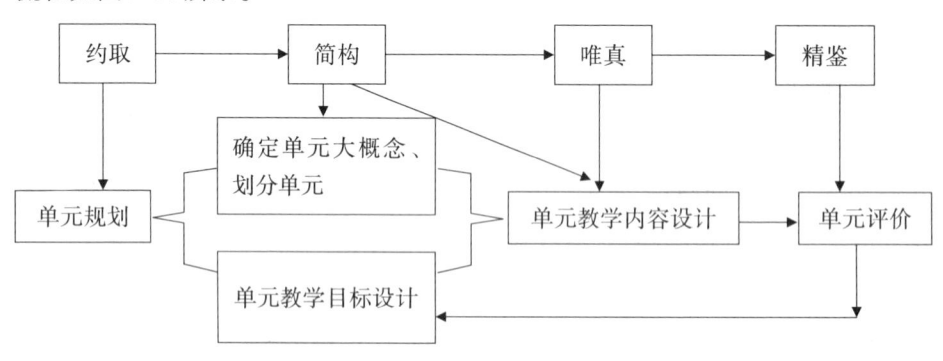

图5-13 化学单元教学设计流程

1.构建教学单元

教学单元主题是化学大单元教学设计的基础和关键,在教学过程中首先要确定合理的教学单元主题。目前在教材"一标多版"的情况下,教师在研读不同版本教材的"章—节"或"专题—单元"时,在把握单元属性的基础上,需要深入分析课程标准要求,对教材进行理性分析。采纳合理的教材单元,对于不适合教学逻辑或学生特点的教材单元进行重构[1]。

---

[1] 杨玉琴.核心素养视域下的单元教学设计:内涵解析及基本框架[J].化学教学,2020(5):3-8.

2.建立大概念

大概念是对教学有统摄作用的少而精的概念,提取大概念是开展大单元教学设计的第一步。大概念在不同层面上有不同的统摄意义,如单元大概念、学科大概念、跨学科大概念。大概念也有不同的形式,比如一个概念、一个短语、一个句子或是一个问题、一个正式理论。提取大概念有两条主要的路径,一是从课程标准、教材、学科知识和专家意见中提取,尤其要重视反复出现的、对学科知识理解具有重要作用的概念,比如每个单元的化学主题,必备知识与关键能力,都可以作为大概念;二是结合学情和教师特点,经过学科组讨论后生成的大概念,这样的大概念往往具有地方课程特色,故一定要在生成过程中经过团队讨论,才能提高大概念的科学性。

3.确定教学目标

大概念确定了教学锚点,但是还要有具体的教学目标指引教学评价和教学活动的开展。大单元教学目标要能对标学科核心素养,还要能指导教学活动开展。教学目标是一个统一体,分而述之的形式只是为了对教学目标进行全面的表征,在具体的教学过程中不可机械地将教学目标分割为相互独立的教学活动,因此要有完整性的教学大情境与大任务。教学目标分为单元的教学目标和具体课时的教学目标两大类,教学目标要围绕大概念展开和实现,尤其是单元的教学目标更要体现大概念的各层次概念以及知识的建构及应用。

4.分析教学起点

如果将目标看作学生要到达的终点,那么还需厘清学生从哪里出发,即分析教学起点。包括:(1)分析学生已有知识、经验、能力、态度等,以便让新的学习内容在学生原有认知结构中找到固着点,设计符合学生认知特点的教学策略;(2)分析相关前概念、相异构想和错误认识等,以便设计相应的概念转变策略;(3)分析学生可能会碰到的学习困难,以便找到相应的难点突破策略,让学生在学习时不会感到"难",即学生可能会碰到的学习困难是教师教学设计时的难点,但不应成为学生学习时的难点。表5-20所示的是氧化还原反应教学单元教学起点的分析。

表5-20 氧化还原反应教学单元教学起点的分析

教学起点	相应的利用策略
已有的相关知识经验:初中所学的氧化反应(如燃烧等)、还原反应(如一氧化碳还原氧化铁等);氧气具有氧化性,碳、一氧化碳等物质具有还原性	单元教学起始阶段可设计相应的教学情境,如高炉炼铁中的化学反应,激活学生头脑中已有的相关知识
前概念:氧化反应有氧气参加,还原反应是氧被夺走的反应,氧化反应、还原反应是两种反应类型	这些概念在初中是"科学"概念,但对于高中而言却是"错误"概念,可利用一氧化碳还原氧化铁的反应激发认知冲突,进行概念转变教学
可能的学习困难:从电子转移角度分析氧化还原反应	采取动画建立认知模型,利用实验验证氧化还原反应中的电子转移,让学生直观感知电子的转移过程

5.单元教学内容设计

由于化学学科核心素养是在问题解决的过程中逐渐形成和发展的,而问题解决具有体验性和过程性,问题也具有情境性、开放性和复杂性。设计教学过程是为了解决如何带领学生从起点到终点的问题,设计包括情境的创设、内容的组织、方法的选择等。如果将一个单元看作一个完整的学习事件或故事,就需要一个事件发生的背景(情境),从中发现问题,引导学生在完成任务的各种探究活动中,实现知识的自主建构,达成学习目标。即根据情境、问题、任务、活动之间的逻辑关系(如图5-14[①]),将单元教学组织成一个围绕目标、内容、过程实施与评价的"完整"的探究故事。

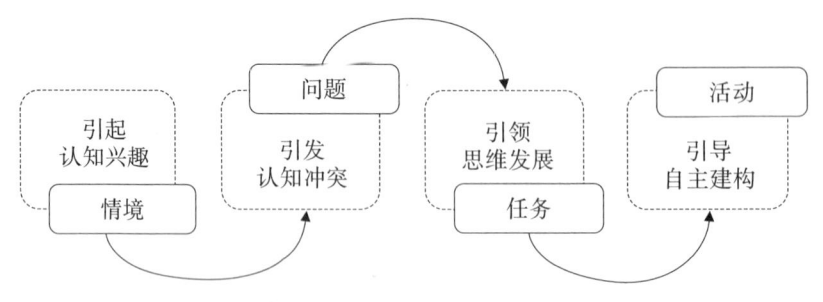

图5-14 情境、问题、任务与活动之间的逻辑关系

[①] 杨玉琴.核心素养视域下的单元教学设计:内涵解析及基本框架[J].化学教学,2020(5):3-8.

（1）真实情境

真实的情境是复杂的，复杂问题的解决需要多学科知识的帮助和支持，所以真实情境是单元教学的一个很好的平台，学生能够在真实情境中通过不断解决实际问题形成或发展学科核心素养[1]。所以教师要把创设真实情境作为一条在课堂教学中培养学生核心素养的重要路径，那么怎样才能创设更合理的真实情境呢？一是关注情境的真实性。核心素养是学生适应现代社会和未来发展的必备品格和关键能力，其精髓就是真实性，真实情境中复杂问题的解决可以调动学生的高阶思维，让学生感受到化学的社会价值，也让学生经历具体到抽象再到具体的高通路迁移。二是关注情境的关联性。真实情境与教学内容关联越紧密，学生就能越高效地从解决问题的过程中建构知识，从而提高学习效率。三是关注情境的贴切性。教师可以在了解了学情的基础上对情境进行一定的加工，情境问题应层层递进，但是情境不能过于复杂。随着问题情境不断升级，问题的复杂性不断增强，解题所需要的知识和能力也更加全面。四是关注情境的指向性。真实的情境应该指向大概念，并有利于学科大概念的提取。教师可以结合与化学学科相关的素材，如生活常识、工业生产、环境保护、化学前沿、真实实验、化学历史资料等创设真实情境，也可以跨学科创设真实情境，如结合物理中光学散射现象引入丁达尔效应的学习等。

需要强调的是，教学情境的真实性也是简约化学中"唯真"的教学理念，唯有真实才能引发学生对问题的多角度思考，教学单元的情境一定不是单一知识点对应的单一情境，而是基于认识理解大概念的"大情境"。比如在"氮及其化合物"教学中，考虑到氮及其化合物与环境、肥料与农业生产等密切相关联，将该教学单元的主题情境确立为"氮肥的生产、使用和保存"，再设置问题链，就可以把单元的主要知识统摄起来。

（2）核心问题

在以大概念为导向的高中化学跨学科教学中，教师应根据真实情境提出指向大概念的核心问题，再以问题为导向，引导学生通过自主探究或小组合作的方式完成挑战性任务。在指向大概念的课堂上，教师设计问题时应关注所创设

---

[1] 范斌,赵伟华.以大概念为指向的高中化学跨学科整合教学策略[J].广西教育(中等教育),2022(12):72-77.

的问题情境与所解决的问题是否能实现核心素养的育人目标、是否能持续地提高学生的学习能力。具体而言,核心问题的设计有如下要求:一是在导入的问题情境中,创设贯穿整节课的问题或任务;二是应创设更具开放性的、更有探究价值的思考性问题;三是考虑学情,创设的问题应具有递进性,既能激发学生的求知欲又符合学生的认知规律。如图5-15是"氮肥的生产、使用和保存"问题设置。

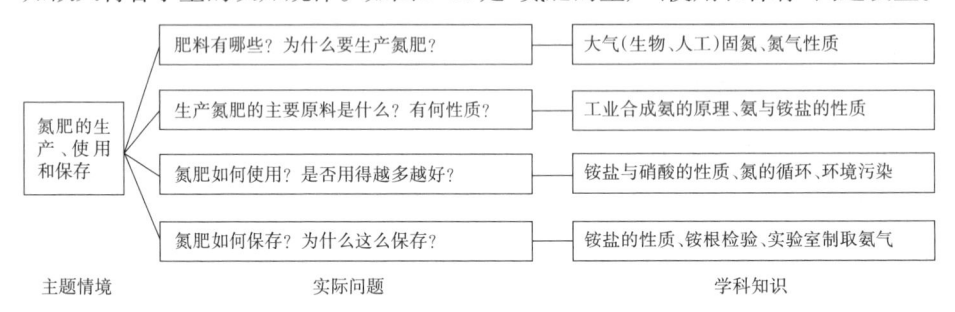

```
                肥料有哪些?为什么要生产氮肥?        ——  大气(生物、人工)固氮、氮气性质
氮肥的生
产、使用       生产氮肥的主要原料是什么?有何性质?  ——  工业合成氨的原理、氨与铵盐的性质
和保存
                氮肥如何使用?是否用得越多越好?      ——  铵盐与硝酸的性质、氮的循环、环境污染

                氮肥如何保存?为什么这么保存?        ——  铵盐的性质、铵根检验、实验室制取氨气

   主题情境           实际问题                              学科知识
```

图5-15 "氮肥的生产、使用和保存"问题设置

(3)驱动任务

要让学生掌握学科大概念、发展核心素养,这就要求教师设置更加合理的驱动性问题或任务。学生在完成挑战性任务的过程中运用高阶思维,在分析比较的基础上形成自己的观点,从而建构大概念。需要注意的是,大概念本质上是一种专家思维,是一个概括性很强的上位概念,有些学生不一定能够自然生成,这就需要教师依照大概念的层级结构,引导学生从一般事实中获得基本概念,再建构学科大概念,最终形成跨学科大概念。表5-21为"氮及其化合物"教学的任务设置。

表5-21 "氮及其化合物"教学的任务设置

学习任务	教学目标
任务1:分析肥料产生的社会背景	能从跨学科和化学史角度,说明氮肥生产的社会背景和必要性,举例说明肥料在现代农业生产中的作用
任务2:实验探究氨的性质	能从不同视角认识氨及其性质变化的多样性;能根据氮元素的组成和化合价变化特点,对氨的性质进行解释、预测,并寻找证据设计实验方案进行推理论证
任务3:讨论氮在自然界中的循环	根据铵盐、硝酸的性质设计治理污染的绿色方案,运用化学知识分析和讨论化学与人类健康、公共安全、社会可持续发展的关系,增强社会责任感
任务4:建立含氮元素物质的转化模型	根据不同形态的氮及其化合物在一定条件下可能相转化的现象,归纳相互转化的特征与规律,构建基于同一元素在自然界中转化、循环的认知模型

表5-22是氧化还原反应教学课时、问题、任务与活动的设计[①]。

表5-22　氧化还原反应教学课时、问题、任务与活动的设计

单元	课时	问题	任务与活动
大情境：金属冶炼大问题——这些化学反应如何分类？体现了物质怎样的性质？	课时1：认识氧化还原反应情境——高炉炼铁问题，即如何从更本质的角度认识化学反应？	问题1：涉及的三个化学反应根据四大基本反应类型如何分类？还能怎么分类？ 问题2：这些氧化还原反应中元素的存在态发生了怎样的变化？若从元素的化合价看，变化的规律是什么？ 问题3：钠与氯气、氢气与氯气、铁与硫酸铜等反应是否是氧化还原反应？为什么？ 问题4：元素的化合价为什么会发生变化？能否证明你的理论推理？	任务与活动1：(1)对高炉炼铁中的化学反应进行分类，四大基本反应类型、氧化反应、还原反应；(2)经过分析后发现氧化反应与还原反应是同时发生的。 任务与活动2：分析反应前后元素存在状态的变化及化合价的变化，分析发现的规律。 任务与活动3：根据化合价的变化判断常见的反应是否是氧化还原反应。 任务与活动4：从原子结构角度分析化合价变化的本质原因；观察Fe—$CuSO_4$—C组成的电池实验，分析、解释实验现象。
	课时2：氧化剂和还原剂情境——湿法炼铜问题，即如何认识氧化反应中各物质的性质？	问题1：高炉炼铁中的化学反应分别体现了各反应物的什么性质？反应物中的元素化合价是如何变化的？湿法烧铜中的反应呢？ 问题2：如何根据物质所含的元素的化合价，判断元素可能具有的性质？你认为$FeSO_4$可能具有什么性质？有证据吗？ 问题3：$FeSO_4$可作为补铁剂，但建议与VC同服，为什么？你能设计实验证明你的推理吗？	任务与活动1：(1)分析高炉炼铁中的化学反应体现了C、CO的还原性，O_2、CO_2、Fe_2O_3的氧化性。(2)从元素化合价变化的角度对氧化还原反应中的物质进行分类。(3)同理分析铁与硫酸铜的反应。 任务与活动2：(1)归纳元素价态变化趋势与物质可能性质之间的关系规律；(2)利用规律可知$FeSO_4$可能具有氧化性，根据金属活动性顺序设计实验证明。 任务与活动3：推测$FeSO_4$可能易被氧化，具有还原性，并设计实验证明。

---

① 杨玉琴.核心素养视域下的单元教学设计：内涵解析及基本框架[J].化学教学，2020(5)：3-8.

续表

单元	课时	问题	任务与活动
大情境:金属冶炼大问题——这些化学反应如何分类?体现了物质怎样的性质?	课时3:氧化还原反应的应用情境——过氧化氢制氧气问题,即如何利用物质的氧化还原性?	问题1:实验室用H_2O_2制氧气的反应属于氧化还原反应吗?体现了H_2O_2什么性质? 问题2:H_2O_2真的既具氧化性又具还原性吗?如何设计实验来证明? 问题3:你能归纳出研究物质氧化性、还原性的一般思路和方法吗? 问题4:研究氧化还原反应具有什么价值呢?举出具体的实例证明你的观点。	任务与活动1:(1)分析由H_2O_2制取氧气的过程中的元素化合价变化;(2)归纳得到H_2O_2既具氧化性又具还原性的原因是氧元素为-1价,既可上升,又可降低。 任务与活动2:设计实验证明H_2O_2既具氧化性又具还原性。 任务与活动3:归纳研究物质氧化性还原性的一般思路和方法。 任务与活动4:举出实例说明研究氧化还原反应的价值,(1)研究具体物质的性质;(2)实现物质之间的转化;(3)获得能量的重要途径(热能,电能)。

6.单元评价

《普通高中化学课程标准(2017年版2020年修订)》提出教师应积极探索"教、学、评"活动有机结合的有效途径、方式和策略。这对习惯了重视"教什么""怎么教",而鲜少关注"学得如何""如何学得更有效"的中学教师而言,在理念和实践上都面临很多挑战。如何才能更好地实施"教、学、评"一体化?"以终为始"的逆向教学设计理念[①]为实现"教、学、评"一体化提供了很好的范式。

逆向教学设计的特点在于基于学生对大概念的理解,教学目的是"学了什么?",评价是"如何知道学得怎么样?",教学过程是"学得怎样?""学了能做什么?",在整个教学过程中都要研究和重视学生学得怎样。

教学过程要基于教学情境,在核心问题的引领下,设置教学表现型的问题,老师立足于证据进行即时性评价。比如"化学反应与能量变化"单元的评估证据有以下4点:(1)判断一个化学变化是吸热还是放热的实验方案设计(依据是学生设计方案的多少、优劣和严谨程度),实验现象的阐述与解释,方案的交流与分享。(2)能否积极回答教师的提问或提出问题,能否与同学分工协作,能否

---

① 杨玉琴."教、学、评一体化"下的目标设计与达成——基于2017版课标附录案例的批判性思考[J].化学教学,2020(9):3-9.

积极参与实验方案的设计、实验的操作及现象的记录。(3)绘出图片,并能标注生成物的能量位置,解释相应位置的意义,并据此判断化学反应过程是吸热还是放热。(4)完成习题,说明答案的依据,同学间互相评价。

所以,在单元教学设计中,必须有意识地将评价任务嵌入到教学过程中,对学生的评价应该是多元的,包括课堂任务完成过程中的师生对话、小组讨论、课堂练习等环节产生的师生评价、生生评价以及课后的作业评价。单元教学的评价,不单是对学生的评价,还是对教师的评价。

比如在氧化还原反应单元教学中,有些学习任务为构建新知识服务,如表5-22中课时1的任务与活动1、2等;有些学习任务既可以为连接新旧知识服务,同时还可作为评价任务,如表5-22中课时1的任务与活动3、4等。此时,教学、评价和学习的任务与活动是一体的,且与教学目标具有一致性,如表5-23所示(表5-23基于5-22所制)。教师通过倾听、观察等方法获取学生在完成任务过程中的表现,判断学生是否达成目标,及时给予学生反馈,并根据目标的达成情况决定教学的进程。

表5-23 氧化还原反应教学单元"教、学、评"一体化的设计[①]

课时	问题	活动与任务	评价方法
课时1	1 3	3	学生用黑板或多媒体展示自己的分析结果,同学互评、教师反馈
	2 3	4	学生演示用结构示意图分析的过程,观察描述Fe-$CuSO_4$—C组成的电池实验的现象,并从微观角度进行解释,同学互评、教师反馈
课时2	1	1	学生回答问题,并建构氧化性(氧化剂)、还原性(还原剂)的分析模型,教师分析反馈
	2	2 3	学生回答问题,小组合作展示实验方案,小组互评,教师分析反馈
课时3	1	3	小组合作,展示思路和方法,小组互评,教师分析反馈
	2	4	学生举出具体的实例,教师分析反馈

[①] 杨玉琴.核心素养视域下的单元教学设计:内涵解析及基本框架[J].化学教学,2020(5):3-8.

三 简约化学单元教学实施方法

基于大概念的高中"简约化学"单元教学,目标要指向核心素养在课堂教学的落地,从教学方法和理念上要克服以教为中心、以知识技能为主线、以灌输记忆为方法、以规定章节为内容的典型弊端,同时也要改进教师学科理解肤浅、照本宣科,以及不主动关注化学科学与技术更新变革的消极心理,要大力倡导积极学习、理解、实施课程标准,与时俱进适应新时期教学变革的积极态度。

(一)单元教学实施要点

1.发挥大概念的黏合作用

单元教学主要目的是实现大概念的有效教学,推动学科核心素养落地。本书前面已经提到过学科大概念具有核心性、抽象性、概括性、统摄性、迁移性、持久性等特点,因此学科大概念与基本概念和具体知识之间就会建立联系,围绕一个真实情境,选择并整合一个能解决的问题,使核心知识结构化。因此学科大概念就如黏合剂,又像车辖,以一定的逻辑将其他部分联系在一起。因此在选择教学单元时,首先要提取大概念,确定单元教学主题,然后在大概念的统摄下,梳理一般概念和具体知识,建立概念和知识的层级关系,制订单元教学目标。其次要以建构、解构、应用大概念解决问题为逻辑线索,分配课时,制订各个课时的教学目标。

2.落实简约化学教学

基于大概念的单元整体教学在实施的过程中,要落实简约化学的教学主张,实现"唯真""约取""简构""精鉴"的教学理念。因此在设计单元教学时,要考虑大概念与一般概念、具体知识的层级关系的关联性是否妥当?课时划分的内容认识逻辑是否严谨?单元和课时的教学目的是否简练?问题链的设置对大概念的理解是否有针对性?教学资源的应用是否简单或有浪费?教学评价是否精要?在知识的建构环节中,尽量做"减法",大胆删去繁复的部分,避免冗余,但是在思维形成阶段,反而不能简单,要做适度的"加法",让学生的思维外显、逐渐进阶、积极探究、不断顿悟。

3.凸显大单元的大探究活动

单元教学对教学内容有加工和统整的作用,教学活动就是问题的探究活动,学习过程是基于情境化的驱动性问题展开的,让学生运用必备知识和关键能力去解决实际问题,像学科专家一样思考。以预设的问题引发学生探究,才能变传统的演绎式教学为引导式教学。

(二)单元教学的种类

单元主要可以划分为两种类型,即自然单元、自主单元,类型不同则基于大概念构建单元内容的方式也不同。

第一类是自然单元,是按照课程标准中的内容模块以及现行教材中的章节模块确定的教学单元。例如高中化学必修课程涉及6个内容主题,不同版本的化学教材又将这6个主题划分为了不同的章节。由于此类单元偏向于体现学科逻辑和侧重学科内容的深度学习,又将其称为学科内容主题单元。比如高中化学鲁科版《化学 必修 第一册》"元素与物质世界"专题,包括元素与物质分类、电解质的电离离子反应、氧化还原反应等,又如"物质的性质与转化"专题,包括铁的多样性、硫的转化、氮的循环等。自然单元的编排,一方面以化学的学科知识逻辑呈现,另一方面以学生知识积累为基础进行排序,方便学生进一步学习。在自然单元中,同一主题的大概念可能有1种,比如"物质的性质与转化";有的主题大概念可能有多种,比如"元素与物质世界"有3个大概念。自然单元的教学,要树立大概念的教学理念,同样要研究教材中大概念和知识之间的层级关系,同时还要注意厘清同一主题不同大概念或一般概念之间的关系以及它们的联系。

第二类是自主单元,是在课程标准以及教材章节内容的基础上,按照教学需求对自然单元进行重新规划与组织的单元类型。自主单元还可以进一步分为方法单元和任务单元两类,前者基于学科关键能力或教学方法组织单元教学内容,后者则以任务驱动的方式,按照问题解决路径组织单元教学内容。可以根据学科核心素养发展的要求,对照初步构建的大概念体系及其内容结构和教材章节框架,对基于某一大概念而建构出的单元所属的基本类型做出判断,并明确其组建的基本逻辑思路。方法单元可以跨主题、跨模块,甚至可以跨学科。比如"电子得失难易决定性质强弱"单元教学,涉及氧化还原反应、原电池、电解质等内容,氧化还原反应在必修一模块,原电池和电解池在选择性必修一模块,因此"电子得失难易决定性质强弱"是跨模块的单元教学。而任务单元是针对某个学习任务而展开的学习,一般以项目化的形式开展,单元教学是在1~2个大概念指导下,按照任务完成的阶段或分为若干小任务,分为几个课时,围绕任务的展开设置一系列问题,从而进行问题解决式的学习。

比如以化学反应原理助力"碳达峰、碳中和"[1]为例,以化学学科研究价值中"环境的污染防治及环境保护"为大概念,以"什么是碳达峰、碳中和?""为何提出碳达峰、碳中和?""如何实现碳达峰、碳中和?"为逻辑线索,以"了解碳达峰、碳中和的概念及提出背景"等为任务,分课时进行科学探究和问题解决,最后师生通过对话得出在真实情境下解决物质转化问题的思维模型,如图5-16所示。

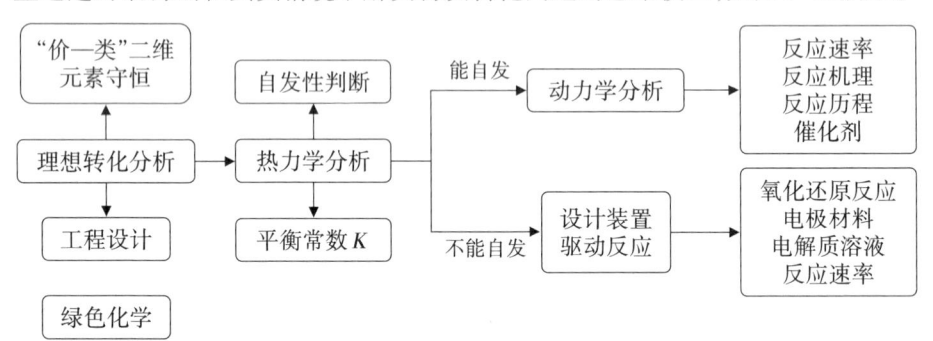

图5-16 真实情境下解决物质转化问题的思维模型

(三)单元教学进阶设计

学习任务与各学习阶段对学生的知识要求、能力要求有关,因此单元教学具有进阶性。学习进阶由进阶起点、进阶目标和中间点构成,是对学生在一个时间跨度内学习和探究某一个主题,依次进阶、逐级深化的思维方式的描述。在单元教学中要根据学生学习的实际情况实施进阶的教学设计[2],下面以高一元素化合物中铝及其化合物的教学为例。

国外已经将元素化合物的学习作为学生物质概念的发展范畴,从学习进阶的视角开展研究,确定了以构建物质为核心概念的、从小学到高中的学习进阶研究目标。国内的许多专家也开展了中学阶段元素化合物学习的进阶研究,黄鸣春、王磊、宋晓敏等基于认识模型提出了中小学生对元素化合物的认识发展

---

[1] 武衍杰,江合佩,杨伏勇.基于项目式教学进行模块复习的实践探索——以化学反应原理助力"碳达峰、碳中和"为例[J].化学教学,2022(6):40-46.
[2] 张建阳,周仕东.基于科学思维学习进阶的高一元素化合物单元整体教学设计[J].化学教育,2017,38(5):5-9.

层级(进阶)[1],莘赞梅、李明喜开展了元素化合物知识在不同阶段的发展层级的实践研究[2]。以上的研究,是从知识和认识2个维度开展的元素化合物学习的层级研究。在化学学习进阶研究中,除了知识、认识2个维度外,从思维的维度开展研究也同样重要。

高中化学课程标准要求对个别典型的元素及其物质的性质进行认识,国内的化学教材大都遵循这个要求,主要包括钠、氯、铁、硫、氮、碳、硅、铝等8种核心元素及其物质。因此元素化合物的学习从课程标准到教材都是散点式的,又加上高一化学教学课时少、任务重,这样给高一学生的化学学习造成了很大困难。那么在高一年级散点式的元素化合物知识背后,挖掘依次进阶、逐级深化的科学思维就显得尤为重要。

笔者根据学习进阶理论,在知识和认识2个维度进阶研究的基础上,从学生科学思维发展的维度,对高一化学元素化合物学习进阶,提出了单元整体教学的思考,如下。

1.高一元素化合物学习进阶重在科学思维层级构建

学习进阶要从知识、认识的层级逐步转向思维的层级。在元素化合物学习中构建知识层级和认识层级的研究,对于理解和掌握化学知识有重要的意义,使学生对元素化合物的认识更系统、知识更具网络化。由于学习进阶的内涵是要构建逐级深化的思维方式,就化学学习进阶而言,重在科学思维层级的提升。因为学生知识和认识水平的提升并不一定会使科学思维层级连带提升,那么必须对科学思维进行显性的构建和实践,所以在教学中一定要重视科学思维层级的构建。

①科学思维是依托科学思维方法的认识与正确使用来实现的。科学思维方法是指人们在研究和解决科学问题以及学习科学知识时所应用的思维方法。科学思维方法仅作为一种工具,是实现认识的有效手段,同时在进行科学思维方法的教育过程中,其背后隐藏的是科学思维的教育。

---

[1] 黄鸣春,王磊,宋晓敏,等.基于认识模型建构的"元素周期律·表"教学研究[J].化学教育,2013,34(11):12-18.
[2] 莘赞梅,李明喜.元素化合物知识在不同阶段层级发展的实践研究[J].化学教育,2013(3):15-19.

②要做好科学思维方法的单元整体设计。学生在科学的认识过程中所运用的科学思维是一个由简到繁、"螺旋式"上升的思维,故要结合元素化合物知识结构和学生的认识特点,按教学单元来统筹安排科学思维方法,才能做到科学思维方法的整体设计。学生在元素化合物学习的不同阶段,其所运用的科学思维方法是有所不同的。在学习初期,学习的目的是获取化学实验事实、验证化学原理,侧重观察、分类、实验、资料和事实的处理(包括化学用语化、线图化、表格化)等科学思维方法。在学习后期,学习的目的是使元素化合物知识网络化、系统化,并形成一些化学原理、概念,此时侧重模型、假说、科学抽象(包括表征性抽象和原理性抽象)等科学思维方法。

③元素化合物知识当中蕴含着丰富的科学思维方法。高一元素化合物是系统认识化学知识的开始,同时也是化学观念形成的重要阶段,因此要充分挖掘元素化合物知识的教育价值,精心创设问题情境和活动情境,引导学生开展科学认识,从而逐渐发展科学思维。学生在科学认识的过程中,所用的科学思维方法并不是孤立的,而是根植于知识之中的。科学思维方法的学习是一个递进的过程,由开始的教师讲,逐渐过渡到引导学生运用,最后让学生独立运用。学生如能长期运用科学的途径和步骤学习化学知识,那么他们解决化学问题的能力就会逐步得到提高。

2. 高一年级元素化合物科学思维层级的构建

根据笔者多年的教学实践,把高一年级元素化合物的学习分为3个阶段,如下所述。

第1阶段:初高中衔接阶段。以初中所学典型物质(如氧气、二氧化碳)为基础,通过化学实验和联系生活生产的情境,拓展一些常见物质的性质,总结金属、非金属、酸、碱、盐、氧化物的共性,初步建立"类"的概念,主要发展学生实验、观察、分类比较的科学思维方法。

第2阶段:具体性质认识阶段。该阶段是元素化合物学习最集中的阶段。应用化学基本原理(特别是氧化还原的理论)分析典型物质具有的性质和可能发生的变化,并通过化学实验探究和验证物质性质,理解和整合化学方程式,发展学生的实验控制和化学用语整理的科学思维方法。

第3阶段:构、位、性学习阶段。该阶段是元素化合物理性认识阶段,在元素周期律(表)等理论的指导下,重新统整元素化合物的知识,并上升至类别、族的高度,用"构、位、性"理论迁移至陌生的、类似的元素化合物,并构建起同一周期和同一主族元素的相似性和递变性规律,发展学生假说、模型、科学抽象的思维方法。

针对以上3个阶段的指导原则,分别对知识层级、认识层级和思维层级进行了进阶式划分,见图5-17、图5-18、图5-19。

图5-17 高一元素化合物知识层级

图5-18 高一元素化合物认识层级

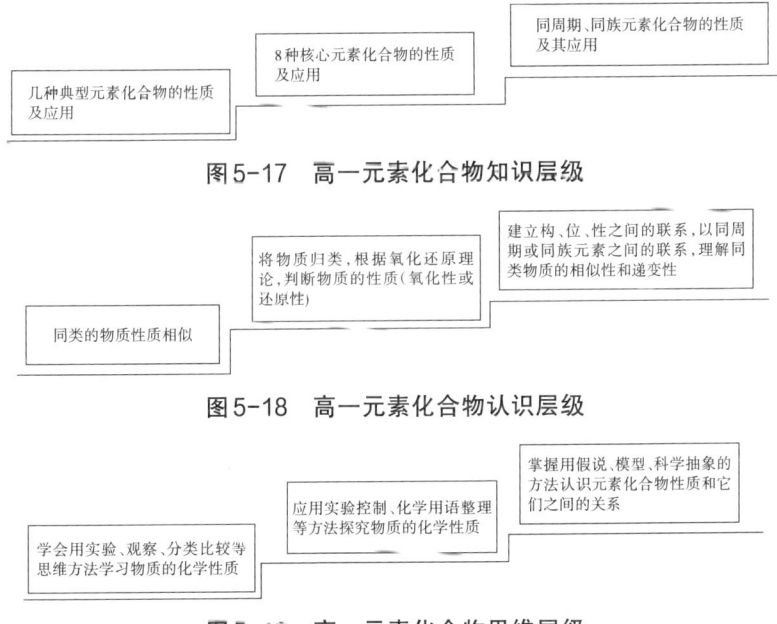

图5-19 高一元素化合物思维层级

3.不同层级元素化合物的教学设计

在各个层级中,知识、认识和思维的层级不是一一对应的,高一层级知识的学习不是只用到高一层级的思维,也可能用到低一层级的思维。下面以金属铝为例说明不同层级的教学设计(图5-20)。

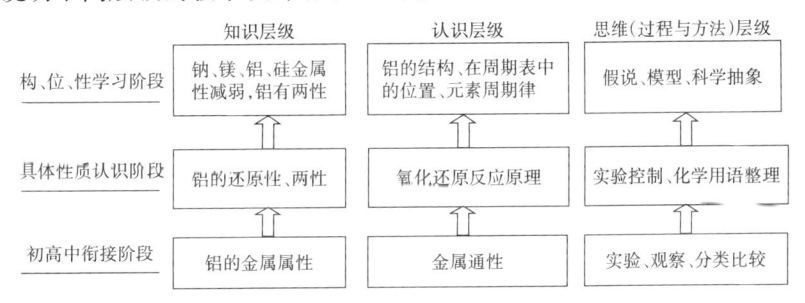

图5-20 高一金属铝整体教学学习进阶图

(1)金属铝的整体设计

在金属铝的学习中,思维层级目标根植于知识学习过程中,同一阶段的知识层级、认识层级、思维层级不是一一对应的,比如在构、位、性学习阶段中用到假说的方法,而在具体性质认识阶段也用到假说的方法。此外,在3个阶段的学习中,每个维度的侧重点也不同,第1阶段是将金属通性迁移于铝的学习,所以教学侧重知识层级的建立;第2阶段,铝及化合物知识的集中学习,侧重认识层级的建立;第3阶段,把铝的具体知识上升到类别,侧重思维层级的建立。

(2)金属铝在3个阶段的教学设计

①金属铝在第1层级(初高中衔接阶段)的教学设计(见表5-24)。

表5-24 金属铝在第1层级的教学设计

教师活动	知识层级	认识层级	思维层级
复习,提问"金属铁有什么化学性质?";展示铝片,提问"铝会与哪些物质反应?"	金属通性 $4Al+3O_2=2Al_2O_3$ $2Al+6HCl=2AlCl_3+3H_2$	金属通性:铝能与非金属单质和酸溶液反应	分类比较:铝属于金属,铝比铁活泼
演示实验"铝和硝酸汞溶液反应",要求学生写出化学方程式	$2Al+3Hg(NO_3)_2=2Al(NO_3)_3+3Hg$	金属通性:铝与盐溶液反应	实验及观察实验现象

初中化学教材中没有介绍铝的知识,学生只知道它是一种活泼金属,可以从金属的通性去迁移学习。在初高中衔接阶段,要强化金属、非金属、酸、碱、盐、氧化物的概念,构建类别的通性,使之成为学生的认识经验,这样才能在高一年级的元素化合物学习中,以分类比较的思维方法找到同类元素化合物,进而认识新物质的化学性质。此阶段重点培养学生分类比较、实验、观察等科学思维方法。

②金属铝在第2层级(具体性质认识阶段)的教学设计(见表5-25)。

这个阶段学生认识物质的切入点是物质的类别和元素的价态。铝是金属,具有金属的通性;铝处于最低价,只具有还原性,只能被氧化。教师在教学中引导学生沿着这个思路去认识铝的性质,在课堂教学中用生产生活的情境及实验帮助学生建构铝的化学性质,特别是活动4和5,要反复强调要用氧化还原反应的理论去认识物质和物质的反应。采用探究、追问、小组合作等教学方式,引导学生科学地认识,重点培养实验条件控制、化学用语整理等科学思维方法。

表5-25　金属铝在第2层级的教学设计

教师活动	知识层级	认识层级	思维层级
1.用PPT展示生活中铝制品的图片	铝是银白色、有金属光泽的金属,密度小,有良好的导电性、导热性、延展性		
2.提出问题"铝是活泼金属,为何用铝制作的产品可以经久耐用?"	$4Al+3O_2=2Al_2O_3$	铝具有金属通性	分类比较
3.阅读材料:美国9·11事件,飞机撞击世贸大厦,熔化的铝与大量消防水反应,剧烈燃烧,导致大厦倒塌	$2Al+6H_2O=2Al(OH)_3+3H_2\uparrow$	氧化还原反应原理:铝与水发生氧化还原反应	化学用语整理:通过反应现象,写出化学方程式
4.分组实验:提供药品,包括酸、氢氧化钠溶液、浓硫酸、浓硝酸、硫酸铜溶液,通过实验探究说明铝有哪些化学性质	(1)铝能被浓硫酸、浓硝酸钝化。 (2)能与强酸溶液反应:$2Al+6H^+=2Al^{3+}+3H_2\uparrow$ (3)能与强碱溶液反应:$2Al+2NaOH+6H_2O=2Na[Al(OH)_4]+3H_2\uparrow$ (4)铝能与某些盐溶液反应:$2Al+3CuSO_4=Al_2(SO_4)_3+3Cu$	氧化还原反应原理:铝具有很强的还原性,能被多种物质氧化	假说方法的介绍:先预测铝的化学性质,再通过实验验证;复杂化学用语整理:通过实验现象和化学反应原理,写出化学方程式
5.实验探究:在试管里装1~2 g NaOH与一些铝箔,加热至铝箔熔化,观察是否有气体产生	铝与氢氧化钠溶液反应,水是氧化剂	氧化还原反应原理:氧化剂的氧化性强弱与反应条件有关	实验条件的控制;改变实验条件,通过对比,得出反应结论

③金属铝在第3层级(构、位、性学习阶段)的教学设计(见表5-26)。

表5-26　金属铝在第3层级的教学设计

教师活动	知识层级	认识层级	思维层级
1.小组讨论·实验室有2瓶失去标签的粉末,一瓶是镁粉,另一瓶是铝粉,如何鉴别	对比铝和镁的性质,即铝有两性,而镁只具有金属性,铝的金属性比镁弱	铝原子的结构特点,铝在元素周期表中的位置与铝性质的关系	假说方法训练:预测镁的金属性强于铝,再加以实验验证

续表

教师活动	知识层级	认识层级	思维层级
2.根据钠、镁、铝3种元素最高价氧化物水化物的酸碱性,说明金属元素性质与最高价氧化物水化物酸碱性之间存在何种关系	元素金属性越强,其最高价氧化物水化物的碱性就越强	元素周期律的应用:用最高价氧化物水化物的碱性强弱判断元素金属性强弱	科学抽象的介绍:从3种常见金属的最高价氧化物水化物的酸碱性,归纳出金属性与最高价氧化物水化物的碱性的关系
3.以第3周期金属为例,说明判断元素金属性强弱的实验事实是什么	金属性越强,单质越容易与水或酸置换出氢气;单质还原性越强,元素最高价氧化物水化物的碱性越强	元素周期律和氧化还原反应原理的应用:判断元素金属性强弱的依据	科学抽象的训练:从3种金属的特殊性到所有金属的普遍性
4.铊(Tl)与Al同族,都在第6周期,那么Tl(OH)$_3$能与氢氧化钠溶液反应吗	Tl(OH)$_3$不具有两性	从原子结构、周期表中的位置判断铊的性质	模型方法的介绍:构、位、性方法模型应用
5.哪些事实可以说明Fe的金属性强于Cu的金属性	金属性强弱的判断依据	元素周期律和氧化还原反应原理的应用:元素金属性强弱的判断依据	模型方法的训练:金属性强弱方法模型的应用

本部分的教学要求充分发挥学生学习的主动性和自主性,故探究问题的设置更加开放。先通过相邻2种金属的鉴别,多角度比较2种金属的特点,顺利归纳出金属铝的化学性质;通过与铝相邻的元素及其化合物性质的对比,以"位、构、性"的认识方法,建构同周期和同族元素有相似性和递变性的思维,这样学生对铝的认识,就从"单"变为"类"了,建立了更进一步的学习层级,重点培养假说、科学抽象、模型等更高级的科学思维。在金属铝知识系列整体设计中,知识层级和认识层级的进阶脉络是比较清晰的,无须赘述,而思维层级在每个层级的侧重点是不同的,是逐渐进阶的。第1层级侧重分类和实验观察,这是比较基础的思维方法;第2层级侧重化学用语整理和实验控制;第3层级侧重假说、抽象表征、模型方法,这是要求比较高的思维方法。另外,不同层级或同一层级可能用到同种思维方法,但是训练的层次不同,存在进阶性,比如在第2层级只是假说方法介绍,而在第3层级是假说的训练和提升。

总之,对于同一个核心概念或知识内容的教学,要整体把握,在研究和领会了教材中内隐的思想线路基础上,从学生认知发展的角度构建有针对性的教学策略,从而不断提高学生的科学素养。在学习进阶阶段中,知识、认识、思维三者相互作用,共同统一,其中最重要的是思维的进阶。另外,在学习进阶中,随着学生认识的不断变化,教学方法也应不断变化,就如在铝的教学中,第1层级以教师讲授为主,第2层级以师生互动为主,第3层级以学生自主探究为主。

四 学习方式的重构

教学从以知识为本走向以素养为本,实际上是从知识点教学走向大概念教学。在教学变革中,不仅是教师对教育理念和教学方式的变革,更重要的是引发学生在学习方式上发生变化,学生在学习的主动性、参与性、合作性等方面都要发生重大变化,才能不断促进学习变得更有意义,使深度学习自然发生。

1.深度学习的内涵

深度学习是指在教学中学生积极参与、全身心投入,获得健康发展的、有意义的学习过程。在此过程中,学生在素养目标的引领下,聚焦引领性学习主题和大概念,展开有挑战性的学习任务与活动,掌握学科基础知识与基本方法,体会学科基本思想,建构知识结构,理解并评判学习内容与过程,能够综合运用知识和方法创造性地解决问题,形成积极的内在学习动机、高级的社会性情感和正确的价值观,成为既有扎实学识基础,又有独立思考能力,还善于合作、有社会责任感、具备创新精神和实践精神、能够创造美好未来的社会实践的主人[1]。

2.深度学习的性质[2]

深度学习始终站在学生成长和发展的立场上来谈教学,强调教学过程应是促进学生发展的、有意义的学习过程。既然是学生的学习,就不是一般的学习

---

[1] 刘月霞.指向"深度学习"的教学改进:让学习真实发生[J].中小学管理,2021(5):13-17.
[2] 郭华.如何理解"深度学习"[J].四川师范大学学报(社会科学版),2020,47(1):89-95.

者或自学者的自学,而是教师带领下的学生的学习,教师的引导和帮助是先决条件。之所以从学生的立场和角度提"深度学习",是要充分表达"教与学永远统一""教是为学服务"的意识,真正落实"教是以学为中心"的思想。杜威曾以买卖来比喻"教"与"学"的依存关系,他认为可以把教学和出售商品两相对比,没有买主,谁也不能卖出商品。如果一位商人说,即使没有人买走任何商品,他也能卖出大宗货物,这是天大的笑柄。然而,或许有一些教师,他们不问学生得到了什么东西,自认为他们做了良好的日常教学工作。其实,教与学二者的值正好是相等的,同样,卖与买二者的值也是相等的。如果一个活动能够被叫作"教",那一定是因为有"学",即教师引发了学生的学;同样,学生的学一定在教师的引导之下,不依赖于"教"的"学"只是"自学",只有"教"引导下的"学"才是教学中的"学",在这个意义上,教师是教学的第一关键人。

也正是在这个意义上,任何时候都不能因为强调学生的"学"而忽视教师的"教",恰恰更要充分重视教师对学生"学"的真实的引导和帮助。只有在教师充分发挥了主导作用的情况下,学生作为主体的主动学习才能真正发生。深度学习,指的正是在教师引导下的学生的学习。

3.深度学习的建构

(1)在完整理解中建构

从内在结构来看,知识由符号表征、逻辑形式和隐性意义三个要素构成。符号是知识的外壳和存在形式,它表征人类对世界万物的已有认知,并给予人们认识世界的知识。逻辑形式是隐含于符号表征之中的知识的构成规则或法则,是认识的方法论系统。如果说符号表征表明的是人对世界的具体看法或认识结果,那么,逻辑形式则体现的是人认识世界的方式和过程。[1]另外,任何知识都隐含着意义,具有促进人的情感发展、精神成长、价值观提升的功能。意义是知识的内核,如果知识没有意义,就失去了它对人类发展最根本、最核心的价值。因此,学习知识不仅要理解它的符号意义,还要理解它的逻辑形式,把握它的内在意义。例如,化学课上学习酸雨知识,酸雨是指pH值小于5.6的降水——理解仅限于酸雨的数字指标、定义等符号知识;天空中的雨、雪等吸收了

---

[1] 袁国超.基于核心素养的深度学习:价值取向、建构策略与学习方式[J].教育理论与实践,2010,40(8):3-5.

二氧化硫、氮氧化合物等发生化学反应形成了酸雨,而酸雨中的二氧化硫、氮氧化合物等主要来源于人类燃烧的含硫量高的煤和机动车排放的尾气——理解进入到酸雨形成的过程、原理等知识的逻辑形式层面;认识到酸雨对环境的危害很大,人们应树立生态意识、忧患意识,从源头上控制酸雨的产生——理解深入到酸雨知识的意义层面,把握酸雨知识对人类发展最根本、最核心的价值。

浅层学习只注重知识符号的把握,其目标是成为有知识的人。而深度学习追求知识的符号学习、逻辑形式学习与内在意义学习的统一,其目标是要成为有学识高度、智慧高度和精神高度的人。因此,教学中要引导学生从知识的三个要素的内在关联入手,整体把握知识,从显性符号知识的浅层学习走向隐性学科思想方法、思维形式及其意义的深度学习。

(2)在关联整合中建构①

浅层学习忽视了知识之间的联系,把一个个知识点看成互不相关的存在。因此,浅层学习是孤立化、碎片化学习,对知识的理解缺乏系统性、联系性。但实际上知识从来都不是孤立存在的,它们之间存在着逻辑关联。深度学习强调知识之间的联系,主张将知识关联起来学习。例如,数学概念、定义、公式、原理等各个知识点之间存在着前后照应、互为补充、互相衔接等逻辑关系,具有完整的系统性,没有任何一个知识点孤立地存在于系统之外。如果不建立知识点之间的逻辑关联,就无法建构数学知识体系。深度学习不仅重视学科内知识的关联,而且强调不同学科知识之间的关联。它要求从寻找共同点和关联点入手,将不同学科知识联系起来,实现跨学科知识建构。例如,物理与化学都是建立在实验基础上的自然科学,两门课程的许多知识点都存在交叉,或互补,或同一等关系。比如守恒思想既贯穿物理学科始终,也贯穿化学学科始终;原子结构知识既是高中物理的重要内容,也是高中化学的重要组成部分;一些化学定律及其推论是根据物理公式推导出来的,学习时要将这些内容关联起来理解。建立跨学科知识关联,构建跨学科知识网络,促进知识的深度融合。

不仅如此,深度学习要求在关联的基础上,将新学习的知识整合到原有的知识结构中,建立新的认知结构。关联整合的主要策略有:概括知识要点、比较

---

① 郭元祥.知识的性质、结构与深度教学[J].课程·教材·教法,2009(11):17-23.

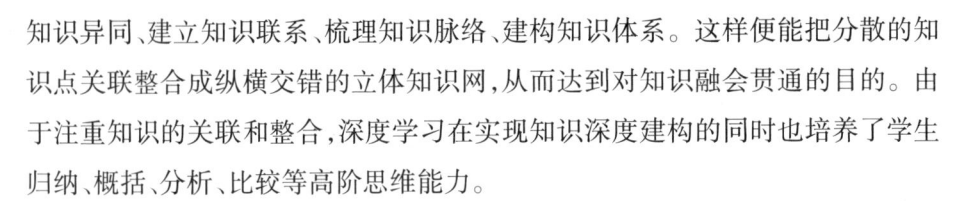

知识异同、建立知识联系、梳理知识脉络、建构知识体系。这样便能把分散的知识点关联整合成纵横交错的立体知识网,从而达到对知识融会贯通的目的。由于注重知识的关联和整合,深度学习在实现知识深度建构的同时也培养了学生归纳、概括、分析、比较等高阶思维能力。

(3)在迁移应用中建构

布鲁纳在《教学论》中指出,教学过程的核心是让学生掌握基本原理和方法,在应用中实现学习的迁移。迁移的过程是模拟社会实践的过程,也是培养学生实践能力、创新能力的过程。在深度学习中,迁移不仅是一种检验学习结果的方式,更是一种重要的建构策略。迁移的最佳途径是应用,及时将知识运用到新的情境中去解决新的问题。迁移和应用是将内化了的知识外化、活化,使间接经验直接化。浅层学习不重视知识的迁移应用,它对知识的掌握只停留在知道和领会的认知层面。

迁移的实质是概括,越是概括的材料,迁移性越强。之所以知识能够迁移,是因为知识之间存在着共同之处。因此,将知识之间的共性概括出来,是实现知识有效迁移的关键环节。学生概括能力越强,就越容易发现新旧知识之间的规律性联系。因此,教学中要引导学生重视发现和提取学习内容中存在的共同因素,并将它们概括成一般原理。要为学生提供尽可能多的相似情境,指导学生把概括出的一般原理应用到新的情境中去解决新的问题,培养学生解决问题和实践创新能力。

(4)在批判创新中建构

深度学习反对被动接受,要求对任何知识都保持一种怀疑、求证、审视和批判的态度,不盲从权威,不照搬书本,敢于挑战定论,批判性地建构知识。批判性思维孕育出新知识、新观念的过程也是学习者突破原有认知结构、建立新的认知结构的创造性学习过程。所以,深度学习本身就是一种创新性学习。它要求学生敢于提出自己的见解,多角度分析问题,通过多元解读、一题多解、寻求最佳答案等发散性思维训练,达到创造性地思考问题、解决问题的目的。因此,深度学习有助于塑造学生的独立思考精神和创造性思维品质,不仅使学生实现了知识的深度建构,还发展了批判性思维和创造性思维能力,实现了能力的深度建构。

(5) 在自主反思中建构

反思是一种深度思维,是自我建构的高级阶段。学习者只有通过不断地学习反思,才能实现认知的自我完善。有了反思的加入,学习才能走向深处。深度学习反思的目的不仅仅是对过去的学习进行总结,指向未来才是它的真正意义。反思是探索、是发现,它使学习成为一种探究性、研究性活动,促进了元认知的发展,提升了问题解决能力,最终使学生学会学习、学会思考,成为爱思考、会思考的思想者、智慧者。

教师要引导学生通过"回顾审视—查找问题—探究原因—研究对策—实践求证—总结提高"等思维环节,对自己的学习活动进行批判性审视。审视的具体内容包括目标、过程、结果、策略、态度、资源等多个方面。通过研究、审视发现问题,然后调节、改进自己的学习活动,从而实现深度学习。值得注意的是,在反思过程中学生自始至终都是反思的主体,学生以追求自身学习的合理性为目的,通过自我评价、自我审视,进行自我监控、自我完善,实现自我突破、自我发展。教师的作用是指导学生学习反思方法,使学生学会反思;强化学生反思意识,使学生养成反思习惯。

五 简约化学单元教学设计案例分析

为了说明简约化学的单元教学设计要素以及整体框架,下面以三个教学案例为例进行讲解。

教学案例一:生产生活中的含氮化合物

本案例来自苏教版"生产生活中的含氮化合物",参考了无锡市玉祁高级中学孙重阳老师和江苏省怀仁中学魏爱民老师公开发表的案例[①]。

一、单元规划

1. 确定大概念和划分单元

以往学习"生产生活中的含氮化合物"时,更多的是侧重元素化合物的知识及其对应的化学方程式。而化学学科核心素养则强调培养学生的"变化观念",这在氮元素的转化中表现得很明显。因此,本单元教学设计突出了元素及其化

---

① 孙重阳,魏爱民.大观念、大主题、大过程——指向化学核心素养的单元教学设计与实践[J].中学化学教学参考,2018(21):6-9.

合物相互转化的特征,促进学生形成化学变化观念,也引导教师站在学科价值观念的高度思考教学目标,因此本单元的大概念应该是"化学反应需要一定的条件、遵循一定规律"。

(1)大概念统摄下的知识层级关系(如表5-27所示)

表5-27 大概念与知识层级之间关系

大概念	化学反应需要一定的条件、遵循一定规律		
次级大概念	氮的固定	氮的转化	氮的循环
基本概念	自然固氮	人工固氮	生物固氮
内在联系	氮及其化合物的相互转换		
具体知识	氨气、氮气、一氧化氮、二氧化氮、硝酸等物质的性质		

(2)课时的划分

"生产生活中的含氮化合物"围绕着氮元素的转化和固定,以"化学反应需要一定的条件、遵循一定规律"大概念统筹整个教学内容。氮元素的转化和固定通常有三种途径,因此,把每个途径作为一个课时,总共三个课时,分别是:自然固氮、人工固氮、生物固氮。

2.单元目标设定

基于大概念的化学单元教学设计,需要根据学生关键品格和能力的水平现状,注重教学内容的整体性、系统性、进阶性设计,促进学生进入深度学习状态。在"生产生活中的含氮化合物"的传统教学中,内容往往被分割成氮的氧化物、氨气和铵盐、硝酸三个相对孤立的模块,学生只能零散掌握。而学科大概念导向下的化学单元教学,把"氮元素的转化"作为主题探讨活动,帮助学生在主题活动的引领下,对转化过程进行多维度探究和深度思考,形成整体性认识。在整体目标基础上设计出三个进阶性的课时目标,相互关系如图5-21所示。

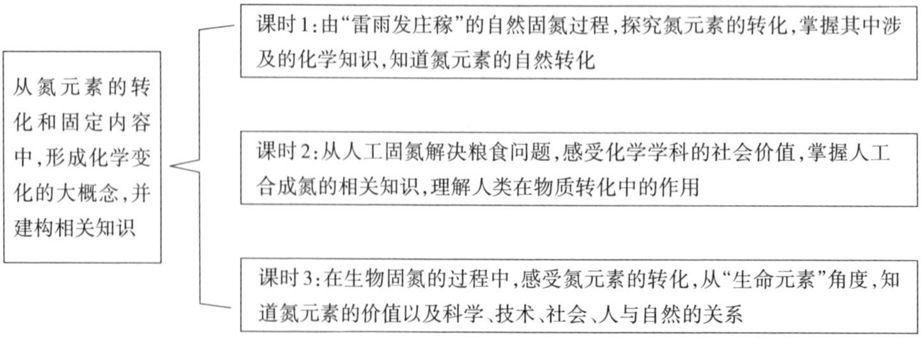

从氮元素的转化和固定内容中,形成化学变化的大概念,并建构相关知识
- 课时1:由"雷雨发庄稼"的自然固氮过程,探究氮元素的转化,掌握其中涉及的化学知识,知道氮元素的自然转化
- 课时2:从人工固氮解决粮食问题,感受化学学科的社会价值,掌握人工合成氨的相关知识,理解人类在物质转化中的作用
- 课时3:在生物固氮的过程中,感受氮元素的转化,从"生命元素"角度,知道氮元素的价值以及科学、技术、社会、人与自然的关系

图5-21 单元目标与课时目标关系

二、单元内容设计

1. 学生学习情况分析

学生已经学习了物质的分类、氧化还原反应等理论知识,能初步用"价—类"二维的视角认识物质的化学性质,同时经历了钠、镁、铝及其化合物,氯、溴、碘及其化合物,硅及其化合物,铁及其化合物等内容的学习,积累了一定认识物质性质规律的经验,初步掌握了探究物质化学性质的程序和方法,同时在硫及其化合物的学习中,对环境污染的原因和保护环境的重要性也有了一定的认识。但是学生对元素化合物之间的转化,特别是类别判断共性、价态判断个性,还有对物质氧化性和还原性强弱的判断还缺乏认识,对化学变化的大概念理解的广度和深度还不够。

2. 教学情境的构建

真实的化学教学情境,其意义不仅仅在于营造贴切的教学环境以激发学生兴趣,还包括在面对未来的不确定因素时,真实的情境体验能帮助学生形成从专业的化学视角解决实际问题的能力,进而稳定发展为关键能力和必备品格。当前不少课堂情境的设置都只突出了趣味性用于引课,往往比较零散且缺乏启发性,学生难以沉浸其中。而单元教学的情境设置,除了要符合学生的认知感受,还要贯穿整个内容,通过大主题情境引领学生进入沉浸式的系统思考和学习中。在"生产生活中的含氮化合物"中,始终围绕氮元素的转化进行学习,而教材中这一转化的起点是氮气,终点是含氮化合物。氮气是空气的主要成分,含氮化合物可以被农作物吸收用于生长发育,农作物成熟后也常作为食物被人畜食用,因此,从转化的角度而言空气可以经复杂过程转变成食物成分。基于此,本单元的大主题情境确定为"空气变食物",既富有趣味性,也符合学生现有认知水平,更能启发学生思考氮元素的转变途径。

3. 过程活动探究

教学活动是教学内容的主要载体,也是发展学生核心素养的基本途径。散乱串接的教学活动,其指向性不明确,不仅增加了学生学习负担,也无法帮助学生建构完整的知识体系,更难以形成学科观念。大过程探究活动,由不同阶段的小活动有机串联而成,各活动环节指向一致,便于学生深度思考,从而强化素养发展。本单元教学围绕氮元素向含氮化合物转化开展,含氮化合物也能分解为氮元素,这是一个生命元素的循环过程,因此,本单元以"自然界中的氮循环"为大活动过程,探究其中主要的三个过程:生物固氮、自然固氮、人工固氮(图5-22)。

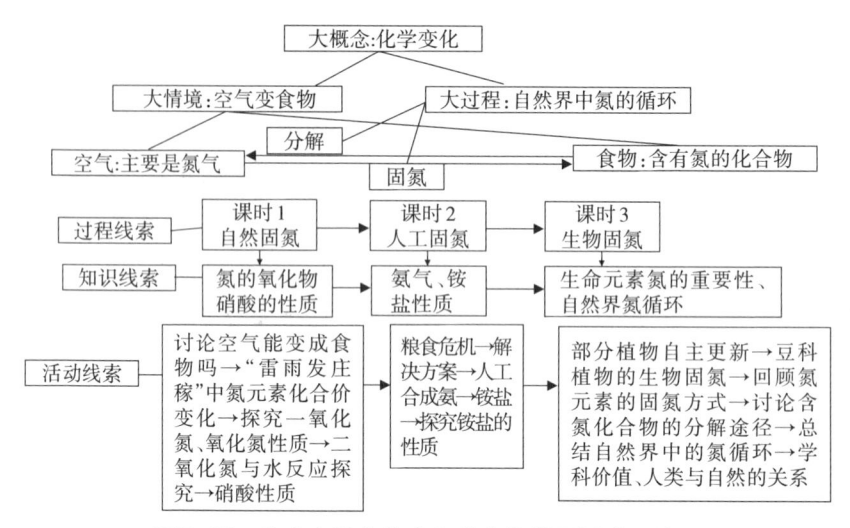

```
                      ┌─大概念:化学变化─┐
          ┌─大情境:空气变食物─┐  ┌─大过程:自然界中氮的循环─┐
                            分解
       ┌─空气:主要是氮气─┐←──────────→┌─食物:含有氮的化合物─┐
                            固氮
```

过程线索	课时1 自然固氮 →	课时2 人工固氮 →	课时3 生物固氮
知识线索	氮的氧化物、硝酸的性质	氨气、铵盐性质	生命元素氮的重要性、自然界氮循环
活动线索	讨论空气能变成食物吗→"雷雨发庄稼"中氮元素化合价变化→探究一氧化氮、氧化氮性质→二氧化氮与水反应探究→硝酸性质	粮食危机→解决方案→人工合成氨→铵盐→探究铵盐的性质	部分植物自主更新→豆科植物的生物固氮→回顾氮元素的固氮方式→讨论含氮化合物的分解途径→总结自然界中的氮循环→学科价值、人类与自然的关系

图5-22 生产生活中的含氮化合物单元活动设计

三、单元评价

本单元采用嵌入式评价的方法,评价前移,教学评价处于由教学目标分解的核心任务之中。单元教学的评价如表5-28所示。

表5-28 单元教学评价

课时	评价方法
课时1	学生观察实验,能准确描述实验现象,展开交流与讨论,从微观视角分析宏观现象的成因。学生能从物质类别的视角设计物质的制备路径,预测物质性质,并通过实验验证预测,明确硝酸的性质,教师分析反馈。
课时2	学生能从物质类别的视角准确设计氨气转换的路径。学生能从喷泉实验、白烟实验等分析氨气性质,归纳与交流,教师总结反馈。 小组制备氨气,交流,教师评价。
课时3	学生能准确书写化学方程式,并从氧化还原视角分析大气循环过程的化学变化、酸雨成因,树立人与自然和谐共生的观念,教师分析评价。

四、单元教学反思

在本单元学习中,学生一直保持着学习的兴趣和热情,从空气如何经过复杂的过程变成食物,学生有了思考的起点和落点。由起点指向落点,学生认真分析其中的途径和可能性,思维的深度和广度都有了很大提升,而在整个系统学习和探究过程中,核心素养也在不断发展。总之,主题性的教学设计使本单元的教学取得了良好效果,在今后实践中应重视以下两点。

1.教材重整——单元教学设计的基础

指向核心素养的单元教学设计,以学生认知水平和知识逻辑发展为基础,以核心素养为导向,因此不能局限于教材知识点的固有顺序,而应在核心素养的统领下对教材单元的内容进行重整,甚至打破原有单元界限,组建新的教学单元。教材按照"生产生活中的含氮化合物"的知识逻辑发展顺序进行编排,依次为氮的氧化物、氨气和铵盐、硝酸。在进行本单元教学设计时,以氮元素转化为主题,从固氮的角度让学生先了解自然作物生长的基础——自然固氮,当自然固氮无法满足人类的需求时,再引出人工固氮,最后指出部分植物有生物固氮的作用,并进行"自然界中的氮循环"单元总结。在这一思路下,知识内容就调整为先介绍氮的氧化物和硝酸,再讲述氨气和铵盐,最后系统提升。

2.全局视野—— 单元教学设计的思维

单元教学设计在重新整合教学内容和顺序的基础上,将教学单元分解成若干个相互衔接的教学阶段与课时,因此,教师要以全局视野思考各课时本身的地位和作用以及相互之间的关联和衔接。这种教学设计思路在国外被称为"big idea",强调了大主题的设计思维。若教师总是基于课时的微观视角解读教材或课程标准,将学科内容分解成孤立的模块,则不利于学生在系统的学科知识、素养环境中成长。本单元教学以"空气变食物"为大主题情境,以"化学变化"为大概念,以"自然界中的氮循环"为大活动过程,并结合人与自然的和谐关系,强化学生对生命元素氮的认识,凸显化学学科的价值与情怀。整个过程在"大设计"的思维统整下,始终凝聚学生的学习和思考,有利于学生深度学习的发生和学科素养的发展。

教学案例二:化学能与电能单元教学设计

本案例来自2019年审核通过的人教版《化学 必修 第二册》的第六章实验活动6"化学能转化为电能",参考了夏添、王姝玮、王珍珍3位老师公开发表的案例[①]。

一、单元规划

1.确定大概念和划分单元

本部分的内容主要包括原电池及其工作原理、简易电池的设计与制作(原电池构成要素及其性质、作用的探讨)、化学电池(锌锰干电池、铅酸蓄电池的简

---

① 夏添,王姝玮,王珍珍.大概念统领下"化学能与电能"单元教学设计与实践[J].化学教学,2022(12):48-52,58.

单认识)。形成与能量相关的主要观念有:氧化还原反应伴随着电子的转移,利用氧化还原反应能实现化学能转化为电能;原电池装置将氧化反应、还原反应在不同区域进行,实现了化学能向电能的转化;原电池电极材料、电解质溶液的组成及状态、电池连接方式等可以影响化学能转化为电能的效率。基于此,以"当事物发生变化或被改变时,会发生能量的转化,但是能量是守恒的"为本单元的大概念。

(1)大概念统摄下的知识层级关系(表5-29)

表5-29 大概念与知识层级之间的关系

大概念	当事物发生变化或被改变时,会发生能量的转化,但是能量是守恒的		
次级大概念	化学能	电能	原电池
基本概念	化学反应可实现化学能转化为电能	原电池是实现化学能转化为电能的装置	改变条件可影响化学能转化为电能的效率
内在联系	氧化还原反应发生电子转移,在闭合的回路中产生电流		
具体知识	电极、电极反应、电路、电子运动、离子运动、铜锌电池、燃料电池、干电池		

(2)课时划分

本单元教学的核心是从能量转化角度建立认识化学反应的思路,进而促进学生建构并运用原电池认识模型。将本单元拆解为两个课时,分别是"奔跑吧,小车"和"如何让小车跑得更快"。

单元目标设定:基于单元目标,将本单元拆解为两个课时,并设计递进性的分课时目标,其相互关系见图5-23。

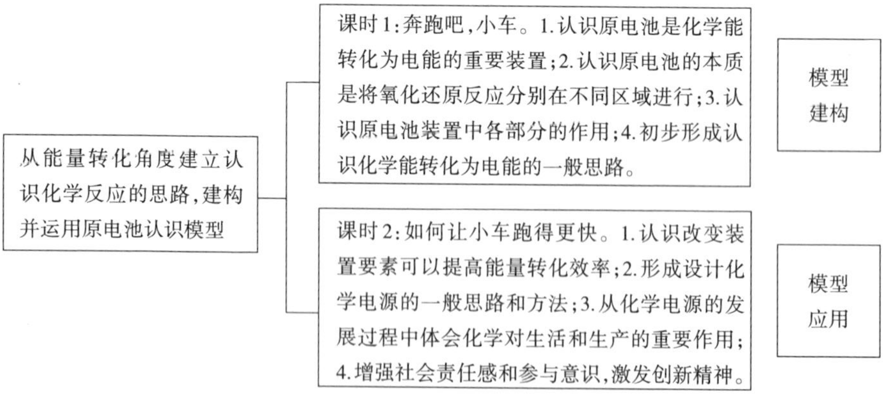

从能量转化角度建立认识化学反应的思路,建构并运用原电池认识模型

课时1:奔跑吧,小车。1.认识原电池是化学能转化为电能的重要装置;2.认识原电池的本质是将氧化还原反应分别在不同区域进行;3.认识原电池装置中各部分的作用;4.初步形成认识化学能转化为电能的一般思路。 —— 模型建构

课时2:如何让小车跑得更快。1.认识改变装置要素可以提高能量转化效率;2.形成设计化学电源的一般思路和方法;3.从化学电源的发展过程中体会化学对生活和生产的重要作用;4.增强社会责任感和参与意识,激发创新精神。 —— 模型应用

图5-23 单元目标与课时目标的关系

二、单元内容设计

1.学生学习情况分析

学生经过初三的学习,知道了物质发生化学变化时伴随有能量的变化,认识到通过化学反应获得能量的重要性;经过高一的学习,认识到氧化还原反应的本质是电子转移;通过化学能与热能的学习,认识到化学反应中化学键的断裂和形成是化学反应中能量变化的本质原因;同时,还形成了一定的元素观、转化观、微粒观、能量观等。但对实验的观察、探究、设计能力还不足,还需发展对原电池本质的理解,进一步丰富对能量转化形式、能量转化途径和条件的认识。

2.教学情境的构建

在本单元教学中,以贴近学生生活的"小车动起来"为情境贯穿单元教学始终(图5-24),在教学中开展系列真实问题的研究活动,这些问题之间有一定的层次性和逻辑结构,符合学生对解决陌生项目的认知思路,体现相关知识在解决生产生活中问题的应用价值,有效地提升学生建立原电池的认识模型及运用认识模型来解决实际问题的能力。

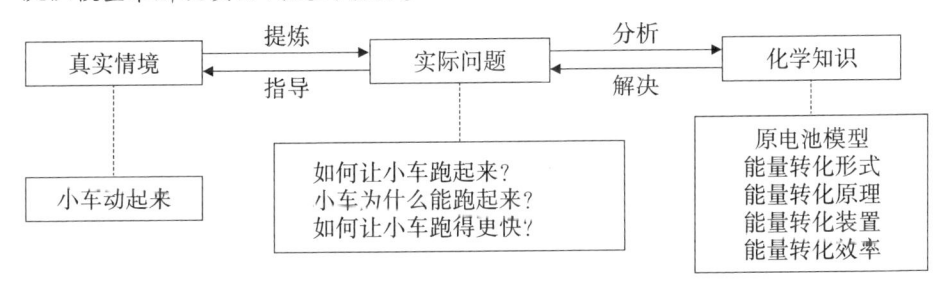

图5-24 "真实情境""实际问题""化学知识"之间的关系

3.过程活动探究(表5-30至表5-31)

表5-30 第1课时教学设计

教学环节	核心问题或任务	主要活动
环节1:情境引入	任务1:如何让小车跑起来? 小车跑起来时的能量转化是怎样的?哪些反应有可能获得电流,为什么?为什么Zn和稀H_2SO_4直接反应不能让小车动起来?	活动1:分析小车跑动中能量转化方式。 活动2:搭建铜锌原电池让小车动起来。

169

续表

教学环节	核心问题或任务	主要活动
环节2:初步建构模型	任务2:以铜锌原电池为例,分析原电池工作原理。铜片表面的气泡是什么?什么情况下铜片表面才会有氢气生成?电子从何而来?溶液中离子是怎样移动的?为什么小车有的往前跑,有的往后跑?	活动3:结合现象分析并尝试书写电极反应式。 活动4:利用电流表,判断铜锌原电池正负极,分析不同连接方式与小车往前、往后跑的关系。 活动5:以铜锌原电池为例初步构建原电池模型。
环节3:深化模型认识	任务3:选择合适的实验用品,设计更多原电池。原电池形成的条件是什么?	活动6:通过实验,探究并总结原电池的形成条件。
环节4:发现新问题	任务4:Zn粒表面的气体因为形成闭合电路就消失了吗?	活动7:分析、思考铜锌原电池锌片表面出现气泡的原因,展望提高原电池能量转化效率的方法。

表5-31 第2课时教学设计

教学环节	核心问题或任务	主要活动
环节1:探索新知	任务1:组装电池,探究提高电池效率的方法。如何让小车跑得更快?	活动1:根据提供的实验药品,探究改变装置要素提高电池效率的方法。
环节2:探究燃料电池	任务2:探究氢氧燃料电池,利用$2H_2+O_2=2H_2O$反应能设计成原电池吗?	活动2:制作氢氧燃料电池让小车跑起来。 活动3:分析氢氧燃料电池的工作原理。
环节3:设计干电池	任务3:设计干电池。如何根据原电池认识模型来设计干电池?	活动4:从电池构成要素角度思考并绘制自己心目中的干电池。 活动5:分享、评价干电池设计方案。
环节4:发展创新	任务4:展示电池发展史。同学们,你觉得未来的电池应该是什么样子的?	活动6:了解电池发展史,畅想未来电池。

三、单元评价(表5-32)

表5-32 "化学能转化为电能"单元教学评价

课时	问题或任务	活动	评价方法
课时1	1	1、2	学生动手组装铜锌原电池,观察实验结果,以交流讨论的方式,从微观的视角认识原电池
	2	3、4、5	分析实验原理,书写电极反应式,能认识形成原电池的条件
	3	6	学生能自主设计原电池,形成原电池的模型
	4	7	通过小组讨论,分析普通铜锌原电池存在的问题以及改进方法
课时2	1	1	学生能自主设计原电池,小组讨论提高原电池效率的方法
	2	2、3	通过小组合作制作氢氧燃料电池,认识该电池的发电原理
	3	4、5	能内化原电池原理,理解干电池的原理,从提高效率的角度提升对原电池原理的认识
	4	6	讨论原电池发展的方向,激发学生创新思维

四、单元教学反思

1.大概念的提炼要聚焦学科本质

何彩霞教授提出,可从以下几方面来分析和把握化学大概念[1]:一是指向化学学科的研究对象与基本问题;二是指向化学学科的研究方法与认识方法;三是指向化学学科研究的目的与价值。以大概念统领单元教学,除了要求教师更全面、更整体地把握课程与教学内容以外,还需要教师不断挖掘教学内容背后更本质的思想方法。化学反应作为化学研究的重要对象,其物质变化过程中伴随着能量的变化。"化学能与电能"承载着学生以能量观认识化学反应的新视角,从"能量转化"的角度提炼单元教学大概念,并以此建立结构化认识,有助于学生对知识深层次的理解和建构。

2.单元教学内容应服务于大概念的形成

单元教学过程是学生形成大概念的过程,因此,教学内容要为大概念的形成服务,为学生核心素养的发展服务。在原电池教学中,涉及的教学内容、教学情境非常丰富,教学中要舍得放弃某些与大概念联系不紧密的教学素材和内

---

[1] 何彩霞.化学学科核心素养导向的大概念单元教学探讨[J].化学教学,2019(11):44-48.

容,如在本单元的教学设计中,放弃了原电池中离子迁移方向可视化探究、自制干电池等活动,增加了促进概念形成的活动设计,如搭建装置让小车动起来、设计学生活动探究提高电池效率的方法(电解质种类及浓度,电极材料插入深浅,两极间的距离,电极串联、并联的连接方式等要素)。以大概念为统领,指导教学设计,使学生活动紧紧围绕能量转化方式、能量转化装置、能量转化条件、能量转化效率展开,能有效促进能量转化观念的建构,促进学生核心素养的发展。大概念统领下的单元教学,既有利于教师凝练学科知识、聚焦学科本质,又能促进学生建构结构化知识体系,发展核心素养。

教学案例三:醛、酮、糖类单元教学设计

本案例来自鲁科版(2019年审定通过)《化学 选择性必修3 有机化学基础》的第2章"官能团与有机化学反应烃的衍生物"的第3节"醛和酮 糖类和核酸",由福建省厦门市第六中学邱燕珠老师提供。

一、单元规划设计

1.确定大概念和划分单元

醛和酮是含有羰基的两类重要化合物,在官能团的转化和有机合成中占有核心地位,是"有机合成的中转站",而糖类物质从结构上看就是多羟基醛、多羟基酮以及水解后生成多羟基醛或多羟基酮的物质,是醛和酮知识的延续。糖类与生命现象、人类生活密切相关,其结构与醛、酮密切相关,将"醛、酮、糖类"串联起来,作为单元整体教学,可以使学生更深刻地认识糖,也可以拓展学生对醛基和酮羰基的认识,同时有利于学生获得更有普遍意义的大概念,即"结构决定性质,性质反映结构",有利于学生将抽象概括获得的大概念用于解决具体的有机化学问题。整个单元教学设计中,通过让学生学习"醛、酮、糖类"具有的主要化学性质,能够从结构与性质的关系、有机化学反应规律的角度简要说明为什么"醛、酮、糖类"具有这样的化学性质,从而学生能够感受到有机化学学习的规律性与系统性,渗透"结构决定性质,性质反映结构"大概念。

(1)大概念统摄下知识的层级关系(图5-25)

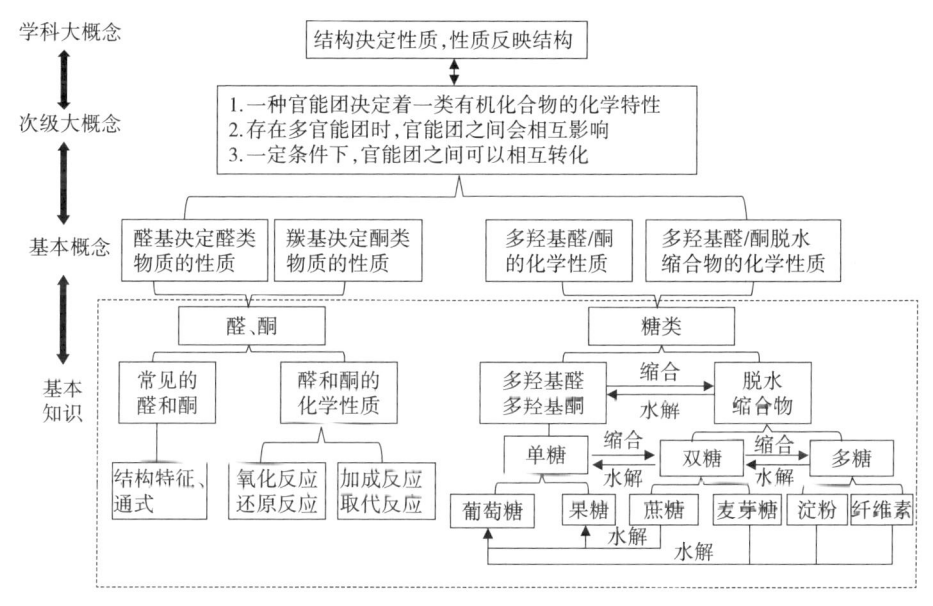

图5-25 醛、酮、糖类大概念与知识层级图

(2)课时划分

本单元教学紧紧围绕"结构决定性质,性质反映结构"大概念设计学习进阶,促使学生对"醛、酮、糖类"的组成与结构、性质与转化、反应与合成的认识协同发展;将学生对"醛、酮、糖类"的认识从基于代表物的宏观孤立水平进阶到基于官能团的关联水平,再到基于价键的微观系统水平,是由简单到复杂、由孤立到系统的学习进阶。学生在有机化合物的学习与探究过程中获得知识,在实际问题的解决过程中不断迁移学科知识、认识思路及方法,有助于实现深度学习。综上,本单元教学基于"结构决定性质,性质反映结构"大概念进行统一整体设计,构建了3个课时的单元整体教学设计。分别是课时1"醛、酮"的学习活动,课时2"单糖"学习活动,课时3"双糖、多糖"学习活动。

2.单元目标设定

本单元的重点是"醛、酮、糖类"的主要化学性质,旨在让学生学会利用"结构决定性质"的原理预测有机化合物的性质并且能够通过有机化合物的化学性质反推其结构,深刻领悟"结构决定性质,性质反映结构"的概念。通过"醛、酮、糖类"的性质及应用的学习,体会有机化学在生产、生活中的巨大作用,继续发展"科学态度与社会责任"化学学科核心素养,重点发展"宏观辨识与微观探析"

"证据推理与模型认知""变化观念与平衡思想""科学探究与创新意识"化学学科核心素养。基于此,本单元的单元目标和课时教学目标如表5-33所示。

表5-33 "醛、酮、糖类"单元目标和课时教学目标

单元目标	课时	课时教学目标
1.了解简单的醛和酮,认识羰基的结构,能基于官能团、化学键的理论分析价键极性和不饱和性与物质性质的关系,应用结构推测性质的思想方法研究醛、酮的化学性质。 2.能从类别、官能团、化学键等角度分析预测"醛、酮、糖类"的性质;能说明有机化合物的组成、官能团的差异对其性质的影响,形成"结构决定性质"的观念;能借助有机化学反应的分析模型从多个角度认识有机化学反应。 3.能认识常见糖类代表物的组成、结构和典型性质。通过对单糖、双糖、多糖性质的探究实验,培养科学探究能力。 4.能设计实验方案探究"醛、酮、糖类"的主要性质。	1	1.1 了解简单的醛和酮,认识其结构特点,比较醛和酮分子中官能团的相似和不同之处,能基于官能团、化学键的理论分析价键极性和不饱和性与物质性质的关系,应用结构推测性质的思想方法研究醛、酮的化学性质,发展"证据推理与模型认知"核心素养。 1.2 能设计实验探究醛、酮的性质,发展思维的缜密性和角度的全面性,理解醛、酮的主要化学性质,并从结构、反应条件、生成物种类等角度对比醛、酮性质上的差异,能利用醛、酮的主要化学反应实现醛、酮到羧酸、醇等烃的衍生物之间的相互转化,发展"科学探究与创新意识"核心素养。 1.3 了解醛、酮在实际生产和生活中的应用,了解它们对环境和健康可能产生的影响,增强环保意识及可持续发展的意识,关注有机化合物的安全使用问题,发展"科学态度与社会责任"核心素养。
	2	2.1 了解糖类与醛、酮在结构上的联系,知道糖类的分类,能够列举出常见的单糖、双糖和多糖的实例。 2.2 知道葡萄糖、果糖的分子组成、结构特点、典型性质以及相互间的关系。 2.3 能设计实验探究葡萄糖的结构、性质并进行归纳整理,培养"科学探究与创新意识"学科核心素养。
	3	3.1 知道麦芽糖具有还原性,低聚糖能水解成单糖,多糖能水解成葡萄糖。通过对双糖、多糖水解性质的探究实验,培养科学探究能力。 3.2 知道糖类物质在食品加工和生物质能等方面的应用,培养正确的科学态度与社会责任感。 3.3 了解糖类物质在人体内的转化,知道糖类与生命活动的关系,养成健康的生活方式。

二、单元内容设计

1. 学生学习情况分析

在必修阶段,学生对乙醛的结构已有初步的认识,基于实验事实,知道乙醛的部分性质。初中阶段,学生从生活视角认识了糖类与人体健康的关系,在必修模块认识了糖的分类,对代表物的组成、典型性质及在日常生活中的应用有了一定的了解。但是还存在以下几点障碍:①不能主动从结构角度认识、分析预测有机物的性质,对醛类物质氧化反应原理的分析存在障碍;②在设计实验方案时,不关注试剂的用量和体系的酸碱性,不考虑多官能团之间的影响,没有排除干扰的意识;③利用陌生证据进行推理的能力较弱。因此,本单元教学的重点是发展学生以下两点关键能力:①形成分析有机物性质的一般思路和方法;②通过探究实验方案的设计、实施和反思评价,提升科学探究能力。

2. 教学情境的构建

糖类与生命现象、人类生活密切相关,是人类最重要、最经济的能量来源,可以形象地称其为"生命的燃料"。对糖类物质在人体内转化进行讨论,挖掘糖类物质的生命科学价值,认识单糖、双糖、多糖之间的相互转化,指导学生养成健康的生活方式,让学生形成良好的饮食习惯,同时感受有机化学家在生命科学领域所作的巨大贡献,更加关注有机化学的发展,增强学习有机化学的兴趣。结合生产生活实际了解有机化合物对环境和健康可能产生的影响,增强学生的环保意识及可持续发展的意识,关注有机化合物的安全使用问题。本单元教学通过让学生阅读"糖类和可生物降解塑料""纤维素乙醇产业的发展现状"等相关材料,从环境保护的角度介绍糖类物质的新用途——生产出可生物降解塑料,让学生感受糖类物质的工业价值以及在资源与环境保护等方面的作用,培养学生的"科学态度与社会责任感"学科核心素养。

本单元教学设置了真实问题情境,如"甲醛中毒原理""模拟纤维素水解"等,让学生在课堂上关注、讨论、认识化学与"醛、酮、糖类"相关的环境问题、社会热点以及化工生产中的实际问题,通过教师客观、全面、科学地认识与评价,引导学生形成正确的化学价值观,深刻理解化学、技术、社会与环境之间的相互关系,养成严谨求实的科学态度,以及崇尚真理的意识。

3. 过程活动探究设计

基于前面的分析,对本教学单元做如下教学活动设计。单元教学的总体流程如图5-26、图5-27所示。

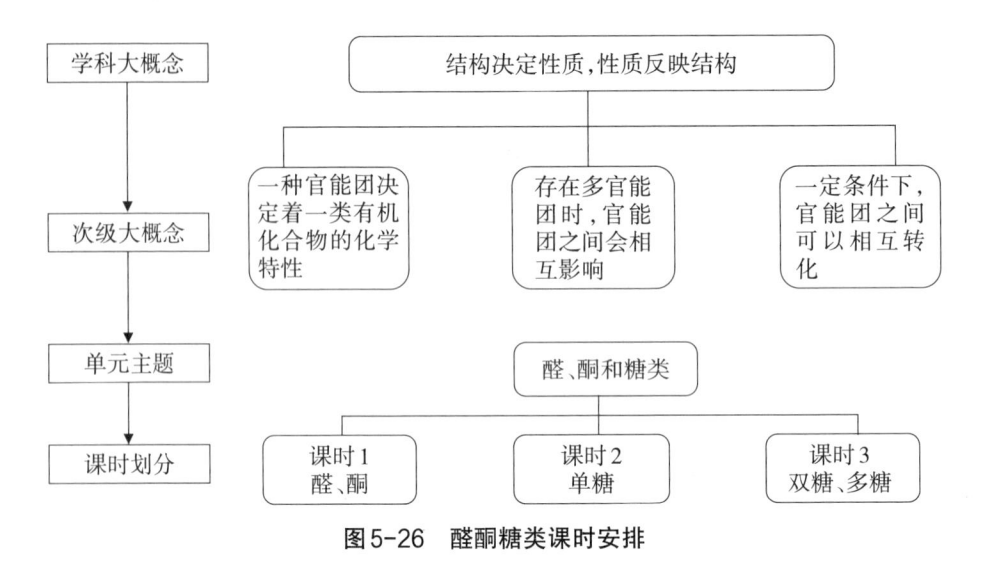

简约化学:基于大概念的教学设计

学科大概念：结构决定性质,性质反映结构

次级大概念：
- 一种官能团决定着一类有机化合物的化学特性
- 存在多官能团时,官能团之间会相互影响
- 一定条件下,官能团之间可以相互转化

单元主题：醛、酮和糖类

课时划分：
- 课时1 醛、酮
- 课时2 单糖
- 课时3 双糖、多糖

图 5-26　醛酮糖类课时安排

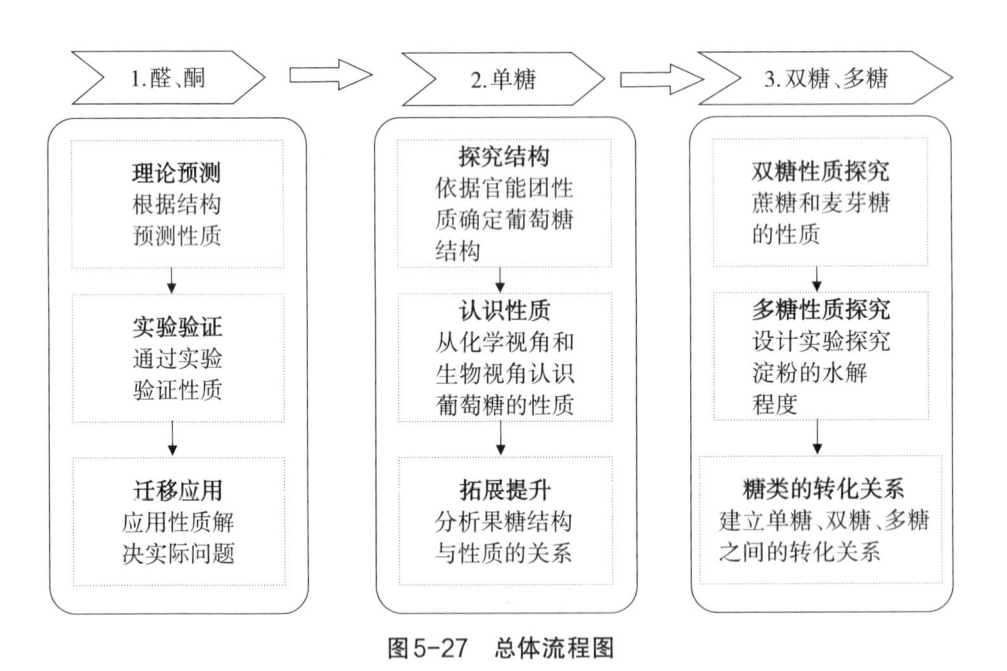

---

1. 醛、酮 → **2. 单糖** → **3. 双糖、多糖**

1. 醛、酮
- 理论预测：根据结构预测性质
- 实验验证：通过实验验证性质
- 迁移应用：应用性质解决实际问题

2. 单糖
- 探究结构：依据官能团性质确定葡萄糖结构
- 认识性质：从化学视角和生物视角认识葡萄糖的性质
- 拓展提升：分析果糖结构与性质的关系

3. 双糖、多糖
- 双糖性质探究：蔗糖和麦芽糖的性质
- 多糖性质探究：设计实验探究淀粉的水解程度
- 糖类的转化关系：建立单糖、双糖、多糖之间的转化关系

图 5-27　总体流程图

基于本单元教学的总体流程,开展各课时的教学设计(表5-34至表5-36)。

表5-34　第1课时教学设计

教学环节	核心问题或任务	主要活动
环节1:醛、酮的概念	任务1:阅读资料,观察身边的化学物质的结构特点,醛、酮在结构上有什么相同和不同之处?你能归纳出醛、酮的概念吗?	活动1:阅读资料,观察身边的有关醛、酮化学物质的结构特点。归纳出醛、酮的概念。
环节2:预测醛的性质	任务2:请分析醛的结构特点,利用你所掌握的有机化合物结构与性质间关系的知识,推测醛可能断键的位置并说明依据。据此设计实验进行验证探究。	活动2:分析醛的结构特点,推测醛可能断键的位置并说明依据。 活动3:根据醛基断键部位推测反应类型、预测反应试剂及生成物。 活动4:设计实验进行验证。
环节3:论证醛基的还原性	任务3:证明醛基具有还原性还可以选择哪些试剂?	活动5:全面深入认识醛基的还原性。
环节4:认识羰基的加成反应	任务4:思考酮的化学性质与醛的化学性质有哪些相同点和不同点?分析几种试剂(HCN、RNH$_2$、CH$_3$OH)与醛、酮反应的加成产物。与H$_2$的加成反应为什么也称为还原反应?总结有机化学中氧化还原反应。结合所学知识和所给资料解释甲醛为什么有毒。	活动6:分析思考酮的化学性质与醛的化学性质有哪些相同点和不同点,认识羰基的加成反应。

表5-35　第2课时教学设计

教学环节	核心问题或任务	主要活动
环节1:探究葡萄糖的结构	任务1:请你依据分子式,推测葡萄糖可能具有的官能团种类和数目,并设计实验进行验证。通过哪些实验可以验证以上官能团的存在? 问题1.1:如果检验出醛基,是否可以确定醛基的个数? 问题1.2:如果检验出醛基,是否还需要检验其他官能团? 问题1.3:葡萄糖结构中到底是含有羟基还是醚键,或两者都有,是否可以用酸性KMnO$_4$溶液检验羟基? 问题1.4:如何测定葡萄糖分子中羟基的个数? 问题1.5:葡萄糖的碳骨架结构是怎样的?官能团连接在什么位置?	活动1:请你依据分子式,推测葡萄糖可能具有的官能团种类和数目。并设计实验探究葡萄糖的官能团。

续表

教学环节	核心问题或任务	主要活动
环节2:认识葡萄糖的性质	任务2:结合生活经验、生物知识、化学原理完整梳理葡萄糖的性质。	活动2:结合生活经验、生物知识、化学原理完整梳理葡萄糖的性质。
环节3:认识果糖结构与性质的关系	任务3:葡萄糖是醛糖,果糖是酮糖,两者互为同分异构体,果糖是否也像葡萄糖一样具有还原性?	活动3:探究果糖是否也像葡萄糖一样具有还原性。

表5-36　第3课时教学设计

教学环节	核心问题或任务	主要活动
环节1:双糖性质探究	任务1:双糖是单糖(葡萄糖和果糖)脱水缩合后得到的产物,双糖(蔗糖、麦芽糖)是否也是还原糖,如何设计实验证明呢? 如何证明蔗糖的水解产物中有葡萄糖?	活动1:探究双糖(蔗糖、麦芽糖)的性质并设计实验证明。探究蔗糖的水解产物。
环节2:多糖性质探究	任务2:阅读材料,纤维素乙醇产业的发展现状。 问题2.1:你认为纤维素或淀粉是如何转变为乙醇的? 问题2.2:如何在实验室模拟淀粉和纤维素的水解呢? 问题2.3:设计实验检验淀粉的水解程度。	活动2:分组进行淀粉和纤维素的水解实验。设计检验淀粉水解程度的实验方案。
环节3:糖类的转化关系	任务3:你认为淀粉、维生素在人体内的转化过程与模拟实验的转化过程相比,有哪些区别和联系。归纳糖类的转化关系。	活动3:了解淀粉、维生素在人体内的转化过程并与模拟实验的转化过程进行对比。归纳糖类的转化关系。

三、单元评价设计(表5-37)

表5-37　"醛、酮、糖类"单元教学评价

课时	任务	活动	评价方法
课时1	1	1	明确本节的研究主体,体现化学来源于生活,学生能从结构上认识两种物质的相同与不同之处。
	2	2、3、4	学生能自主、有序、全面地说出结构分析的思路并形成模型;学生能形成性质预测的模型并通过实验探究醛基的性质。

续表

课时	任务	活动	评价方法
课时1	3	5	学生能论证醛基的还原性,具有多途径搜集证据的意识。诊断学生思维的缜密性和认识的全面性。
	4	6	通过小组讨论,认识羰基的加成反应。建立解决问题的思路和方法,将抽象概括获得的大概念运用于解决具体问题。
课时2	1	1	学生能依据分子式,推测葡萄糖可能具有的官能团种类。学生能通过实验验证所预测的葡萄糖官能团。感受科学家的思想方法,体验学习的快乐。
	2	2	认识葡萄糖对于生命活动的重要价值。打破学科壁垒,体会"结构决定性质"。
	3	3	多官能团物质的性质不是官能团性质的简单加和,它们之间会相互影响。结构决定性质,性质反映结构。
课时3	1	1	学生在实验方案的设计与评价、实验现象的观察与分析、实验结论的获得及化学用语表征过程中认识糖类物质的典型性质。评价学生的科学探究能力与创新意识。
	2	2	设置真实的问题情境引出淀粉和纤维素的性质,认识糖类的工业价值。同时诊断学生的实验探究水平。
	3	3	挖掘糖类物质的生命科学价值,认识单糖、双糖、多糖之间的相互转化,指导学生养成健康的生活方式。

四、教学实施

"醛、酮、糖类"单元教学包含概念课、探究课、实验课3种课型,共3个课时。其中"醛、酮"的教学实录汇总如下。

(一)醛、酮的概念

【情境资料】福尔马林是35%~45%的甲醛水溶液,某些动物标本通常被保存在稀释的福尔马林中。丙酮是一种重要的有机溶剂,它在化学实验和工业生产中都有着广泛的应用。例如,工业上常以丙酮为原料制造塑料和涂料。甲醛和丙酮分别属于哪类有机化合物?它们的结构和性质是怎样的?

【投影】福尔马林、丙酮用于工业生产的图片。

【教师】阅读资料,观察身边的化学物质的结构特点,醛、酮在结构上有什么相同和不同之处?你能归纳出醛、酮的概念吗?

【学生】阅读教材,了解醛、酮的结构和常见的醛、酮的性质,完成与学案有关内容。

【教师】醛和酮结构中均含有羰基,当羰基碳原子分别与氢原子和烃基(或氢原子)相连时为醛,羟基碳原子相连的两个基团均为烃基时为酮。醛的官能团称为醛基,酮的官能团称为酮羰基。

【投影】醛、酮的结构和官能团的图片。

设计意图:明确本节的研究主体,体现化学来源于生活,从结构上认识两种物质的相同与不同之处。

(二)预测醛的性质

【问题2.1】请分析醛的结构特点,利用你掌握的有机化合物结构和性质之间的关系的知识,推测醛可能断键的位置并说明依据。

【学生】交流讨论:如何分析一个陌生的有机物分子的结构?

【教师】引导学生自主构建模型,使思维系统化,帮助学生形成结构分析的模型(图5-28)。

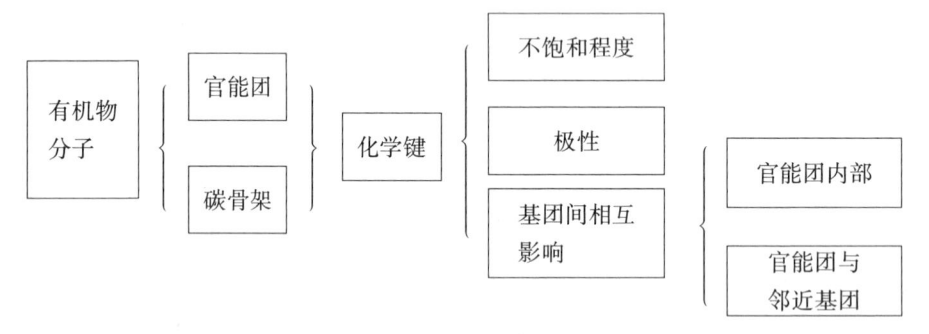

图5-28 有机物结构分析模型

【问题2.2】观察图5-29,根据①②断键部位推测反应类型、反应试剂及生成物。断①键后碳氧双键加成是否有不对称性?断②键发生的是什么类型的反应?

图 5-29　醛的断键位置

【学生】交流研讨：根据①、②断键部位推测反应类型、反应试剂及生成物，形成性质预测的模型。

【教师】展示乙醇在人体内主要的代谢过程，以及在工业上用乙醛制备乙酸的化学反应式（图 5-30）。

图 5-30　用乙醛制备乙酸

设计意图：自主、有序、全面地说出分析结构的思路并形成模型，丰富认识角度，培养"微观探析与模型认知"学科核心素养。

（三）论证醛基的还原性

【问题 3.1】证明醛基具有还原性还可以选择哪些试剂？

【学生】提出：高锰酸钾、溴水、过氧化氢。

【学生实验】如图 5-31 所示。

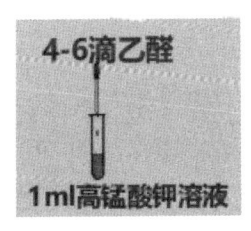

图 5-31　证明醛基具有还原性的实验

【教师】醛、酮均具有还原性，能够和强氧化剂发生氧化反应，可使溴水和酸性高锰酸钾溶液褪色。

【问题 3.2】若换为弱氧化剂这个转化能进行吗？

【教师】提供试剂：$Ag(NH_3)_2OH$ 溶液，新制的 $Cu(OH)_2$ 溶液。

【展示】学生设计的实验方案。

【教师】(1)银镜反应的注意事项：①试管必须洁净。②银氨溶液必须现用现配，不能久置，且氨水不能过量，否则，容易产生易爆炸物质。③用水浴加热，不能直接加热，加热时不能振荡或摇动试管。④生成银镜的试管用稀硝酸溶解洗净。

(2)与新制氢氧化铜悬浊液反应的注意事项：①氢氧化铜悬浊液要现用现配。②NaOH必须过量。③直接加热至沸腾。

【学生实验】乙醛与新制氢氧化铜反应实验，如图5-32所示。

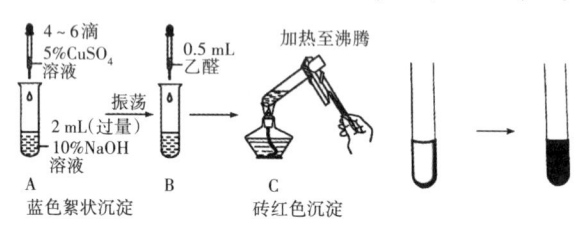

图5-32 乙醛与新制氢氧化铜反应实验

【教师】你所得到的实验现象和其他同学的相同吗？如不同，请分析原因。

【归纳小结】银氨溶液和新制$Cu(OH)_2$悬浊液常用于鉴别有机化合物分子中是否含有醛基。

设计意图：提高学生思维的缜密性和认识的全面性，培养"证据推理与模型认知"学科核心素养，培养多途径搜集证据的意识，认识到客观事实是论证依据之一。

(四)认识羰基的加成反应

【问题4.1】思考酮的化学性质与醛的化学性质有哪些相同点和不同点？

【教师】醛和酮分子中的羰基含有不饱和键，可以发生加成反应。能与醛、酮中的羰基发生加成反应的试剂有氢氰酸、氨及氨的衍生物、醇类等。

【学生】分析几种试剂（HCN、RNH_2、CH_3OH）与醛、酮反应的加成产物。

【教师】反应产物的分子比原来的醛分子或酮分子多了一个碳原子。这类加成反应在有机合成中可以用于增长碳链。甲醛的毒性也与羰基的加成反应有关。

【问题4.2】与H_2的加成反应为什么也称为还原反应？总结有机物中氧化还原反应。

【学生】思考，总结有机物中氧化反应和还原反应。

【问题4.3】结合所学知识和所给资料解释甲醛为什么有毒。

【投影】甲醛中毒原理(图5-33)。

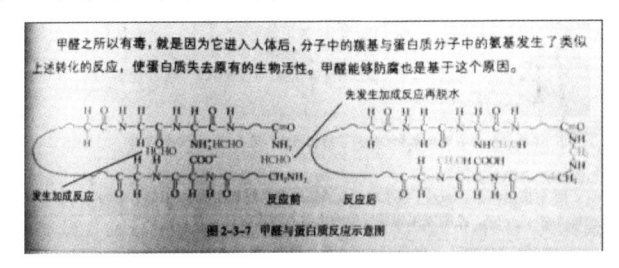

图5-33　甲醛中毒原理

【教师】任何事物都有两面性,在工业上甲醛是重要的化工原料,在医学上甲醛溶液是重要的防腐剂,但在生活中却给人类的健康带来了极大的危害。

【投影】其他的醛类或酮类物质对人的健康也有着重要的影响。

【归纳总结】学生自主总结归纳醛、酮在结构和性质上的异同。总结研究有机物的一般思路和方法(图5-34)。

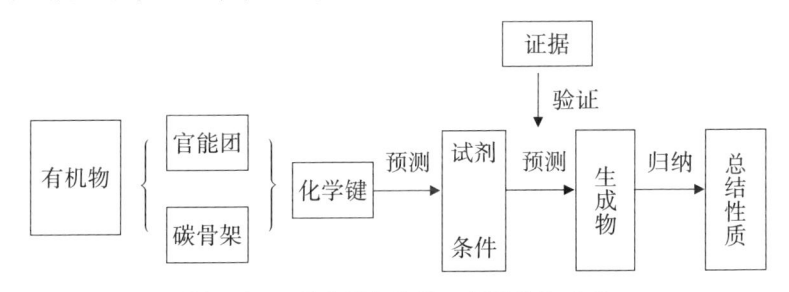

图5-34　研究有机物的一般思路和方法

设计意图:建立思路和方法,将抽象概括得到的大概念运用于解决具体问题。

第三节 任务式学习

任务式学习也称任务驱动式学习，原是学习信息技术的一种方法。学生在教师的帮助下，从浅显的实例入手，尝试完成一个相对容易掌握的任务，带动信息技术理论的学习和应用软件的操作，完成学习任务。在学习过程中，学生在任务的驱动下，积极主动应用学习资源，自主探索、互动协作，达成学习目标。信息技术学科的任务式学习，不在于要求学生能记、能背多少诸如"窗口""模板""网络协议"等信息技术的有关概念，而在于学会做什么、能做多少、完成的效果如何，学会怎样操作"窗口""模板"，怎样遵循"网络协议"等。学生通过任务式学习可以积极主动地选择、使用信息技术工具进行自主学习和探讨问题，提高在实际生活中应用信息技术的能力。

一、任务式学习概述

1.任务式学习的理论

任务式学习是一种建立在建构主义学习理论基础上的教学方法，它将以传授知识为主的传统教学，转变为以解决问题、完成任务为主的多维互动式的教学[1]。任务式学习符合人类认知规律，注重以学生为主体，在培养学生专业能力的同时，也提高了学生的通用能力。

建构主义学习理论的代表人物是美国心理学家威特罗克，该理论的基本思想是：学习是学习者主动构建内部心理结构的过程，它不仅包括结构性的知识，也包括大量的非结构性的经验背景。建构主义学习理论提倡的学习方法是在教师指导下，以学生为中心的学习。学生是知识意义的主动建构者；教师是教学过程的组织者、帮助者、指导者和促进者。教材所提供的知识不再是教师讲授的内容，而是学生主动建构知识意义的对象；媒体也不再是帮助教师传授知识的手段、方法，而是用来创设情境进行协作式学习和会话交流，即作为学生主动学习、协作探索的认知工具。

---

[1] 杨洪雪.任务驱动式教学方法的特点及过程设计[J].教学与管理(理论版),2006(10)：129-130.

2.任务式学习概述

在其他学科的教学中,运用任务式学习法设计、组织教学,也要依据学习的内容要求提出具体的任务,把学习内容隐含在具体的学习任务中,以任务的完成作为导引和主线。驱动学习的任务是经过教师精心设计的,每个任务均含有适量的新知识点和认知冲突,并具有一定的弹性和开放性。学生在完成任务的过程中应积极主动地探索各种解决任务的途径,并选择最佳方案。教师只是过程的设计者和组织者[①]。

3.化学任务式学习

著名化学教育家傅鹰说过只有实验才是化学的"最高法庭"。实验是科学探究的主要形式,是培养学生解决问题能力的重要载体,也是促进学生核心素养发展的重要途径。讲授法对学生实验能力的提升作用非常有限,要以在做中学为主,在具体任务的实现中去建构实验知识和实验技能以及解决问题的能力,因此早期的任务式学习法在化学学科主要是用在实验方面。

随着课程改革的推进,特别是在提出学生核心素养目标以后,对学生"能做事""做成事""做好事"等能力提出了更高要求,而对知识的机械掌握、对知识的浅层迁移提出了质疑和批评,认为"项目式""任务式"学习基于真实情境的问题解决过程更有利于培育学生的核心素养,因此任务式学习得到了大力倡导。

4.项目式学习与任务式学习的差异

项目式学习和任务式学习有很多相似的地方,如在教学流程上,都是基于大概念的统领,根据教学目标创设教学情境,提出问题,进行科学探究,通过合作探究进行展示评价等。

但是项目式学习与任务式学习之间还是有区别的。首先,项目式学习的"项目"是基于真实生产生活的场景,涉及的范围比较"大"也比较复杂,往往包括了学科多模块知识,甚至是跨学科的领域,但任务式学习,一般是学科内的学习任务,相对比较"小",所以称之为"任务"而不是"项目";其次,项目式学习的教学内容比较丰富,挑战性也比较强,课时安排得就比较多,一般都在2课时以

[①] 王云生.任务驱动学习、项目学习的本质特征及其运用——以化学教学为例[J].福建基础教育研究,2019(2):103-107.

上,有的项目甚至达到7~8课时,而任务式学习一般都只有1课时;然后,两者在教学流程上也有很大不同,任务式学习的教学流程一般是固定的,即任务提出—任务解决—任务的展示或评价三个步骤,而项目式学习由于课时比较多,从整个项目的教学整体过程而言,其教学流程也包括三个步骤,但是具体的课时教学,可能是项目设计的讨论、实验探究过程,或者是展示优化的交流等;最后,是学生的活动也有区别,项目式学习由于项目比较复杂,对学生学习的时空要求比较宽泛,学生的活动包括课上和课下的资料查阅、调查研究等工作,而任务式学习中学生的活动基本上都仅是在课上的学习。

二、任务式教学设计

1.任务式学习的基本教学环节

(1)根据课程标准聚焦主题的大概念,并制订教学目标;(2)创设与学习主题密切相关又与现实情况基本一致或类似的学习情境;(3)在所创设的情境下,选择与当前学习主题密切相关的真实事件或问题(任务)作为驱动学习的任务;(4)教师向学生提供解决问题的有关线索(如要搜集的资料类型、获取有关信息资料的路径等),倡导学生通过相互间的讨论、交流、修正、完善自己的问题解决方案,通过自己的实践完成任务;(5)评价问题解决的过程和结果、新知识的意义建构;评价学生自主学习与协作学习的能力(图5-35)。

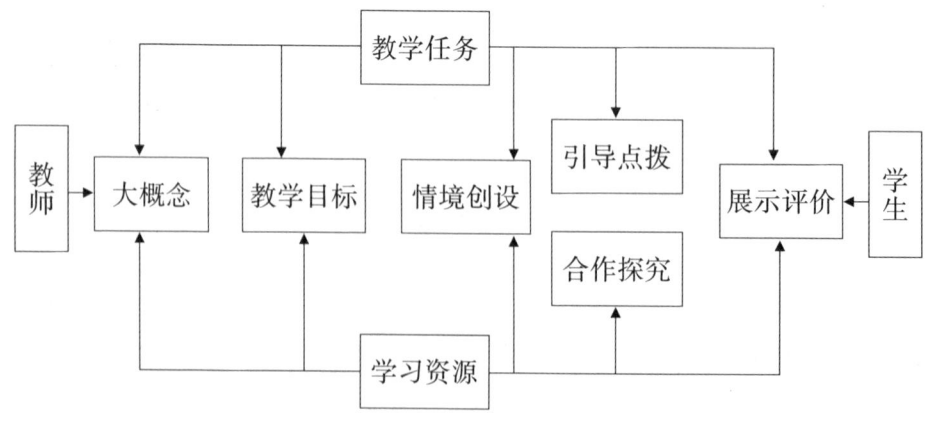

图5-35 任务式学习教学流程图

2.任务式教学设计

任务式学习的教学方法中,任务设计是关键。选择的教学内容应能够充分调动学生的创造思维,鼓励学生多角度、多层面地考虑问题。根据课程性质不同,一门课程可设计若干个任务,包括总任务、子任务等不同大小的任务,设置递进式的问题,在教师的引导和学生的自主合作中解决问题,实现问题解决能力的发展。下面以"硫酸铜结晶水的测定"为例[①],阐述任务式教学设计。

(1)项目内容分析

该项目式学习的主题选自原人教版高中化学必修一的选做实验。首先,分析教材中的实验存在的优点和缺点;其次,从物质结构的角度进行理论分析,并在阅读了相关文献的基础上提出改进的方向;然后,让学生设计差异性的实验方案并进行实验研究;最后,展示实验成果,提出适合中学实验室条件的"硫酸铜结晶水的测定"最佳实验条件。学生在实践、合作、质疑和创新过程中加深对热重法的理解,不断优化问题的解决策略。

(2)大概念及知识层级(表5-38)

表5-38 "硫酸铜结晶水的测定"大概念与知识层级

学科大概念	定量实验方法		
次级大概念	热重法	硫酸铜晶体性质	晶体结构
学科知识	酒精灯加热法 沙浴加热法 微波炉加热法	硫酸铜结晶水的计算 不同温度硫酸铜晶体失水不同	硫酸铜晶体结构
项目任务	硫酸铜结晶水的测定		

(3)项目教学目标

①讨论原教材中"硫酸铜结晶水的测定"实验的优点和不足,引导学生观察实验现象,深入阅读文献资料,通过条件控制,探究最佳的实验条件,提升综合分析、批判质疑、解决问题等关键能力;②通过小组合作、优势互补,培养团队合作的能力;③通过文献阅读、图表分析、分组汇报,提高学生信息提取、分析和处理能力;④通过结构分析—发现问题—提出假设—设计方案—实验验证—得出结论—交流评价,体会科学探究的过程,培养证据意识和严谨的科学态度。

---

① 张建阳.指向问题解决的化学实验项目式学习实践——以《硫酸铜结晶水的测定》为例[J].福建基础教育研究,2022(2):126-129.

(4)任务式学习流程

任务1:认识硫酸铜晶体的结构。

活动1:根据硫酸铜的结构图,写出硫酸铜配合物的化学式,并判断晶体水的种类。

目标1:通过任务1引导学生形成认识物质性质的学科观念,即从结构视角理解硫酸铜晶体分解反应的不同阶段,为掌握实验原理和制订实验方案提供理论基础,以此培养学生"宏观辨识与微观探析"学科核心素养。

任务2:归纳热重法测定硫酸铜结晶水的原理。

活动2:讨论测定硫酸铜结晶水的实验方法有哪些。

活动3:计算硫酸铜中结晶水的含量。

目标2:通过任务2引导学生认识实验原理,关注热重法实验的重要步骤和重要数据,掌握实验数据处理的方法,为下一步实验方案的制订提供重要的支架,以此培养学生证据意识和数据处理能力。

任务3:分析原教材中该实验的不足之处及改进方向。

活动4:教师演示教材中"硫酸铜结晶水的测定"实验,让学生仔细观察实验,评价该实验有何优缺点?本实验操作中,你认为最关键的环节是什么?可以从哪个方向进行改进呢?

活动5:讨论实验方案,采用两种加热方式,即用沙浴加热器和微波炉加热,将学生分为8个小组进行实验。第1~4组用沙浴加热,每组采用不同的温度和不同的时间;第5~8组用微波炉加热,每组采用不同的功率和不同的时间。

目标3:从评价原教材的实验方法入手,培养学生的质疑精神,提高实验的评析能力;引导学生聚焦实验存在的问题,进行思维的发散和碰撞,根据实验的特点,创新性提出用微波加热和沙浴加热等加热方式,从而培养学生的实验设计能力。

任务4:实验方案的设计和实践。

活动6:通过阅读教师提供的真实数据和图表,分析热重法测量硫酸铜结晶水的条件。

活动7:在沙浴加热条件下实验。

活动8:在微波炉加热条件下实验。

目标4:通过阅读教师提供的真实数据和图表,培养学生的信息提取、分析和处理能力;通过小组合作讨论实验方案,培养学生自主合作的能力;通过选定加热条件、实施方案、发现问题、调整方案、处理数据等步骤,逐步提升学生问题解决的能力。

任务5:汇报实验并提出最佳条件。

活动9:实验成果展示和评价。在化学课代表的主持下,每个小组轮流汇报实验数据并对其他组的实验做出评价。

目标5:通过展示汇报实验成果,提升学生参与解决问题的获得感与自豪感;从评价不同实验方案和实验结果中,优化问题解决的策略。

三 任务式教学实施

任务1:认识硫酸铜晶体的结构

【教师】根据硫酸铜的结构图(图5-36),写出硫酸铜配合物的化学式,并判断晶体水的种类。

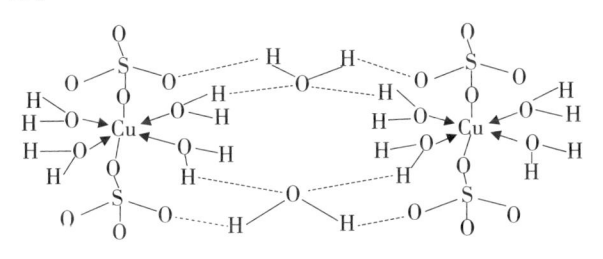

图5-36 硫酸铜的结构图

【学生】$[Cu(H_2O)_4]SO_4·5H_2O$ 晶体有3种水分子,即配体不连接氢键的水分子、配体连接氢键的水分子和连接氢键不作配体的水分子。

【资料展示】教师展示如下资料,请学生阅读,然后归纳硫酸铜晶体脱水的温度。

在不同的资料中,硫酸铜晶体分步脱水的温度不一样,并且数据相差很大。以下数据摘自林敏发表的论文[1]。

$$CuSO_4·5H_2O \longrightarrow CuSO_4·3H_2O + 2H_2O\,(102\ ℃)$$

$$CuSO_4·3H_2O \longrightarrow CuSO_4·H_2O + 2H_2O\,(113\ ℃)$$

$$CuSO_4·H_2O \longrightarrow CuSO_4 + H_2O\,(280\ ℃)$$

---

[1] 林敏.硫酸铜结晶水的测定实验的改进[J].化学教学,2010(1):13-14.

【学生】因为含有3种水分子,所以晶体脱水的温度应该有3个数据:即在102 ℃时失去没有连接氢键且作为配体的两个结晶水,113 ℃时失去连接氢键且作为配体的两个结晶水,280 ℃时失去作为非配体的结晶水。

任务2:归纳热重法测定硫酸铜结晶水的原理。

【教师】测定硫酸铜结晶水的方案有哪些?

【学生】热重法、沉淀法、中和滴定法。

【教师】若用热重法,用电子天平至少称量几次?

【学生】至少4次,分别为:洁净干燥的坩埚质量(m_1)、装有硫酸铜晶体坩埚的质量(m_2)、晶体变为白色后物质和坩埚的质量(m_3)、重复加热后坩埚的质量m_4。

【教师】硫酸铜结晶水含量如何计算?

【学生】假设硫酸铜晶体的化学式为$CuSO_4 \cdot xH_2O$

$(m_3-m_1)/M_{CuSO_4} : (m_3-m_2)/M_{H_2O} = 1 : x$

任务3:分析原教材中该实验的不足及改进方向

【引课】原教材用酒精灯对盛有硫酸铜晶体的坩埚进行加热,直到硫酸铜晶体完全变白,并且不再有水蒸气逸出为止。

【教师】演示教材的硫酸铜结晶水的测定实验:称量、加热(用酒精灯对盛有硫酸铜晶体的坩埚进行加热,直到硫酸铜晶体完全变白)、再称量、加热再称量。

问题1:观察实验,评价教材中的演示实验有何优缺点?

【学生1】优点:都是实验室常见仪器,操作方便简单。

【学生2】缺点:加热时间太长。

【学生3】缺点:实验误差比较大,酒精灯加热温度不好控制。

【学生4】缺点:实验误差比较大,加热过程中坩埚外底部因为酒精不完全燃烧而变黑,使坩埚重量增加。

【学生5】缺点:加热不均匀会引起晶体飞溅。

问题2:本实验操作中,你认为最关键的环节是什么?

【学生】恒重环节,即晶体是否完全脱水,要把握硫酸铜晶体加热的温度多高和时间多长,才能使晶体从蓝色变为白色。

问题3:思考从哪些方面可以改进实验的不足?

【教师】实验的不足主要有两点:酒精灯加热温度不好控制、酒精不完全燃烧会碳化附在坩埚上。可以从哪些方面改进呢?

【学生1】主要从改变加热的方式去改进实验,可否采取水浴加热?

【学生2】不能,水浴加热的温度只能在100 ℃以下,可否采取油浴加热?

【老师】油浴加热的温度上限是200 ℃。

【学生3】因为硫酸铜完全脱去结晶水的温度要超过200 ℃,所以不能用油浴加热,可否用微波炉加热呢?

【教师】微波炉加热的原理是通过微波和水分子作用,形成电磁波,使水升温。

【学生4】那用微波炉加热是可以的,关键是要控制微波炉的加热功率和时间,我听说还有一种叫沙浴的加热方式,可否用沙浴加热呢?

【教师】沙浴加热的温度在250~350 ℃。

【学生5】采取沙浴加热比较合适,并且温度还可以控制。

【教师】采用两种加热方式,即沙浴加热和微波炉加热,分为4个小组,进行实验,第1和第2组用沙浴加热,第3和第4组用微波炉加热。

任务4:实验方案的设计和实践

(1)沙浴加热器恒重的条件探究

①阅读资料[①],并综合多篇文献资料,发现硫酸铜晶体加热的温度一般控制在260~300 ℃(图5-37),但是在不同的温度下,晶体从蓝色变为白色的时间是不同的。

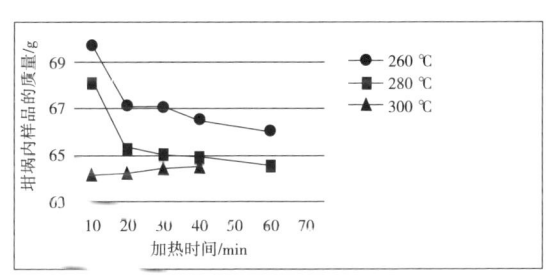

图5-37 不同温度下坩埚内样品的质量随时间的变化

表5-39 硫酸铜结晶水在不同温度和加热时间处理后的质量 （单位:g）

温度	加热时间				
	10 min	20 min	30 min	40 min	60 min
260 ℃	3.89	4.35	4.37	4.46	4.54
280 ℃	4.16	4.74	4.76	4.79	4.85
300 ℃	4.95	4.95	4.94	4.93	—

---

① 张振江,祝荔莉,梁涛,等.硫酸铜晶体结晶水含量测定实验的恒重条件探究[J].化学教学,2016(10):51-54.

【小组讨论】综合图5-38和表5-39,分组实验:加热温度控制在280 ℃,加热时间分别为10 min和12 min;加热温度控制在300 ℃,加热时间分别10 min和12 min。

②阅读资料,如图5-38所示。沙浴加热时坩埚加坩埚盖和不加坩埚盖对样品质量变化的影响的探究

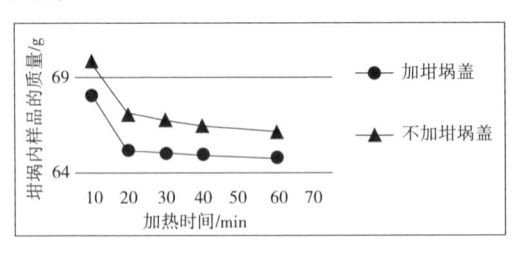

图5-38　在280 ℃时加坩埚盖和不加坩埚盖对坩埚内样品质量变化的影响

【小组讨论】加坩埚盖质量下降较快,不加坩埚盖质量下降较慢。主要原因是坩埚盖起着保温的作用。

③实验方案:

恒重坩埚:将一洁净的坩埚及坩埚盖置于泥三角上,小火烘干后,将酒精喷灯灼烧至红热,待坩埚冷却至略高于室温,再用坩埚钳将其移入干燥器中,冷却至室温,取出,用电子天平称量。重复加热、称量,直至恒重。

称量:用电子天平准确称量干燥的坩埚的质量,并用这个坩埚盛装3.000 g硫酸铜晶体。

加热:把盛有硫酸铜晶体的坩埚放在沙浴加热器(图5-39)上,使其3/4的体积埋入沙中,将温度计插入沙中,保持加热温度为300 ℃,加热时间大约为10 min,直至硫酸铜晶体从蓝色变为浅蓝色最后变成灰白色。然后用坩埚钳把坩埚放在干燥器内冷却至室温。

图5-39　沙浴加热器

称量:待坩埚冷却后,用滤纸将坩埚的外部擦干净,用电子天平称量,记下坩埚和无水硫酸铜的质量。

加热再称量:把盛有无水硫酸铜的坩埚再加热,然后放在干燥器里冷却后再称量,记下质量。到连续两次称量的差值不超过0.005 g为止。

计算:由实验得到的数据,计算硫酸铜结晶水的含量。

(2)微波炉加热恒重的条件探究

①阅读资料:在不同微波功率下恒重时间如图5-40所示,从曲线可看出,当功率为80%(720 W)时,恒重时间为8 min左右;当功率为60%(540 W)时,恒重时间为12 min左右;当微波功率为40%(360 W)时,恒重时间为16 min左右。在实际应用中,我们可以根据需要,选择不同的微波功率和干燥时间。

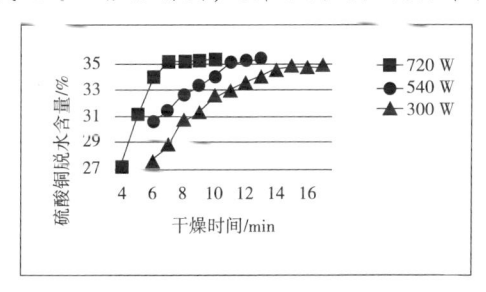

图5-40 不同功率时硫酸铜晶体脱水量

【小组讨论】取试样3.000 g,分组进行实验:功率720 W、时间分别为8 min和10 min;功率540 W时,时间分别为10 min和12 min。

②实验方案:

恒重坩埚:将一洁净的坩埚及坩埚盖置于泥三角上,小火烘干后,用酒精喷灯灼烧至红热,待坩埚冷却至略高于室温,再用坩埚钳将其移入干燥器中,冷却至室温,取出,用电子天平称量。重复加热、称量,直至恒重。

称量:用电子天平准确称量干燥的坩埚的质量,并用这个坩埚盛装大约3.000 g硫酸铜晶体。

加热:把盛有硫酸铜晶体的坩埚放入微波炉内,功率选择720 W,加热时间大约8 min,直至硫酸铜晶体从蓝色变为浅蓝色最后变成灰白色。然后用坩埚钳把坩埚放在干燥器中冷却至室温。

称量:待坩埚冷却后,用滤纸将坩埚的外部擦干净,用电子天平称量,记下坩埚和无水硫酸铜的质量。

加热再称量：把盛有无水硫酸铜的坩埚再加热，放在干燥器里冷却后再称量，记下质量。直到连续两次称量的差值不超过 0.005 g 为止。

计算：由实验得到的数据，计算硫酸铜结晶水的含量。

任务 5：汇报实验并提出最佳条件

①在化学课代表的主持下，每个小组先汇报实验的数据，数据汇总如表 5-40 所示。

表 5-40 不同条件下硫酸铜结晶水个数测定结果

组别	加热方式	温度或功率	加热时间	样品质量	恒重质量	结晶水
1	沙浴	300 ℃	10 min	3.000 g	1.927 g	4.95
2	沙浴	300 ℃	12 min	3.000 g	1.928 g	4.94
3	沙浴	280 ℃	10 min	3.000 g	2.048 g	4.13
4	沙浴	280 ℃	12 min	3.000 g	2.037 g	4.20
5	微波炉	720 W	8 min	3.000 g	1.926 g	4.96
6	微波炉	720 W	10 min	3.000 g	1.930 g	4.93
7	微波炉	520 W	8 min	3.000 g	2.074 g	3.97
8	微波炉	520 W	10 min	3.000 g	2.042 g	4.17

②对 8 组的实验做出评价。

【学生 1】沙浴加热：温度比较高，反应速率较快，以温度为 300 ℃、加热 10 min 比较合适。

【学生 2】微波炉加热：微波炉火力大，反应速率较快，以功率为 720 W、加热 8 min 比较合适。

四 任务式教学评价

"硫酸铜结晶水的测定"教学评价如表 5-41 所示。

表 5-41 硫酸铜结晶水测定教学评价

目标	任务	活动	评价方法和证据
目标 1	任务 1	活动 1	通过阅读文献后的反馈，了解学生"宏观辨识与微观探析"学科核心素养水平。
目标 2	任务 2	活动 2 活动 3	在小组讨论中，通过师生对话、学生扮演等方法，评价学生的化学实验定量思维以及对热重实验计算原理的掌握程度。
目标 3	任务 3	活动 4 活动 5	从评价传统实验方法入手，通过讨论和对话，评价学生的实验迁移能力，以及实验方案设计的整体思维。

续表

目标	任务	活动	评价方法和证据
目标4	任务4	活动6 活动7 活动8	通过文献阅读、数据分析、师生对话等,评价学生对信息的提取和分析能力;在分组实验中,了解学生实验能力以及分工合作的水平。
目标5	任务5	活动9	通过小组的实验成果展示,依据学生自我评价和小组之间的评价,了解学生实验素养水平。

五 任务式教学案例

下面所举的案例,是高中必修、选择性必修、高中化学实验、社会议题四部分中的典型案例,分别由福建省厦门第六中学的张悦、罗志祥、韩晓、王延四位老师提供,这四个案例都曾经在福建省的省、市公开课上展示过。

案例1(高中必修):"探究亚铁盐和铁盐的性质"任务教学设计

(一)任务简要说明

本节课选自2019年审定通过的鲁科版高中《化学 必修 第一册》第三章第一节第一课时的内容。从课程视角来看,教学内容包括铁、铁盐和亚铁盐的主要性质、铁盐和亚铁盐的相互转化等;从认识水平视角来看,学生认识物质的性质从"类"首次进阶到"价";从能力发展视角来看,本节课着力培养科学探究能力,即运用观察—预测—实验—结论的解释等科学的认识过程;从教学模式的视角来看,聚焦大概念,应用任务式学习;从核心素养发展的角度来看,利用大概念对知识进行统整,让学生形成较为结构化的知识网络,学会解决实验问题和生活问题,从而提升问题解决能力。

本节课创设了某溶液腐蚀铜板的教学情境,探究该溶液是氯化铁还是氯化亚铁,聚焦"价—类"二维大概念,创设问题。在教学中创建了四个学习任务,在大任务驱动下,学生经历了建构知识、发展能力、培育素养等过程。

(二)学情分析

学生已具备物质分类、氧化还原等知识,基本可以从"价—类"二维视角认识和预测物质的性质,同时前面的章节已经学习了钠及其化合物、氯及其化合物的知识,对认识物质的方法和认识物质的程序也有了初步的了解,因此学生已具备通过观察预测物质性质的基本能力和经验。但是,学生掌握的元素与化合物种类比较少,积累的物质性质不多,尤其对多价态物质性质的认识经验不足,具备的化学实验知识、技能和经验也不够,因此对铁离子和亚铁离子转化的实验方案设计和实施,存在一定的难度,需要教师适度的引导和点拨。

(三)大概念与知识层级(表5-42)

表5-42 "亚铁盐和铁盐的性质"大概念与知识层级

学科大概念	多种因素影响物质的性质,如"价—类"二维观		
次级大概念	氧化还原反应	物质的分类	认识物质的程序
学科知识	铁的还原性 铁离子的氧化性 亚铁离子的还原性 亚铁离子的氧化性	铁盐性质 亚铁盐的性质 铁单质的性质	观察、预测、实验、解释
项目任务	腐蚀铜板的溶液是什么?		

(四)教学目标

①利用"价—类"二维思想,从氧化还原反应角度了解Fe和Fe^{2+}、Fe^{3+}和Fe^{2+}之间的相互转化。

②了解Fe^{3+}的检验方法,以及Fe^{2+}、Fe^{3+}的性质。

③学会预测物质的性质并通过实验的方法求证,探究Fe^{2+}、Fe^{3+}的性质。

④尝试用Fe^{2+}、Fe^{3+}可以相互转换的知识解决生产中的实际问题。

(五)教学流程(表5-43)

表5-43 教学流程设计

项目任务	驱动问题	项目活动	基于大概念的素养目标
1.预测亚铁盐和铁盐的性质	1.预测物质性质的依据是什么 2.硫酸亚铁和氯化铁有哪些化学性质	1.画出铁元素的"价—类"二维图 2.预测硫酸亚铁盐和氯化铁具有的性质	1.利用"价—类"二维思想认识物质性质
2.根据预测,设计实验方案	3.铁离子有氧化性如何证实 4.亚铁离子有氧化性如何证实,还原性又如何证实 5.两种铁盐作为盐的性质又如何证实	4.小组讨论,预测验证实验的方案 5.小组展示实验方案	2.培养学生的证据推理能力

续表

项目任务	驱动问题	项目活动	基于大概念的素养目标
3.实验验证	6.如何验证铁离子被还原了 7.如何验证亚铁离子被氧化了 8.铜板腐蚀液的成分是什么 9.亚铁盐与碱的反应产物为何是灰绿色的	6.分组实验 7.展示实验结果	3.了解Fe^{3+}的检验方法,以及Fe^{2+}、Fe^{3+}的性质 4.在实验中促进实验素养的提高
4.设计从腐蚀废液中回收铜并重新获得$FeCl_3$的方案	10.铜板腐蚀液的成分是什么 11.如何从腐蚀液中分离出氯化铁	8.设计从腐蚀废液中回收铜并重新获得$FeCl_3$的方案,画出简易流程图	5.培养学生的迁移能力,即应用铁离子和亚铁离子的转化知识解决实际问题的能力

(六)教学实施

【课前准备】复习初中学过的铁的性质和应用等知识(与氧气反应的条件、现象、反应方程式,从氧化还原角度分析电子转移情况;与酸反应的离子方程式等)。预习教材的第三章第一节"铁的多样性",了解铁的相关知识。画出铁元素的"价—类"二维图。

【情境导入】提前一天让学生用油性笔在铜板上画图,课中将铜板泡到某种液体中,经过几个小时,铜板上只剩下学生画图部分的铜。引导学生思考,是什么样的溶液腐蚀了铜板,是氯化铁溶液还是氯化亚铁溶液?

学习任务1.预测亚铁盐和铁盐的性质

【教师】研究物质性质,可以从物质类别、物质核心元素的化合价两个角度进行预测。利用"价—类"二维图预测亚铁盐($FeSO_4$)和铁盐($FeCl_3$)具有的性质。

【学生活动】

①一名学生在黑板上画出铁元素的"价—类"二维图。

②结合铁及其化合物的"价—类"二维图,预测亚铁盐($FeSO_4$)和铁盐($FeCl_3$)具有的性质,并将预测结果填入下表(表5-44)。

表5-44　预测亚铁盐(FeSO₄)和铁盐(FeCl₃)具有的性质

物质	预测化学性质	选取试剂	实验方案及现象	结论及离子方程式
FeSO₄	1. 氧化性			
	2. 还原性			
	3. 与碱反应			
Fe₂(SO₄)₃	1. 氧化性			
	2. 还原性			

学习任务二：根据预测，设计实验方案

【教师】从"价—类"二维角度出发，亚铁盐从类别角度看，属于盐，具有盐的通性，可以和碱反应，同时，亚铁盐也可能具有氧化性和还原性。铁盐同属于盐，也有盐的通性，可以和碱反应，同时三价铁可能也具有氧化性。如何用实验验证？请同学们根据自己的预测选择试剂，设计实验方案，四人为一个小组进行讨论并汇报。

【教师】根据"价—类"二维图，如何验证铁盐的性质？

【学生】验证氧化性应该选择还原剂，同时铁还有+6价的高铁酸根，所以验证铁盐的还原性可以选氧化剂。验证盐的通性可以用碱。

【教师】总结补充"价—类"二维图转化关系。

【学生活动】设计实验方案验证预测。

【实验试剂】FeSO₄溶液、FeCl₃溶液、NaOH溶液、酸性KMnO₄溶液、氯水、KSCN(硫氰酸钾)溶液、K₃[Fe(CN)₆](铁氰化钾)溶液、KI溶液、淀粉溶液、铁粉、锌片、铜片。

【教师】补充一下Fe³⁺的检验：依据Fe³⁺与SCN⁻反应溶液显红色的性质，可以用KSCN溶液检验Fe³⁺的存在。Fe²⁺的检验：依据Fe²⁺与K₃[Fe(CN)₆]反应生成蓝色沉淀的性质，可以运用K₃[Fe(CN)₆]溶液检验Fe²⁺的存在。

【学生活动】

①小组讨论。

②选取一名学生作代表，展示实验方案(表5-45)。

表5-45　实验方案

物质	预测化学性质	选取试剂	实验方案及现象	结论及离子方程式
FeSO₄	1. 氧化性	FeSO₄溶液、锌片	向FeSO₄溶液中放入锌片	
	2. 还原性	FeSO₄溶液、氯水(酸性高锰酸钾溶液)、KSCN	先向FeSO₄溶液中加入氯水，再加入KSCN	

续表

物质	预测化学性质	选取试剂	实验方案及现象	结论及离子方程式
FeSO$_4$	3.与碱反应	FeSO$_4$溶液、NaOH溶液	向FeSO$_4$溶液中加入NaOH溶液	
Fe$_2$(SO$_4$)$_3$	1.氧化性	Fe$_2$(SO$_4$)$_3$溶液、铁粉、锌片、铜片	分别向Fe$_2$(SO$_4$)$_3$溶液中加入铁粉、锌片、铜片	
	2.与碱反应	Fe$_2$(SO$_4$)$_3$溶液、NaOH溶液	向Fe$_2$(SO$_4$)$_3$溶液中加入NaOH溶液	

大部分学生可以完成方案设计、书写出方程式,但根据实验方案,发现大部分学生对实验现象的预测较为忽视。

【教师】将实验方案(表5-45)补充完善。

学习任务3:实验验证

【教师】强调实验安全。酸性KMnO$_4$溶液、氯水等有腐蚀性,应避免沾到皮肤和衣服上;若沾到,请立即用大量清水冲洗。注意取量,取1~2 mL即可。

【学生活动】

①分组实验。

②选取一名学生作代表,展示实验结果。

【学生】在实验中看到了异常现象,发现生成的氢氧化亚铁是灰绿色的。

【教师】灰绿色物质是氢氧化铁、氢氧化亚铁的混合物以及水合Fe$_2$O$_3$。

【教师】根据实验,腐蚀液的成分是?

【学生】氯化铁。

学习任务4:设计从腐蚀废液中回收铜并重新获得FeCl$_3$的方案

【问题解决】

【资料】在生产过程中,质量分数在50%~60%以上的铜会被腐蚀,产生大量的高浓度的含铜酸性废水,严重污染环境,含铜腐蚀废液具有回收价值,其中铜资源较丰富,铜含量可高达10~30 g/L。

【学生活动】分析腐蚀废液成分,设计从腐蚀废液中回收铜并重新获得FeCl$_3$的方案,画出简易流程图。

199

示例(图5-41):

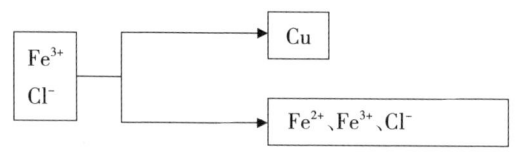

图5-41 腐蚀废液分离示例图

【学生设计】让学生根据所学内容,画出腐蚀废液分离图。

【教师方案展示】如图5-42所示。

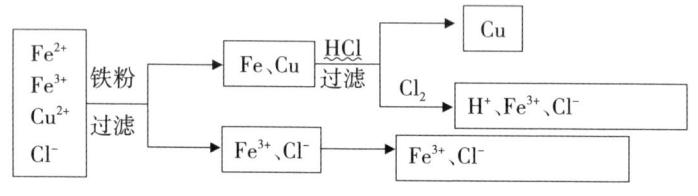

图5-42 腐蚀废液分离流程图

【实际应用】请学生谈一谈如何将本节课学到的知识用到实际生产、生活中。

【教师】利用亚铁盐和铁盐的性质为环境保护提供了新的发展契机。

【展示铜板】利用铜被腐蚀的原理,做一幅"为中华之崛起而读书"的铜板画。

(七)教学评价(表5-46)

表5-46 教学评价表

目标	任务	问题	评价方法
目标1	任务1	问题1、2	通过学生画的"价—类"二维图和成果展示,了解学生对"价—类"二维思想的理解;在师生对话中,判断学生对铁离子和亚铁离子性质的认识水平
目标2	任务2	问题3、4、5	通过小组讨论和展示,不断纠正和优化学生实验方案的设计,提升对物质性质的了解
目标3 目标4	任务3	问题6、7、8、9	在分组实验中观察学生的实验操作能力;通过实验成果展示,了解学生实验的效果
目标5	任务4	问题10、11	通过对话和成果展示评估学生的知识应用水平和问题解决能力

案例2(选择性必修):沉淀溶解平衡的应用

(一)任务简要说明

本节课教学内容选自鲁科版《化学 选择性必修1 化学反应原理》的第三章第三节"沉淀溶解平衡"的第二课时"沉淀溶解平衡的应用"。本节课以"2010年

7月福建紫金山铜矿湿法厂污水渗漏事故导致汀江被严重污染"为背景,以"帮助上杭县环保局解决汀江污染"为任务驱动,以层层递进、环环相扣的问题为导向,以任务线、学生活动线、教师活动线、素养线贯穿教学,设计了3个教学活动和6个教学任务,通过开展小组讨论、方案设计、实验探究、生生互评、教师点评等活动,充分调动学生学习积极性,帮助学生牢固掌握必备知识,提升将所学知识用于解决实际问题的能力,同时也提升了合作交流、实验探究、科学创新等能力。

(二)学情分析

学生已具有独立思考、小组合作、相互交流讨论的学习能力;已具有设计简单实验方案并能进行验证的能力。通过前面的学习,学生能用宏微结合视角及平衡观念分析沉淀的溶解和生成;对平衡常数K的意义、溶度积K_{sp}的计算、浓度熵(Q)和平衡常数(K)相对大小比较的应用等理论知识也有了一定的储备,并能较好运用这些知识。但是将所学知识用于解决实际问题的能力较弱,透过现象分析原理、通过讨论进行模型构建等能力还有待加强。

(三)大概念与知识层级(表5-47)

表5-47 "沉淀溶解平衡"大概念与知识层级

学科大概念	可逆反应存在化学平衡		
次级大概念	沉淀溶解平衡	沉淀转化	分步沉淀
学科知识	溶度积常数(K_{sp})、沉淀溶解平衡的影响因素、开始沉淀的条件、完全沉淀的条件	沉淀转化的条件、沉淀转化的原理	溶度积常数与溶解度的关系、分步沉淀的原理、分离金属离子的方法
项目任务	沉淀溶解平衡的应用		

(四)教学目标

①通过解决汀江污染和模拟废水问题,判断并发展学生利用理论知识解决实际问题的能力。

②通过沉淀溶解原理探究、沉淀转化模型构建实验,判断并发展学生小组合作、方案设计、实验探究等能力。

③通过解决实际问题,激发学生学习兴趣,强化学科价值,渗透"科学态度与社会责任"等核心素养

(五)教学流程(表5-48)

表5-48　教学流程

任务线	驱动问题	项目活动	基于大概念素养目标
任务1:沉淀的生成	问题1:如何治理汀江污染	活动1:思考,小组讨论,提出方案	目标1:渗透"科学态度与社会责任"素养
	问题2:通过计算,判断废水是否到达排放标准	活动2:认真计算,小组讨论	
任务2:沉淀的溶解	问题3:讨论并设计使$Cu(OH)_2$固体溶解的实验方案	活动3:小组讨论,设计方案,实验探究	目标2:渗透"科学探究与创新意识"素养
任务3:沉淀的转化	问题4:实验验证$Cu(OH)_2$固体与CuS固体之间能否相互转化	活动4:方案设计,实验探究,理论计算	目标3:渗透"证据推理与模型认知""科学态度与社会责任"素养
	问题5:构建沉淀转化模型	活动5:小组讨论,计算	
	问题6:探究工业上沉淀剂使用原理	活动6:小组讨论,计算	

(六)教学实施

【任务1】沉淀的生成

【情境导入】由图片引入"绿水青山就是金山银山",播放2005年8月15日时任浙江省委书记的习近平在浙江安吉县余村调研时提出"绿水青山就是金山银山"的视频。播放央视对2010年7月福建紫金山铜矿湿法厂污水渗漏事故导致汀江被严重污染的报道视频,并将视频中提到的汀江主要污染离子的浓度与2010年发布的《铜、镍、钴工业污染物排放标准》(GB 25467—2010)进行对比。

【活动1】央视视频中披露了2010年7月福建紫金山铜矿湿法厂污水渗漏事故中所排放的酸性废水中Cu^{2+}浓度为973 mg/L,废水的pH为1.06,而GB 25467—2010规定的Cu^{2+}排放量最高为1 mg/L(直接排放),废水pH值为6~9(直接排放)。假设你是上杭县环保局的工作人员,你将如何处理已经被污染的汀江?

【学生活动】分小组讨论,并汇报方案。

【小组1】稀释汀江水。

【小组2】加入大量的碱。

【引导互评】稀释汀江不适合实际操作。各小组统一方案后提出:加入大量的碱,中和H^+,将Cu^{2+}沉淀。

【追问】加入什么碱最合适?结合下表(表5-49)进行分析。

表5-49 常见碱及其价格

物质	价格/(元/吨)
NaOH	2500
$Ca(OH)_2$	600
液氨	5000
碳酸钠	1500

【学生】从方案可行性、成本等方面综合考虑,应选择$Ca(OH)_2$。

设计意图:引入"绿水青山就是金山银山"及出处,让学生体会环境保护的重要性。通过真实的矿山污染事件,引起学生的学习兴趣。结合实际,点评学生提出的方案,让学生体会将理论用于实际生活中时要做到实事求是,培养学生"科学态度与社会责任"核心素养,让学生感受化学学科价值。

【活动2】以0.02 mol/L的$CuSO_4$溶液和0.005 mol/L的H_2SO_4模拟酸性含铜废水(25 ℃时,$K_{sp}[Cu(OH)_2]=2.2×10^{-20}$)。如果你是上杭县环保局的工作人员,判断经过以下处理的废水是否达到排放标准。

①当酸性废水的pH值调整为GB 25467—2010规定的最低标准6时,铜离子浓度是否达到排放标准?

②当酸性废水中Cu^{2+}浓度为GB 25467—2010规定的最低标准1 mg/L(约为$1.56×10^{-5}$ mol/L)时,废水pH值是否达到排放标准?

【学生活动】各小组认真计算以上两种情况下的Cu^{2+}和H^+浓度,并和国家标准规定的排放标准进行对比并得出结论。

【教师活动】及时评价学生结论。

设计意图:根据学生提出的汀江治理方案,结合国家标准规定的排放标准,让学生用已经学过的溶度积知识计算真实数据,让学生感受用化学知识可以更加细化地解决实际问题,培养学生严谨的科学态度,提升学生社会责任感。

【任务2】沉淀的溶解。

【活动3】从$CuSO_4$溶液、NaOH溶液、盐酸、饱和$(NH_4)_2SO_4$溶液、CH_3COONH_4溶液、氨水中选择合适的试剂,设计让$Cu(OH)_2$固体溶解的实验方案(完成表5-50)。

表5-50　Cu(OH)₂固体溶解的实验方案

编号	1	2	3	4
加入试剂				
实验现象				
原理解释				

【学生活动】小组讨论,设计方案,展示方案。

【小组1】用盐酸和饱和$(NH_4)_2SO_4$溶液来溶解$Cu(OH)_2$沉淀,因为$(NH_4)_2SO_4$水解后溶液呈酸性,溶液中的H^+和$Cu(OH)_2$固体溶解产生的OH^-结合,$Cu(OH)_2$固体溶解平衡正向移动使其溶解。

【小组2】用盐酸、饱和$(NH_4)_2SO_4$溶液和CH_3COONH_4溶液来溶解$Cu(OH)_2$沉淀。因为饱和$(NH_4)_2SO_4$溶液和CH_3COONH_4溶液中的NH_4^+和$Cu(OH)_2$固体溶解产生的OH^-结合生成$NH_3 \cdot H_2O$,从而使$Cu(OH)_2$固体溶解。

【引导互评】请各小组用实验验证所设计的方案的可行性,并分析原理。

【小组2】中性的CH_3COONH_4溶液能使$Cu(OH)_2$固体溶解,证明饱和$(NH_4)_2SO_4$溶液使$Cu(OH)_2$固体溶解的原理不是因为其水解呈酸性,而是其溶液中的NH_4^+和$Cu(OH)_2$固体溶解产生的OH^-结合生成了$NH_3 \cdot H_2O$,从而使$Cu(OH)_2$固体溶解。

【即时点评】通过实验验证和原理分析,小组2的同学分析的原理是正确的。

设计意图:通过控制变量,设计对比实验验证实验原理,激发学生的学习兴趣,培养学生严谨的科学态度和创新意识。

【追问】在实验过程中,大家可以看到用盐酸溶解$Cu(OH)_2$沉淀后的溶液颜色和用饱和$(NH_4)_2SO_4$溶液、CH_3COONH_4溶液溶解$Cu(OH)_2$沉淀后的溶液颜色不一样,同学们知道原因吗?

【各小组】讨论后,回答"不知道原因"。

【引导学生】请各小组把氨水加入$Cu(OH)_2$沉淀中并观察现象。

【学生活动】认真实验后,回答"氨水也可以使$Cu(OH)_2$沉淀溶解,实验现象和饱和$(NH_4)_2SO_4$溶液、CH_3COONH_4溶液使$Cu(OH)_2$沉淀溶解的一样"。

【解释说明】氨水使$Cu(OH)_2$固体溶解的原理为:$Cu(OH)_2(s)+4NH_3 \cdot H_2O =\!=\!= [Cu(NH_3)_4]^{2+}+2OH^-+4H_2O$,实验现象和饱和$(NH_4)_2SO_4$溶液、$CH_3COONH_4$溶液使$Cu(OH)_2$固体溶解的一样,进一步证明饱和$(NH_4)_2SO_4$溶液、$CH_3COONH_4$溶液使$Cu(OH)_2$固体溶解的原理为:$NH_4^+ + OH^- =\!=\!= NH_3 \cdot H_2O$,$Cu^{2+}+4NH_3 \cdot H_2O =\!=\!= [Cu(NH_3)_4]^{2+}+4H_2O$。

设计意图:培养学生创新意识和严谨的科学态度。

【任务3】沉淀的转化

【活动4】已知25 ℃时,$K_{sp}[Cu(OH)_2]=2.2×10^{-20}$,$K_{sp}(CuS)=1.3×10^{-36}$,让各小组设计实验方案验证①和②,并回答③:

①$Cu(OH)_2$沉淀能否转化为CuS沉淀?

②CuS沉淀能否转化为$Cu(OH)_2$沉淀?

③为什么?

【学生活动】小组讨论,设计实验,实验验证,讨论原因并汇报。

【小组1】$Cu(OH)_2$沉淀能转化为CuS沉淀,但CuS沉淀不能转化为$Cu(OH)_2$沉淀,因为$Cu(OH)_2$溶解度比CuS溶解度大。

【教师活动】点评实验方案,肯定学生答案,引导学生从沉淀转化反应平衡常数K的角度对实验结果进行再分析。根据K值的意义:当某反应的$K>10^5$时,通常认为该反应可以进行,当某反应$K<10^{-5}$时,认为该反应很难进行。

展示:$Cu(OH)_2(s)+S^{2-} \rightleftharpoons CuS(s)+2OH^-$

$$K_1 = \frac{C_{平}^2(OH^-)}{C_{平}(S^{2-})} = \frac{C_{平}^2(OH^-) \cdot C_{平}(Cu^{2+})}{C_{平}(S^{2-}) \cdot C_{平}(Cu^{2+})} = \frac{K_{sp}[Cu(OH)_2]}{K_{sp}(CuS)} = \frac{2.2 \times 10^{-20}}{1.3 \times 10^{-36}} = 1.7 \times 10^{16}$$

$CuS(s)+2OH^- \rightleftharpoons Cu(OH)_2(s)+S^{2-}$

$$K_2 = \frac{K_{sp}(CuS)}{K_{sp}[Cu(OH)_2]} \approx 6 \times 10^{-15}$$

$K_1>10^5$,所以$Cu(OH)_2$沉淀能转化为CuS沉淀;而$K_2<10^{-5}$,所以CuS沉淀不能转化为$Cu(OH)_2$沉淀。

设计意图:沉淀转化是重难点问题,引导学生从沉淀转化反应平衡常数K理解平衡转化,有助于学生理解记忆,也为接下来任务的深层次思考和沉淀溶解实质的理解做好铺垫。

【活动5】已知溶度积大的物质可以转化为溶度积小的物质,那么溶度积小的物质可以转化为溶度积大的物质吗?根据以下沉淀溶解平衡分析:

$BaSO_4(s) \rightleftharpoons Ba^{2+} + SO_4^{2-}$ $K_{sp} = 1.1 \times 10^{-10}$

$BaCO_3(s) \rightleftharpoons Ba^{2+} + CO_3^{2-}$ $K_{sp} = 5.1 \times 10^{-9}$

【学生活动】小组讨论,计算相关转化方程式的K值,并展示:

$BaSO_4(s) + CO_3^{2-} \rightleftharpoons BaCO_3(s) + SO_4^{2-}$

$$K_3 = \frac{K_{sp}(BaCO_3)}{K_{sp}(BaSO_4)} = 46.36$$

$$BaCO_3(s) + SO_4^{2-} \rightleftharpoons BaSO_4(s) + CO_3^{2-}$$

$$K_4 = \frac{K_{sp}(BaSO_4)}{K_{sp}(BaCO_3)} = 0.02$$

K_3和K_4均大于10^{-5}，所以两者可以相互转化。

【追问】当两沉淀的溶度积相差在10^5以内，一定可以互相转化吗？

分析以下例子：向$BaSO_4$沉淀中加入20 mL浓度为10^{-6} mol/L的Na_2CO_3溶液，是否有$BaCO_3$沉淀生成？

【学生活动】小组讨论，认真计算，并展示：由$K_{sp}(BaSO_4) = 1.1 \times 10^{-10}$可知，$c(Ba^{2+}) = \sqrt{K_{sp}(BaSO_4)} = \sqrt{1.1 \times 10^{-10}}$ mol/L，又$c(CO_3^{2-}) = 10^{-6}$ mol/L，故$Q(BaCO_3) = c(Ba^{2+}) \times c(CO_3^{2-}) = 1.05 \times 10^{-11} < K_{sp}(BaCO_3) = 5.1 \times 10^{-9}$，所以没有沉淀生成。

【追问】通过任务4和任务5的解决，你能否归纳出沉淀转化的判断依据？

【小组1】比较两种沉淀的溶度积常数，如果两者的溶度积常数相差在10^5以内，可以相互转化，如果相差在10^5以上，则难以相互转化。

【小组2】沉淀转化K值只能判断沉淀转化的可能性，沉淀转化是否实际发生，取决于浓度熵（Q）和浓度积常数（K_{sp}）的相对大小。若$Q>K_{sp}$，则可以转化，若$Q<K_{sp}$，则不能转化。

【教师活动】同学们回答得非常好，K值大小判断的是沉淀转化的趋势，最终沉淀转化是否实现，要判断Q与K_{sp}的关系。

设计意图：沉淀转化是这节课的重难点问题，通过实验验证和问题串帮助学生理解沉淀转化的本质，构建沉淀转化模型，并通过实验和计算双重验证，帮助学生深层次理解沉淀转化本质。

【活动6】在ZnS沉淀中加入0.01 mol/L的$CuSO_4$溶液，ZnS可以转化为CuS吗？[$K_{sp}(ZnS)=1.6\times10^{-24}$，$K_{sp}(CuS)=1.3\times10^{-36}$]

【学生活动】计算并汇报。

【教师活动】点评并引导学生学习课本"迁移·应用"栏目的在工业废水处理过程中加入含S的沉淀剂等知识。

设计意图：回归到教材内容，让学生学以致用，提升利用已学知识解决实际问题的能力，渗透"科学态度与社会责任"核心素养。

(七)教学评价(表5-51)

表5-51 教学评价表

目标	任务	问题	评价方法
目标1	任务1	问题1	引导生生互评,教师即时点评
		问题2	引导学生互评,优化方案
目标2	任务2	问题3	讨论与合作,教师点评并优化方案
目标3	任务3	问题4	教师通过观察学生实验,即时点评
		问题5	自主合作研讨,学生小组展示
		问题6	自主合作,小组展示

案例3(化学实验):探究氢氧化亚铁的制备

(一)项目的简要说明

在《普通高中化学课程标准(2017年版2020年修订)》中,"氢氧化亚铁的制备"是主题2"常见的无机物及其应用"的"学习活动建议"之一,该实验旨在引导学生了解$Fe(OH)_2$易被空气中O_2氧化的事实,控制实验条件,探究灰绿色成分产生的原因,设计无氧条件,完善实验方案,完成$Fe(OH)_2$制备,培养学生严谨求实的科学态度,激发创造性思维。

(二)学情分析

学生已具备物质分类、离子方程式书写、氧化还原反应等基本知识,可以从"价—类"二维的角度分析制备物质的原理和方法。在学习了铁及其化合物性质之后,知道亚铁盐具有还原性易被氧化,知道检验二价铁和三价铁的方法。学生在学习了配制一定物质的量浓度之后,会选择合适的仪器和装置进行实验。学生能够利用控制变量法,设计实验方案,调控实验条件。在教学中,制备白色的氢氧化亚铁沉淀,避免灰绿色沉淀的产生,同学生的预测和猜想形成认知冲突。在选择合适的有机液封试剂和舒伦克线无氧环境的操作程序的教学中,发展学生科学探究意识。

(三)学科大概念与知识层级(表5-52)

表5-52 "探究氢氧化亚铁的制备"大概念与知识层级表

学科大概念	化学实验三要素		
次级大概念	实验原理	实验装置	实验操作及相互关系
学科知识	实验室制备$Fe(OH)_2$的方法,配制$FeSO_4$溶液的方法	容量瓶的使用,设计有机物液封装置采用制备$Fe(OH)_2$	配制溶液,选择合适的有机溶剂
项目任务	从"价—类"二维角度分析制备原理	控制变量法设计制备方案	无氧条件的设计与推进

(四)设计任务教学目标

(1)任务教学目标

①通过铁及其化合物的"价—类"二维图,从物质分类观和价态观分析制备 $Fe(OH)_2$ 的方法,根据实验室常见的亚铁盐和常见的碱,选择合适的制备方法。通过分析相关资料和小组交流研讨,得出实验室制备 $Fe(OH)_2$ 的方法,让学生形成设计物质制备方法的一般程序。

②通过对灰绿色成分进行预测,观察 $FeSO_4$ 和 NaOH 互滴实验中实验现象的不同。利用控制变量法,探究不同浓度 $FeSO_4$ 和 NaOH 反应产生的实验现象的差异,并通过相关溶液的配制,了解定性实验和定量实验的区别。

③通过设计有机层覆盖隔绝氧气,分析选择有机试剂的条件,发展学生提出假设—设计实验方案—实施实验—归纳得出结论的科学探究能力,加强控制变量的实验思想。

④通过无氧条件舒伦克线原理的分析和展示,知道灰绿色的成分是 $Fe(OH)_2$ 歧化产生的混合物,理解在有氧或者无氧条件下产生灰绿色成分都是必然的过程。让学生充分调用学科知识,发展系统思维和解决实际问题的综合能力。

(五)任务学习流程设计(表5-53)

表5-53　教学具体流程

项目任务	驱动问题	项目活动	基于大概念素养的目标
任务1:从"价—类"二维角度寻找制备氢氧化亚铁的原理	(1)从"价—类"二维角度,分析如何制备 $Fe(OH)_2$ (2)如何选择合适的试剂制备 $Fe(OH)_2$	(1)课前,了解制备 $Fe(OH)_2$ 的方法 (2)课上,讨论选择不同试剂制备 $Fe(OH)_2$ 的优缺点 (3)课后,梳理知识,形成制备一般物质的思路和方法	(1)理解从物质类别和价态角度设计合成物质的方法 (2)从物质溶解度等物理化学性质角度选择试剂

续表

项目任务	驱动问题	项目活动	基于大概念素养的目标
任务2:溶液的配制和实验装置的选择	(1)猜想灰绿色物质是Fe^{2+}包裹在$Fe(OH)_2$沉淀表面造成的,如何设计实验方案,证明这个猜想 (2)在有氧条件下会迅速产生灰绿色沉淀,沉淀的产生和什么有关 (3)配制$FeSO_4$溶液应该注意的事项有哪些,如何配制质量分数为30%的NaOH溶液 (4)如何根据有机溶剂的溶解性和物理性质选择合适的液封试剂	(4)课上,小组探究设计实验方案 (5)课上,开展分组实验,观察不同反应物浓度对沉淀颜色的影响 (6)课上,配制$FeSO_4$和NaOH溶液 (7)课上,分析、讨论不同有机试剂对液封的影响 (8)课后,查阅制备$Fe(OH)_2$的其他方法	(3)从特殊的实验现象推测物质的可能组成 (4)根据实验原理,设计实验方案 (5)根据有机物的性质,选择合适溶剂
任务3:在无氧环境下制备$Fe(OH)_2$和探究灰绿色物质成分	(1)如何设计在无氧环境下制备$Fe(OH)_2$的方案 (2)舒伦克线怎么进行无氧操作 (3)无氧条件下,依然会产生灰绿色沉淀,沉淀的组成可能和什么有关	(9)课上,小组讨论,根据舒伦克线的原理,分析其形成无氧环境的方法 (10)课上,根据在无氧条件下依然产生灰绿色沉淀的现象,分析沉淀的组成和产生的原因 (11)课后,梳理知识,形成制备物质、无氧条件调控的一般思路和方法	(6)建立设计无氧实验条件的思路和方法 (7)应用物质性质及化学反应解决问题,根据问题解决的需要,初步形成制备物质的综合视角

(六)任务式学习的实施

"探究氢氧化亚铁的制备"项目包括3个任务,共1课时,具体教学流程如表5-53所示。

通过完成这3个任务,学生在探究制备$Fe(OH)_2$的过程中,遵循实验室制备物质的程序和方案,从实验原理的确定、实验试剂的选择、实验仪器的选择、实验方案的设计,以及实验过程中的相关操作和方法等角度出发,建立制备物质的一般思路和方法,从实验安全、科学探究、方案设计等综合视角,系统分析制备$Fe(OH)_2$的方法和程序,提升学生"科学探究与创新意识"学科核心素养,培养学生从单一体系到复杂体系,解决复杂问题的关键能力。教学实录如下。

任务1:从"价—类"二维角度寻找制备氢氧化亚铁的原理

【教师】$Fe(OH)_2$的制备是《普通高中化学课程标准(2017年版2020年修订)》中"常见的无机物及其应用"的"学习活动建议"之一,在教材中,描述氢氧化钠溶液和氯化亚铁溶液反应的现象是先为白色沉淀,迅速变为灰绿色,最终变为红棕色。从"价—类"二维角度,根据相关信息,选择合适的试剂,制得白色的$Fe(OH)_2$沉淀。

【资料1】铁及其化合物的"价—类"二维示意图,如图5-43所示。

【资料2】实验室常见的亚铁盐和碱的相关信息,如表5-54所示(需由学生填写完整)。

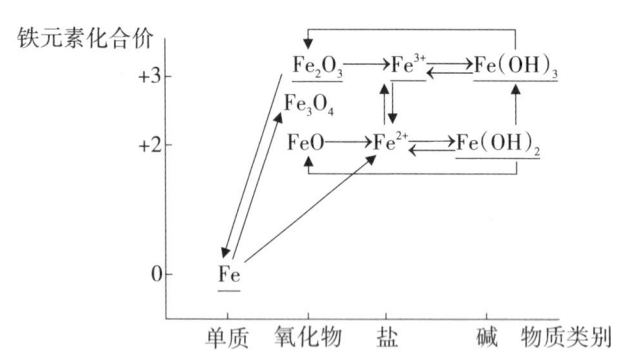

图5-43 铁及其化合物的"价—类"二维图

表5-54 常见亚铁盐和碱的相关信息

物质名称	化学式	摩尔质量/g·mol⁻¹
七水合硫酸亚铁		
四水合氯化亚铁		
化学式	溶解度(20 ℃)	质量分数
NaOH	109 g	
$Ca(OH)_2$	0.17 g	
物质名称	化学式	电离方程式
	$NH_3·H_2O$	

【学生1】从"价—类"二维的角度选择亚铁盐和碱制备$Fe(OH)_2$。

【追问】从溶液配制的浓度范围角度和环保角度,选择哪种碱比较合适?

【学生2】选择NaOH。

【教师】应该怎样调控,才能得到白色的$Fe(OH)_2$沉淀?

【学生3】减缓或避免生成灰绿色的物质。

任务2：溶液的配制和实验装置的选择

【教师】有同学猜想灰绿色的物质是Fe^{2+}包裹在白色沉淀表面形成的物质，是$Fe(OH)_2$的水合物。如何设计实验方案，探究$FeSO_4$和NaOH的互滴实验中不同滴加顺序和浓度对$FeSO_4$和NaOH反应产生的灰绿色沉淀的影响？

【学生】小组讨论并汇报，如图5-44和表5-55所示，设计不同滴加顺序和浓度对灰绿色沉淀的影响。预测第4组的实验现象为看到长时间的白色沉淀。

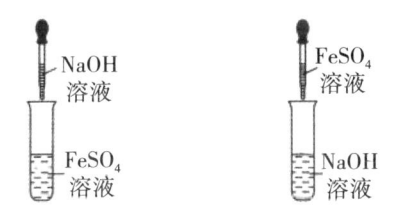

图5-44　$FeSO_4$和NaOH的互滴实验

表5-55　控制变量法设计不同浓度$FeSO_4$和NaOH的实验

实验序号	NaOH溶液浓度/mol·L^{-1}	$FeSO_4$溶液浓度/mol·L^{-1}	预测实验现象
第1组	6	0.5	
第2组	6	0.2	
第3组	6	0.1	
第4组	8	0.1	

【教师】如何配制100 mL一定浓度的$FeSO_4$溶液？配制过程中应该注意的事项有哪些？怎样检验$FeSO_4$溶液配制成功了？

【资料3】已知 $Fe^{2+}+2H_2O \rightleftharpoons Fe(OH)_2+2H^+$

【小组1汇报】用100 mL容量瓶、电子天平等仪器、设备配制不同浓度的$FeSO_4$溶液，根据资料3和Fe^{2+}具有很强的还原性可知，在配制溶液时要加入铁粉和稀硫酸。

【小组2汇报】往配制的$FeSO_4$溶液中加入KSCN溶液，根据溶液颜色是否变红来检验$FeSO_4$溶液是否配制成功。

【小组活动】分小组配制不同浓度的$FeSO_4$溶液和NaOH溶液，观察并记录实验现象。

【小组推测】第4组实验中，将低浓度的$FeSO_4$溶液滴入高浓度NaOH溶液中，实验现象依然是迅速产生灰绿色沉淀，说明沉淀不是简单的$Fe(OH)_2$的水合物，可能和Fe^{2+}被氧化为Fe^{3+}有关。

【教师追问】如何在原有的实验的基础上改进实验,避免Fe^{3+}的干扰?

【学生】将$FeSO_4$溶液和NaOH溶液煮沸除去氧气,在试管上方加入有机试剂隔离空气。

【资料4】已知不同有机溶剂的密度、溶解性、毒性,如表格5-56所示。

表5-56　不同有机溶剂的密度、溶解性、毒性和挥发性等数据表

物质	密度/g·cm^{-3}	是否溶于水	毒性和挥发性	颜色
乙醇	0.78	易溶	无毒,易挥发	无色
苯	0.88	不溶	有毒,易挥发	无色
CCl_4	1.60	不溶	有毒,易挥发	无色
CS_2	1.26	不溶	有毒,易挥发	无色
花生油	约为0.90	不溶	无毒,不易挥发	淡黄透明
正己烷	0.65	不溶	无毒,易挥发	无色

【小组汇报】根据有机溶剂的相关数据,选择正己烷进行液封,便于观察实验现象。实验现象如图5-45所示。

图5-45　正己烷液封后的实验现象

【推测】正己烷液封时,能看到白色沉淀,但是30 s后又转变为灰绿色,猜测在实验过程中依然有部分Fe^{2+}被氧化。

任务3:在无氧环境下制备$Fe(OH)_2$和探究灰绿色物质成分

【教师】展示舒伦克线装置示意图,如图5-46所示。

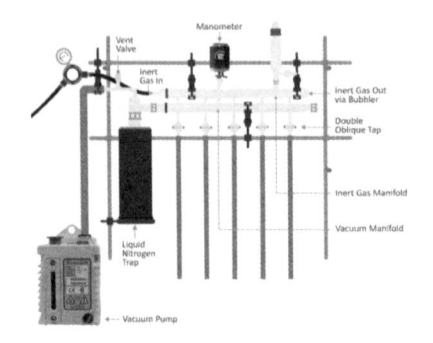

图5-46　舒伦克线装置示意图

【小组讨论】根据舒伦克线装置示意图,分析创造无氧环境的程序和方法为:先抽真空,再通氮气。

【资料】采用舒伦克线制备的Fe(OH)$_2$,短时间看到白色沉淀后,依然产生灰绿色沉淀,如图5-47所示。

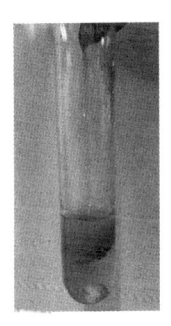

图5-47 舒伦克线制备的Fe(OH)$_2$

【小组分析】在有氧和无氧条件下,都有灰绿色沉淀产生,说明灰绿色沉淀是必然结果,推测可能和Fe(OH)$_2$的性质有关系。

【资料】Fe(OH)$_2$分解的方程式为Fe(OH)$_2$=FeO+H$_2$O;

FeO分解的方程式为4FeO=Fe+Fe$_3$O$_4$:

灰绿色的物质为复杂的混合物,由Fe、FeO和Fe$_3$O$_4$组成,在无氧和有氧条件下成分组成不同,但是都会由白色转变为灰绿色。

【课下任务】查阅Fe(OH)$_2$的结构,从不同视角分析产生灰绿色物质的原因,展示项目成果。

五 项目式学习教学评价

"探究氢氧化亚铁的制备"的教学评价如表5-57所示。

表5-57 教学评价

任务	项目活动	评价方法
任务1:从价类二维中寻找制备氢氧化亚铁的原理	(1)(2)(3)	通过分组讨论和展示,学生互评、提问,寻找制备氢氧化亚铁的原理
任务2:溶液的配制和实验装置的选择	(4)(5)(6)(7)(8)	通过分组讨论和展示,以及学生互评、教师提问、实验,建构氢氧化亚铁的制备方法等知识

续表

任务	项目活动	评价方法
任务3:在无氧环境下制备 $Fe(OH)_2$ 和探究灰绿色物质成分	(9)(10)(11)	通过对无氧环境设计等问题进行讨论,学生能整理出定性制备物质的思路和方法;小组展示和汇报,与互评、自评、师评相结合,在评价中引导,在引导中提高,不断优化低碳行动方案,提高合作能力,逐渐形成处理问题的能力,并在参与科学探究的议题中,提高创新意识和能力

案例4(社会议题):还原法脱硫的工业可行性研究

(一)任务的简要说明

本任务依据课程标准,选取工业脱硫这一社会热点问题,适用于"化学反应原理"学习后的复习课教学。真实情境有助于学科素养的落实,首先是因为 SO_2 及其化合物知识是高中化学必修1的重要内容,学生对 SO_2 的转化较为熟悉;其次是因为解决 SO_2 的排放是重要的环境课题,体现了化学与环境的重要关联,凸显了化学学科的社会价值;再次是"CO还原法脱硫"反应蕴含着丰富的学科本体素材,如表面催化反应机理的探究,值得深入挖掘;最后本节课从学生熟悉的物质 SO_2 入手,并不止步于复习元素及其化合物的性质,而是以"CO还原法脱硫"为载体,通过探究该法的工业可行性,从而覆盖"化学反应原理"模块所涉及的"反应方向、平衡移动、反应限度、反应速率、反应机理"等核心知识。

(二)学情分析

学生已具备物质分类和氧化还原等知识,基本可以从"价—类"二维的视角来设计 SO_2 的转化路径;学生具有化学热力学和动力学的相关知识背景,能够从反应的自发性、化学平衡的移动、反应速率的提高、催化剂的使用等视角来研究某个转化的可行性;学生在学习了"物质结构"的基础上,对反应的微观变化过程有了一定的分析推理能力。但关于以上这些知识能力水平,学生还停留在教材中所提及的某物质转化或某反应的优化等比较碎片化的知识中。面对一个真实的工业情境,综合地应用这些知识来预测、分析、推理和解决问题,需要有较强的知识整合能力、分析推理能力等解决问题的综合能力,在这些方面学生还处于摸索阶段。

(三)大概念与知识层级的关系(表5-58)

表5-58 "还原法脱硫的工业可行性研究"学科大概念和知识层级表

大概念	化学变化是有条件的(变化观念与平衡思想)				
学科大概念	氧化还原反应	离子反应	反应的方向	化学平衡	反应速率
次级大概念	氧化还原反应规律	沉淀、酸碱、络合……	自发、不自发	平衡移动、平衡常数	影响因素、速率方程
项目任务	空气中SO_2污染物的消除路径设计 消除空气中SO_2污染物的工业可行性分析				

(四)教学目标

①通过开展CO还原法脱硫项目,认识到化学在缓解人类面临的环境问题中发挥的重要作用,增强学科理解力和社会责任感。在项目活动中,引导学生发现问题、获取信息,进行有依据的解释和推理,培养学生的化学探究能力。

②能从热力学和动力学视角出发,对CO还原法脱硫项目进行工业可行性分析,构建解决"物质转化的工业可行性分析"问题的思维模型。

③通过对催化剂表面反应机理的探究,能从微观角度分析反应历程中物质转化路径,运用相关化学符号描述反应机理,并能基于实验数据和催化机理对催化剂性能的优劣进行评价并解释。

(五)任务学习流程设计(表5-59)

表5-59 教学流程表

项目任务	驱动问题及项目活动主题	基于大概念素养目标
任务1:还原法脱硫的意义与价值	(1)如何将SO_2转化为S (2)干法脱硫,有哪些合适的还原剂	目标1:体验化学在解决环境问题上的重要作用,发展科学态度与社会责任素养
任务2:从热力学视角探究"CO还原法脱硫"可行性	(3)分析反应的自发性 (4)分析反应进行的限度 (5)如何提高反应的限度	目标2:形成用热力学理论分析反应自发性的视角,建构实现物质转化的热力学模型
任务3:动力学视角探究"CO还原法脱硫"可行性	(6)分析反应进行的速率 (7)如何提高反应的速率 (8)如何选择合适的催化剂	目标3:形成动力学理论分析反应的视角,发展学生"证据推理与模型认知"素养
任务4:探究"CO还原法脱硫"催化反应机理	(9)从催化剂的"吸附"和"脱附"角度评析催化性能 (10)分析机理,探究FeS具有优异催化性能的原因	目标4:构建对催化剂表面反应的分析模型,构建对催化剂问题的分析角度与解决思路模型

续表

项目任务	驱动问题及项目活动主题	基于大概念素养目标
任务5:梳理总结	(11)建构分析化学物质转化及工业可行性分析的一般思路	目标5:建构真实情境下化学转化可行性分析的一般思路,并迁移应用解决其他物质转化问题,有助于学生从学科大概念的高度来统摄化学学习

(六)任务式学习的实施

任务1:还原法脱硫的意义与价值

【情境】我国的能源构成以煤炭为主,煤炭燃烧产生的SO_2对环境有很严重的污染。单质硫在我国工业生产中占有重要的地位,而我国硫黄矿匮乏,每年要花费巨额资金进口硫黄。据此,探讨如何脱除烟气中的SO_2。

【设疑】如何将SO_2转化为S?

【学生】加入H_2S、Na_2S等还原剂。

【教师】烟气脱硫技术分为干法、半干法、湿法三大类。干法脱硫由于其工艺简单、设备投资小、运行成本低、无二次污染、无腐蚀和结垢问题,是目前新型工业脱硫技术的研究方向。

【追问】干法脱硫,有哪些合适的还原剂呢?

【学生】C、CO、H_2等。

【过渡】CO是烟气中的成分之一,来源方便。如果CO可用于工业脱除烟气中的SO_2,就可以达到以废治废的目的,具有广阔的工业应用前景。CO还原脱除烟气中的SO_2是否可行呢?

任务2:从热力学视角探究"CO还原法脱硫"可行性

【资料】$2CO(g)+SO_2(g) \Longleftrightarrow 2CO_2(g)+S(s)$ $\triangle H=-270 \text{ kJ}\cdot\text{mol}^{-1}$,$\triangle S=-184 \text{ J}\cdot\text{mol}^{-1}\cdot\text{K}^{-1}$。

【学生】根据$\triangle G=\triangle H-T\triangle S<0$,该反应在常温常压下可自发进行。

【追问】当温度到达450 ℃时,硫以气态存在,高温条件下该反应可自发进行吗?

【学生】当硫以气态存在时,反应$\triangle S$变化很小,且该反应$\triangle G<0$,反应仍可自发。

【资料】在一定条件下,实验室测得不同CO/SO_2进料比(R)下反应的热力学平衡产物分布如图5-48。发生如下反应:①$2CO(g)+SO_2(g) \Longleftrightarrow 2CO_2(g)+S(g)$

$\triangle H<0$；$CO(g)+S(g) \rightleftharpoons COS(g)$ $\triangle H<0$；③$2COS(g)+SO_2(g) \rightleftharpoons 2CO_2(g)+3S(g)$ $\triangle H<0$。

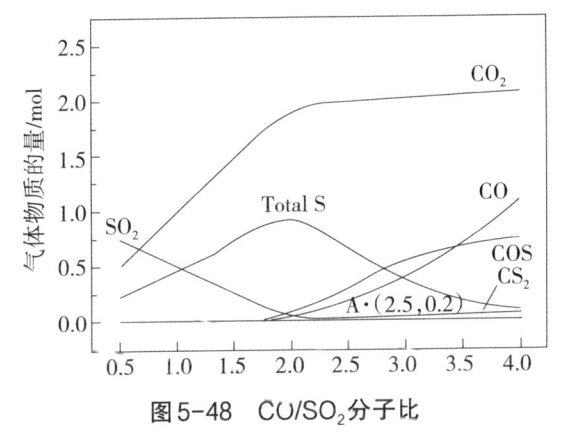

图 5-48　CO/SO$_2$ 分子比

【设疑】COS是一种比SO$_2$毒性还大的气体。你会如何选择温度条件？

【学生】低温下可提高SO$_2$脱除率，但又需要在高温条件下抑制COS的生成。

【教师分析】在这种情况下，我们需要考虑主、副反应的反应限度，以及温度对平衡的影响。

【学生】进料比$R=2$时，产物基本为CO$_2$和S，说明反应①正向进行程度很大。根据A点计算，$K_2=2.1$，推测相同温度下K_1远远大于K_2、K_3。

【学生汇报】高温下SO$_2$脱除反应进行限度很大，高温抑制COS的生成，且整体反应速率也较快，综合分析，选择高温条件更优。

任务3：从动力学视角探究"CO还原法脱硫"可行性

【资料】在工业生产中，烟气排放的温度一般在200~400 ℃，排放量巨大，每秒约有几百万立方米，但其中SO$_2$的浓度却很低。在这种高空速、低浓度的条件下，SO$_2$需要快速反应以达到排放的浓度要求。

【问题】根据CO脱硫反应的特点和工业生产实际，提出合理的工业化应用条件。

【学生】若能在烟气排放的温度范围内完成还原脱硫，不需额外加热或冷却，可减少工艺流程及能耗。工业生产中需显著提升脱硫反应速率，同时抑制COS的生成。因此要实现CO还原脱硫的工业化应用，选择合适的催化剂是最有效的途径。

【过渡】研究表明，CO还原脱硫反应中，常以Al$_2$O$_3$为载体，选择Fe、Cu、Co、Ni等过渡金属硫化物（以下简单表示为MS的形式）作为催化剂。

【问题】在一定条件下测得,Al₂O₃负载的FeS(1)、CuS(2)、CoS(3)、NiS(4)对SO₂还原脱硫反应的催化性能如图5-49所示(从左到右分别是a、b、c),其中$X(SO_2)$表示SO₂转化率,$S(SO_2)$表示SO₂选择性,$Y(S)$表示硫收率,请选择合适的催化剂。

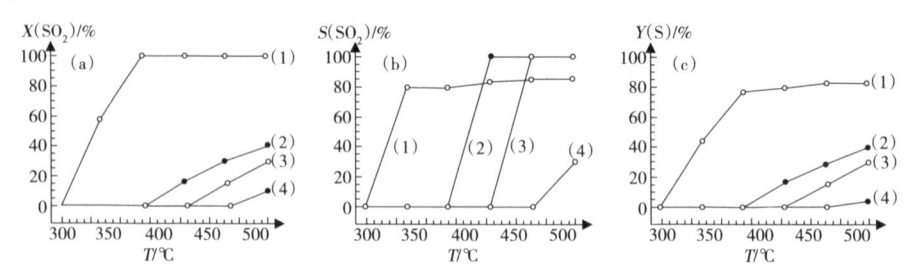

图5-49 Al₂O₃负载的FeS、CuS、CoS、NiS对SO₂还原脱硫反应的催化性能

【学生汇报】由图a可知,FeS从300 ℃开始起催化作用,温度升高后活性迅速升高,380 ℃下SO₂可全部还原;由图b可知,350 ℃上FeS的选择性可超过80%;由图c可知,FeS上硫收率远高于其他几种硫化物。综合评价,FeS的催化性能远优于其他几种催化剂。

任务4:探究"CO还原法脱硫"的催化反应机理

【教师】科学研究中通常会分析反应过程中催化剂的质量变化,以推测反应物在催化剂表面的"吸附"和"脱附"过程,并从该角度对催化性能进行评价。

【问题】比较SO₂在四种催化剂表面吸附和脱附的过程(图5-50),评价它们的吸附和脱附性能。

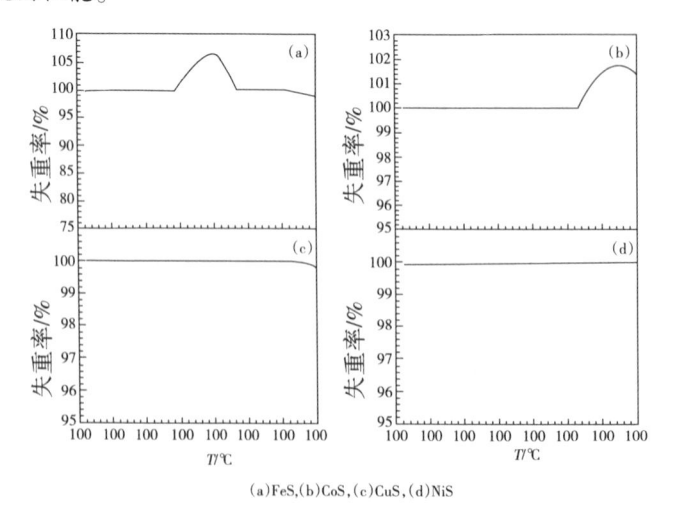

(a)FeS,(b)CoS,(c)CuS,(d)NiS

图5-50 过渡金属硫化物上SO₂的吸附曲线

【学生汇报】从370 ℃起,FeS对SO_2表现出较强的吸附能力,随着温度的升高吸附量不断增加,到510 ℃时SO_2吸附量达到最大值。吸附饱和后,随着温度的继续升高,SO_2吸附量开始减少,580 ℃时全部脱附,此后催化剂质量基本恒定在初始值。而CoS在脱附基本结束时,仍有大量的SO_2吸附在催化剂上。CuS和NiS的曲线类似,没有明显的吸附增量现象。SO_2在FeS催化剂表面能顺利的吸附和脱附,有利于SO_2发生催化反应。

【过渡】接下来我们通过对催化机理的分析,进一步探究FeS具有优异催化性能的原因。

【问题】过渡金属硫化物催化CO还原SO_2的机理如图5-51所示,试着解释该催化反应的历程。

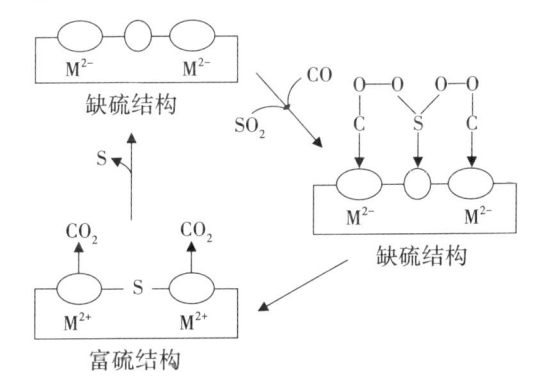

图5-51 过渡金属硫化物催化CO还原SO_2的反应机理

【学生汇报】当SO_2和CO同时吸附于催化剂表面时,CO结合SO_2中的氧生成CO_2并释放,使催化剂由缺硫结构变为富硫结构,富硫结构的催化剂将S释放,催化剂又转变为缺硫结构,通过这种动态变换而实现CO还原SO_2的过程。

【设疑】在催化过程中,什么因素会影响催化速率?

【学生】可能是缺硫结构和富硫结构之间的切换过程。

【追问】为什么Fe、Co、Ni、Mn的硫化物会是常用的催化剂?

【学生】可能是这几种金属元素都有变价元素,有利于形成多种硫化物。

【问题】从表5-60中可知,不同催化剂在反应前后含硫量不同,这是否影响催化效率?

表5-60 SO_2还原脱硫反应前后催化剂的物相

催化剂	反应前	反应后
FeS	Fe_7S_8	Fe_7S_8、FeS_2
CoS	Co_9S_8、Co_6S_5	Co_9S_8、Co_6S_5
CuS	Cu_2S、$Co_{1.96}S$	Cu_2S、$Cu_{1.96}S$
NiS	NiS、Ni_7S_6	NiS
MnS	MnS	MnS

【学生】不同催化剂在反应前后含硫差异越大,说明该催化剂对硫的存储和释放能力越好。在这几种催化剂中,FeS的缺硫和富硫结构具有最大的含硫差异。

【小结】FeS对SO_2的吸附和脱附性能较好,且FeS的缺硫和富硫结构具有较大的含硫差异。因此,FeS在这几种催化剂中具有最高的催化活性。

【教师】一种催化剂从实验室研制到工业化生产通常需要数年时间,是一项十分艰巨的工作。绝大多数的烟气中都含有3%~5%的氧气,氧气的存在使催化剂易中毒、使用寿命不长。用于CO还原脱硫的高效、高选择性、高稳定性的催化剂还在不断研发中。

任务5:梳理总结

【师生归纳】从CO还原法脱硫的工业可行性分析的过程中,抽提出解决此类问题的一般思路:根据需要解决的真实性问题,寻找物质转化的路径,并运用工程思维预测较为合理的转化路径,针对此转化问题,分别从热力学和动力学视角分析,包括从反应的自发性、主反应和副反应的限度、反应速率、催化剂的选择等方面进行层层递进的分析,寻找最优的解决方案,最后从催化剂机理方面进行分析和解释,从而构建出较为完整的物质转化的工业可行性分析的思维模型,如图5-52所示。

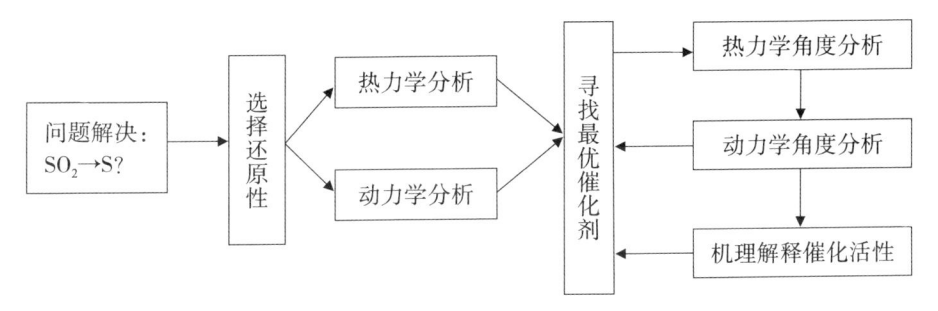

图5-52 物质转化的工业可行性分析的思维模型

(七)任务式学习教学评价(表5-61)

表5-61 教学评价表

目标	任务	活动	评价方法
目标1	还原法脱硫的意义与价值	活动(1)(2)	通过分组讨论、展示、学生互评、教师提问,了解学生对解决SO_2环境问题的思考
目标2	从热力学视角探究"CO还原法脱硫"可行性	活动(3)(4)(5)	通过分组讨论、展示、学生互评、教师提问,学生分析SO_2消除路径,及能从反应自发性、化学平衡及绿色化学的视角分析用CO进行脱硫的工业可行性
目标3	从动力学视角探究"CO还原法脱硫"可行性	活动(6)(7)(8)	通过分组讨论、展示、学生互评、教师提问,学生能从生产实际出发,分析用CO进行脱硫的反应速率及提高速率的可行方法
目标4	探究"CO还原法脱硫"的催化反应机理	活动(9)(10)	通过分组讨论、教师点拨、科学探究,评估多种催化剂的性能及其机理
目标5	梳理总结	活动(11)	小组展示和汇报,与互评、自评、师评相结合,在评价中引导,在引导中提高,不断优化CO还原法脱硫的方案,发展合作能力,逐渐形成处理问题的能力,并在参与社会议题中,提高社会责任感

第六章

精鉴：简约化学的评价依据

美国课程专家波帕姆曾说，课程、教学和评价是教育这一游戏中三个最重要的竞技场[①]。离开评价的课程和教学是不全面的，评价是推动课程教学改革的关键。

《普通高中化学课程标准(2017年版2020年修订)》提出教师应积极探索"教、学、评"活动有机结合的有效途径、方式和策略。这对习惯了重视"教什么""怎么教"，而鲜少关注"学得如何""如何学得更有效"的中学教师而言，他们在理念和实践上都面临很多挑战。因此教师要树立化学课堂教学新的评价理念，探索简约的评价方法，促进核心素养教学目标落地。

[①] 朱志江.化学教学评价的困境及突破方略[J].江苏教育,2022(43):21-25.

第一节 简约化学评价的目标

教学评价始终追随教育改革的时代浪潮,在整体教育评价的实践中寻求和调整自身的发展方向。教学评价改革的整体进程遵循从基础考查到素质测评再到核心素养培育的理论路径,引领基础教育领域围绕着教学评价的基本取向调整课堂教学的设计与实施[1]。厘清课堂教学评价的脉络,对于落实当下"教、学、评"一体化的素养教学具有很重要的意义。参考车丽娜和王晨两位学者在《教学评价改革的现实成就与未来趋向》一文中对教学评价发展的观点,归纳如下。

一、夯实基础的甄选型教学评价目标

改革开放初期至20世纪80年代末,是教育领域重建教学秩序的时代。高考制度引领下的教学评价体制侧重考查学生对书本知识的掌握程度,以纸笔测验为主要评价方式,将考试成绩作为判断教学效果的核心依据。这一时期称为夯实基础的甄选型教学评价时代。

在此过程中,定量化考试因具备可操作性强、易大规模实施等特点,一度跃升为教学评价的主要形式。其中以纸笔测验为主要实施方式,根据考试分数对学生进行甄别选拔,并以此作为衡量学生学习效果和教师教学质量的重要依据。甄选型教学评价主要考查教师对书本知识的讲授水平以及学生对书本知识的掌握程度,此类知识多是教材、教辅中所呈现的以记忆理解为主的显性知识,较少涉及隐匿于社会环境、社会文化、个体经验之中的隐性知识。因此,甄选型教学评价的优势在于不易受评价者的主观因素干扰,统一的评价标准和精准的考试分数使得评价更为简单可行,评价结果更加客观公正,自然就成为了教学评价的主流方式。

---

[1] 车丽娜,王晨.教学评价改革的现实成就与未来趋向[J].课程·教材·教法,2023,43(9):75-83.

然而,夯实基础的甄选型教学评价也有局限性。评价实施过程中过分关注对书本知识的掌握程度却轻视了能力发展,忽视了学生运用知识解决实际问题的能力,也缺乏对学生综合素质和创新能力的考查。教学评价被片面地等同于纸笔测验,重视评价结果却忽视评价过程,在很大程度上沦为选拔学生和学校管理教师的手段,遮蔽了教学评价的教育性和发展性意蕴。

二 素质导向的发展教学型评价目标

20世纪90年代,伴随着素质教育理念的兴起,我国相继出台了《中国教育改革和发展纲要》《中共中央国务院关于深化教育改革全面推进素质教育的决定》等文件,确立了基础教育由"应试教育"转向全面提高国民素质的改革目标。伴随素质教育理念的深入人心,国家对学生的全面发展与个性培养愈加重视,甄选型教学评价的应试化趋向难以适应人才培养的需要,发展教学型评价理念应运而生。

素质导向的发展教学型评价关注教学主体的成长体验与发展质量,适应素质教育背景下教师专业成长、学生个性发展和学校教学改革的多元化需求。评价目标的生成性是发展性教学评价的重大突破,它打破了以既定评价目标对照评价结果的做法,更加关注阶段性评价结果与初始水平相比的进步之处,意在促进学生学习进步、教师素养提升和教学活动改进。发展性教学评价实现了由单一主体到多元主体的转变。除教师之外,学生、家长和同伴也被视作合理的教学评价主体,形成了教师评价、家长评价、学生自评与同伴互评相结合的评价机制。

但教师对学生素质结构和发展目标的认识偏差,对各维度的素质发展目标缺乏整合,导致教学实施中的目标散乱,在一定程度上影响了发展教学型评价的实施效果。

三 核心素养导向的高质量型评价目标

自21世纪初启动第八次基础教育课程改革以来,为了准确地描述学生学习行为的变化及结果,课堂教学及其评价开始改变目标散乱的状态,转向强化对知识与技能、过程与方法、情感态度与价值观三个维度的目标。然而,在具体的教学实践中,由于三维目标之间的人为割裂,教学评价出现内容要素之间缺乏整合,偏离人的整体发展目标的弊端。为了检验课堂教学的实施效果,也为了使教学质量的检验能有一个相对客观的评判标准,教学评价改革开始将目光转向核心素养,正式走向了聚焦素养培育的高质量型教学评价时代。

高质量型教学评价的主旨在于引导课堂教学聚焦学生的核心素养,并通过核心素养的培育和拓展引导学生综合能力的形成。高质量教学评价所考查的学生核心素养具有鲜明的复杂性、社会性和未来性,教学评价的关注点从教学活动实施转向人的发展,从注重教学目标的完成程度转向注重学生核心素养的发展水平。此时的教学评价在评价方式与评价技术方面实现了重大创新,开展了增值性评价、综合素质评价的多元探索,积极尝试信息技术、人工智能技术在教学评价中的应用,构建了具备中国特色的新时代教学评价体系。

为促进学生高阶思维和创新能力的发展,新时代教学评价改革瞄准教师深度教学与学生高阶思维的一体化发展,全力构建"教、学、评"一体化的教学评价模式。

四 简约化学的评价目标

简约化学的评价以"精鉴"为特征,在"约取""简构"中,不能忽视对高质量的教学价值追求。评价目标主要包括学科育人的实现程度、教学目的的达成程度,特别是对大概念的理解程度。具体而言,通过"教、学、评"一体化的教学,评价目的是要确保学生能真正理解和掌握化学基础知识,关注学生关键能力的发展,同时要注重学生的迁移应用水平的提升。

第二节 简约化学评价的内容

一、"教、学、评"一体化的意义[①]

1.促进了"教、学、评"整体行动中的目标协同

"教、学、评"保持一致的关键是建立共同的目标,这一目标便是学生核心素养的培育。教师的教学目标、学生的学习目标和教学的评价目标均以核心素养为依据进行设计,将核心素养转化为学科课程标准,再分解为具体的学科教学目标。只有这样,教师才知道为什么教、教什么内容、教的结果需要达到什么样的程度,学生才知道为什么学、学什么内容、学的效果需要达到什么样的水平。

2.实现了以学定教的思维转型

以学定教的关键在于以学生的学为中心,做到教以学为先、教为学服务。教师的教学活动优先考虑学生当前的学习情况和未来的学习需求,清楚了解学生当前的发展水平、潜在的学习困难以及需要增长的关键能力与综合素质。在进行教学评价设计时,以此为依据确定教学评价目标、制订教学评价标准、选取教学评价方法,打破标准化、统一化的教学评价要求,充分考虑学生的实际学习情况。

3.彰显了以评促学的评价引领功能

教学评价不仅要承担诊断学生学习成效的任务,还兼具培育学生学科思维和创新意识的作用。教师开展教学评价活动时要关注学生的过程性表现,发掘独特的个性与潜能,引导学生在学科探究活动中体会学科思想,在综合实践活动中提高创新能力。

[①] 车丽娜,王晨.教学评价改革的现实成就与未来趋向[J].课程·教材·教法,2023,43(9):75-83.

4.完善了以评促教的评价反馈机制

教学评价贯穿教师教学活动始终,调控课堂教学的各个环节。学校通过评价教师的课堂教学表现和学生的学业质量,为教师提供教学反馈,帮助教师开展教学反思和教学改进,提升教师的综合素养。教师基于深度教学的目标要求,开展"教、学、评"一致的教学设计,实现了教师教学、学生学习与教学评价之间的良性互动与有机循环。

二 "教、学、评"一体化的内涵

许多老师认为,传统的教学一贯重视教学评价,在平时的教学中,都会通过各种方法、手段,了解学生学习的效果。例如,在讲授新课之前,通过提问,检查学生是否具备了学习新内容所需要的必备知识,根据学生的反馈及时进行补充和矫正。在新内容学习之后,大多数教师都会让学生尝试运用所学知识、技能、方法,来解释说明或分析解决某个实际问题。但是,这些做法,更多地成为一个教学程序,并不明确地指向学习目标达成度的评价;同时,这些教学行为更多指向知识、技能的学习,往往关注文本知识的学习,重视运用文本知识、学科技能进行解题训练,局限于知识技能简单运用能力和低层次思维能力的评价,不涉及学科核心素养形成的测评;再则,检查测评程式化地安排在教学内容学习的前后进行,游离于教和学之外,没有把评价镶嵌、融合于教和学的过程中;此外,检查评价方式单一,以提问、小测为主,着重解题训练,评价明显偏重于督促、检查、应试,很难体现促进、改进教学的作用[1]。

教师在教学设计和组织上,要依据学科核心素养的要求,一体化地考虑教什么、怎么教、为什么而教,明确教学应达到的预期学习结果(学习成就)。在教学过程中关注"学生学会了什么""有没有达到预期的学习目标",真实地评价教学效果,以便调整下一步教学,进一步提高教学实效,做到"教、学、评"一体化。课堂教学如果只管教什么、怎么教,不问结果,就会出现为教而教、为活动而活动,以及图热闹、走形式的现象,课程的实施就会偏离课程设计的目标和理念。

①"教、学、评"一体化指向有效教学,倡导在课堂教学中把教、学与评相互整合,重视开展化学日常学习评价,以评价促进学习,把评价当作教学工具,使

---

[1] 王云生."教、学、评"一体化的内涵与实施的探索[J].化学教学,2019(5):8-10,16.

学生的学习行为、教师的教学行为、学习的评价融合为一个整体;使评价不再游离于教学之外,而是紧密地融合在师生的整个教学活动中,教师也能及时、有效地了解教学效果,及时调整教学,提高学习目标的达成度。

②"教、学、评"一体化中的教学评价,是形成性评价,不是终结性评价,不是教或学之后的一个独立环节,不是由教师、学生之外的第三者来进行的,而终结性评价是可以"教和评分离""教考分离"的。

③"教、学、评"一体化的评价注重表现性学习评价。表现性学习评价是通过有意义的、学生专注完成的表现性任务活动,形成与应用知识技能以及培养学习习惯有关的一系列学习策略。它以任务为动力来驱动、展开与推进学与教的课堂进程,任务完成的过程也是学习目标达成、学习结果评估、学习效果衡量的过程。在教学中要开展多样的学习活动,包括问题解决、交流讨论、质疑、辩论、实验、调查和探究学习。学生的学习活动,可以为学习评价提供丰富的信息,了解学生学到了什么、能做什么、做得如何,借以考查学生对核心知识的掌握程度,以及在现实生活中运用所学知识解释说明或分析解决问题的能力。表现性学习评价,有明确的评分规则,根据学习结果所设计的表现性任务简单易行,并且可靠有效。教师可以利用这些评价结果重新审视自己的教学模式,从而调整教学模式。表现性学习评价是为了真实地了解、测量学习成效,为促进学习服务,而不是单单为了彰显学习的成就,不能引导学生为显示成绩刻意地表演。相反,评价要尽可能地暴露、揭露学生学习存在的问题,能显示学习结果与学习目标的差距,为教学改进提供方向,促进教学目标的达成。

反思、总结、借鉴其他一线教师在课堂教学中进行测评的做法和经验,从课程实施"教、学、评"一致性的高度出发,探索"教、学、评"一体化的课堂教学的设计组织,也是实现课堂转型的重要环节。

三 逆向教学设计理念

1999年,美国课程专家威金斯和麦克泰格基于对传统教学设计的反思,提出逆向教学设计模式,将教学的逆向设计过程分为三步:确定预期的学习目标;制定如何证明学生实现了学习目标的手段与措施;安排各种教学活动和指导学习活动,达成学习目标。简而言之,即通过"确定的预期结果—确定合适的评估证据—设计学习体验和教学"[1]三个步骤完成教学设计,见图6-1。逆向教学设计的"目标先行"凸显了制订准确、适度目标的重要性,三个步骤之间的衔接也会对设计的效果产生重要影响。

| 1.确定的预期结果 | 2.确定合适的评估证据 | 3.设计学习体验和教学 |

图6-1 逆向教学模式

课程标准倡导实施"教、学、评"一体化,评价不仅是为了诊断,更是为了促进教学质量的提升和实现学生的深度学习,最后达成学生学科核心素养的全面发展[2]。因此教师要强化教学的过程性评价以及健全综合性评价,注意评价的多元化和全面性,把评价融入教和学的全过程。素养为本的"教、学、评"一体化教学,是围绕学生展开的,"教"和"评"的主体虽然是教师,但"教"是为了引导学生实施学习活动,"评"则是根据对学生的评价来反思与促进教师的"教",二者的根本目的都是为以学生为主体的"学"服务。因此逆向教学设计与"教、学、评"一体化的理念非常契合,逆向设计使预期结果、关键表现以及教与学之间产生更大的一致性。

四 简约化学评价主张的内容

1.提出的背景

课堂教学评价主要以学生发展为着力点,真实而全面地反映课堂教学的面貌,进而有效地促进教师改进课堂教学。但在现实中因课堂教学评价方式繁杂、低效及偏误,课堂教学评价的效果不尽如人意,存在问题主要有:

(1)评价主体认识不足。没有意识到教师本身也是评价主体,没有参与"自评"更没有主动参与"教、学、评"一体化的教学设计以及实施,"为评价而评价""抽象评价",导致课堂教学评价杂乱,没有发挥课堂教学评价应有的功能。

---

[1] 张旭东,孙重阳.由峰至原:中学化学逆向教学设计的探讨与实践[J].化学教学,2019(3):41-45,49.
[2] 洪清娟,张贤金.指向"教、学、评"一体化的逆向教学设计——以"化学反应与能量变化"为例[J].化学教学,2022(6):34-39.

（2）评价过程过于烦琐。由于评价目标不清晰、评价重点不突出、评价的对象太分散，尤其是事无巨细的评价指标和繁杂多变的评价流程，使得评价过程的可操作性变得非常低。

（3）整体把握认识不足。过于重视对课堂细节的挖掘，以至于在教学细节方面纠缠不清，从而忽视对课堂整体的把控，难以简洁明了地勾勒课堂教学的总体效果。

2.评价主张的内容

简约化学倡导"精鉴"，即精选教学内容、优化方法、精确评价。简约化学评价在实施"教、学、评"一体化的框架下，加上大概念教学视角和"精鉴"的理念，主张简化形式、聚焦整体、抓住本质。

（1）简化形式，便于教学评价的操作性

简约化学强调简约，倡导简约而不简单，在呈现事物本质的前提下使事物的表达形式尽可能简单，在确保活动功能的前提下让活动过程尽可能简明。课堂教学评价就可以依据"形"简而"神"不减的原则，在确保把握课堂教学总体效果的前提下，简化课堂教学评价的流程及工具，这有利于一线教师摆脱烦琐的评价流程及复杂的评价工具带来的专业化"困扰"。基于课堂教学评价的基本原理，结合教师自己对课堂教学的实践感知，快捷而准确地判断课堂教学的基本样态[1]。

课堂教学评价的形式多种多样，从评价的主体而言，主要有课堂提问、课堂练习反馈、板演展示、成果展示等师生评价，也有小组合作、小组讨论、练习互改、成果展示等生生评价，还有学生的自我评价；从评价的类型而言，有结果性评价和过程性评价；从评价的工具而言，有信息技术支持的定量评价和普通的定性评价；从评价的维度而言，有综合评价和简单评价。简约化学所提倡的教学评价，形式不一定复杂，样式也未必很多，课堂也不必太过热闹，但要有利于教师控制和操作，以便能自主、自动地调整和优化教学。由于教学目标包括知识、能力、价值观念等融合的目标，因此评价的方式应该是过程性评价和综合性评价，而结果性评价和单一评价，很难评价出教学目的是否达成。

---

[1] 王天平,王秀敏.极简主义视角下课堂教学评价的实现方式[J].教育研究,2020,43(2):20-25.

(2)聚焦整体,凸显教学评价对象的重点

简约化学强调高效,规避由纷繁的细节所带来的过度干扰,要以整体的眼光看待事物和活动,便于提纲挈领地快速把握事物和活动的本质,从而有效地引导学生建构关于事物和活动的基本形式。课堂教学评价可以适度忽视课堂教学的细枝末节,抓住课堂教学的主体部分,清晰地勾勒课堂教学的总体概貌。对照课堂教学的主要目标来评估课堂教学的总体效果,有利于改变课堂教学评价的零散、烦琐状态,着重评估课堂教学系统中主要教学要素之间的必然联系,便于在整体上更为有效地把握课堂教学。

课堂教学活动是教学目标、教学过程和教学效果三者相互关联、层层推进、内在连贯的系统,是一个整体。教学评价对象就是这个整体的统一,而评价的重点便是教学效果,即教学目标是否达成,至于课堂教学中的许多细节,在有限的时间和空间中,不应该被太多地重视,应该大胆地舍去。

(3)抓住本质,确保教学评价的真实性

简约化学强调本真、不加修饰,挖掘事物与活动的本质,展示事物和活动的客观存在。课堂教学评价不仅可以用数字指标或者抽象概念简单地勾勒课堂教学的整体概貌,更为重要的是还可以利用教学活动的关键事实更为准确、深刻地阐释课堂教学实际。具体而言,以特定的教育教学理论为指导,利用关于教学主体、教学内容、教学过程等的关键事实,有效地证实与丰富课堂教学的整体概貌,从而形成更加有理有据、真实可靠的课堂教学评价结论。

大概念理念统摄下的教学评价需要植根于"真实情境""真实问题""真实任务""真实实践"之中。在真实情境中,通过对学生完成真实任务的过程与结果的解释,判断学生概念性理解及核心素养发展水平,并据此提供反馈和改进建议,这就是评价。这里的关键是"真实性",因此表现性评价又被称为"真实评价"[1]。因此,在设计评价任务的时候,不是简单模仿情境,而是对学科专家的探究情境和职业从业者的工作情境进行创造性转化,以形成适合学生发展的真实问题和真实任务。"精鉴"要素关系如图6-2所示。

---

[1] 张紫屏.大概念教学评价:内涵、特征与方法[J].教育发展研究,2023,43(10):42-49.

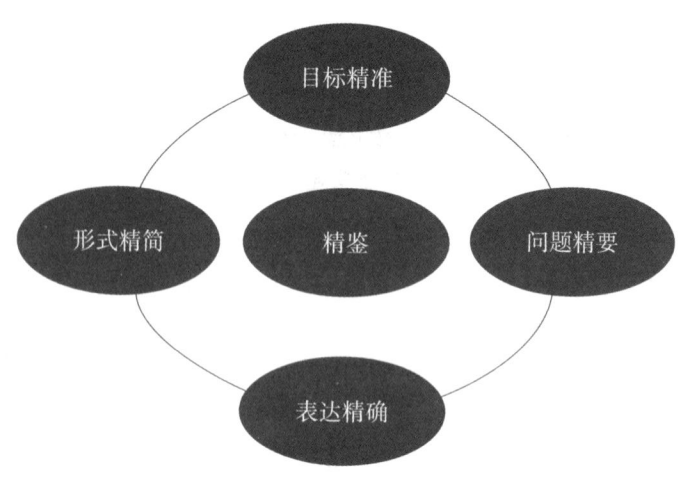

图6-2 "精鉴"要素关系图

第三节 简约化学教学评价的设计

教学评价一直都存在,但是传统的教学评价相对滞后,评价与教学的联系不密切。逆向教学设计是实现"教、学、评"一体化的有效工具[1]。格兰特·威金斯和杰伊·麦克泰提出逆向设计要解决的三个核心问题[2],即学生要到哪里去、判断学生到达那里的证据是什么、应选择怎样的工具或路径帮助学生到达,其核心要素概括为"目标为先、评价为据、精设过程"。具体如图6-3所示。

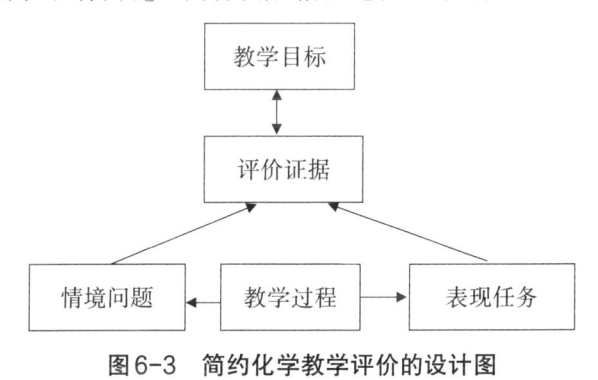

图6-3 简约化学教学评价的设计图

下面以两个教学评价设计为例,阐述教学评价的设计过程。

案例一:"铁盐和亚铁盐"教学评价设计

一、目标为先——教学目标确定

要聚焦该课时的大概念,该课时大概念是无机物的化学性质及其相互转化,次级概念是利用物质分类判断化学性质和利用物质价态判断化学性质,铁盐和亚铁盐的性质是基本知识。

然后要研究课标中的课时内容要求和课时学业要求,并做出具体的解读。根据《高中化学课程标准(2017年版2020年修订)》中"主题2:常见的无机物及其应用"的主题内容要求和主题学业要求,细化和解读出本节课的课时内容要

---

[1] 申燕,程俊,柳先美,等.基于教、学、评一体化理念的高中化学教学实施——以"铁盐和亚铁盐"的两省级优质课为例[J].化学教学,2022(1):38-43.
[2] 张旭东,孙重阳.由峰至原:中学化学逆向教学设计的探讨与实践[J].化学教学,2019(3):41-45,49.

求和课时学业要求(见表6-1)。

表6-1 对课程标准中有关"铁盐和亚铁盐"的课时内容要求和课时学业要求的解读

课时内容要求	课时学业要求
结合真实情境中的应用实例或通过实验探究,了解铁盐和亚铁盐的主要性质,了解它们在生产、生活中的应用。	(1)能列举、描述、辨识铁盐和亚铁盐的重要物理、化学性质及实验现象。(2)能用化学方程式、离子方程式正确表示铁盐和亚铁盐的主要化学性质。(3)能从物质类别、元素价态的角度,依据复分解反应、氧化还原反应原理预测铁盐和亚铁盐的性质及相互间的转化;设计实验进行初步验证,并能分析、解释有关实验现象;能从元素价态变化的角度说明物质的转化路径。(4)能利用含有铁元素的物质的性质,设计制备、分离、检验$FeCl_3$等简单任务的方案。(5)能根据铁盐和亚铁盐的性质,分析生产、生活中的某些常见问题。(6)能说明含铁化合物对社会发展的作用。

基于上述解读,抽提出本节课教学需聚焦的三个主要问题:怎样帮助学生建构铁盐和亚铁盐的性质?怎样引导学生基于铁盐和亚铁盐的性质,设计实验方案实现铁盐和亚铁盐之间的相互转化?怎样促进学生根据铁盐和亚铁盐的性质,说明其用途与价值?

结合教学所依托的情境,可进一步明确本节课的教学目标,并与课时学业要求进行匹配(见图6-4)。

课时学业要求1　课时学业要求2　课时学业要求3　课时学业要求4　课时学业要求5　课时学业要求6

1.通过了解电路板的组成及刻蚀过程,体会含铁化合物在生产中的价值。

2.通过电路板刻蚀原理的探究,基于对铁盐和亚铁盐主要性质及实验现象的描述与表征,初步建立铁盐和亚铁盐的转化路径。

3.通过设计电路板刻蚀液回收$FeCl_3$的工艺流程方案,能够基于铁盐和亚铁盐的转化路径设计制备、分离$FeCl_3$等简单的任务方案。

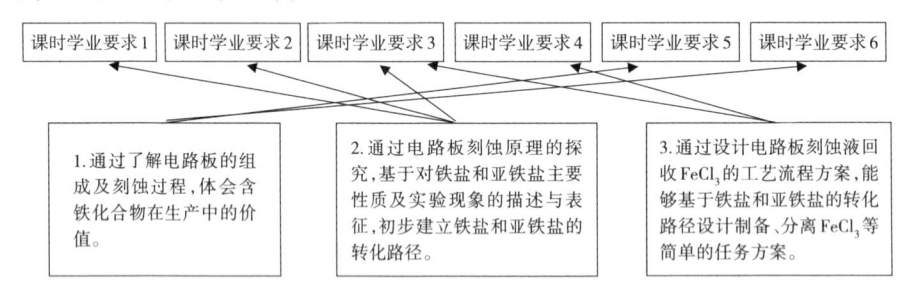

图6-4　教学目标与课时学业要求的对应关系

二、评价为据——评估要素设计

教学评估内容的开发需紧扣目标的达成,以检测目标的具体落实情况。根据教学实际,梳理出课堂教学评价设计(如表6-2所示)。

表6-2 教学评价设计

教学目标	表现性任务	其他证据
教学目标1	在电路板刻蚀的实验活动中,描述刻蚀原理等	课后补充学习,了解工业上选择$FeCl_3$溶液刻蚀电路板的原因
教学目标2	明晰原理,通过小组合作探究活动预测性质,设计实验验证铁盐和亚铁盐的转化并完成其检验	
教学目标3	设计刻蚀废液的回收流程,应用所学知识解决实际问题	分享流程路线的优化方案

三、精设过程——任务驱动组织

对课中实现目标、支撑评价的教学环节和任务活动等进行梳理,厘清其中的关键问题并形成问题线,架构出教学组织框架。

设置两大任务,学生在任务的驱动下,其学习过程从多点式的知识生长到关联化知识网络建构(见表6-3),再到陌生问题中的创造性设计,实现了质的飞跃。

表6-3 教学组织框架

目标落实	任务	环节	问题线	活动线
教学目标1	了解如何刻蚀电路板	情境创设	电路板是怎么刻蚀出来的	学生在了解电路板刻蚀原理的基础上,通过动手实验完成简单图案的刻蚀,模拟工业上电路板刻蚀
教学目标2		原理释疑	电路板刻蚀过程中的反应原理是什么	基于铁盐和亚铁盐的性质设计实验实现两者的相互转化,了解铁盐和亚铁盐的检验方法
教学目标3	设计如何对刻蚀液进行回收	设计回收	如何利用刻蚀废液回收$FeCl_3$	基于所学知识设计回收$FeCl_3$的工艺流程图,通过讨论优化流程设计
教学目标4		模型建构	工业上为什么选择$FeCl_3$溶液刻蚀电路板	思考、讨论,课后查阅资料自主补充学习

教学过程中,学生基于所学知识设计实验完成Fe^{2+}和Fe^{3+}的相互转化及检验,成功地检测出样品中铁元素的价态。同样地,学生不仅综合设计出了从刻蚀废液回收$FeCl_3$的方案,而且也顺利完成了铜电路板的个性化刻蚀,使得教学

预设的"应然"转化为学生的"实然"。

案例2:"化学中常用的物理量——物质的量"教学评价设计

一、教学目的确定(表6-4、表6-5)

表6-4 课时及要求

课时内容	课时学业质量要求
利用生活情境建立物质的量、摩尔、阿伏加德罗常数的概念,推理建构微粒数目与阿伏加德罗常数、物质的量之间的关系,应用微粒的量化关系解决化学方程式和化学式中微粒间的简单问题	1.认识物质的量在化学定量研究中的重要作用,能结合实验或生产、生活中的实际数据,并应用物质的量计算物质的组成和物质转化过程中的质量关系;2.能依据化学问题解决需要,选择常见的实验仪器、装置和试剂完成简单的物质性质探究、物质制备、物质检验等实验(如配制一定物质的量浓度的溶液);3.能应用质量守恒定律分析物质转化对资源利用的影响(基于物质的量分析化学反应中物质质量的变化)

聚焦三个问题:如何帮助学生建立物质的量、摩尔、阿伏伽德罗常数的概念?如何建构微粒数目与物质的量的关系?如何把微粒的量化关系应用于化学方程式的计算以及化学式中微粒间的计算?

表6-5 教学目标及要求

教学目标	学业质量要求
1.类比已知宏观物理量,通过交流一定体积或质量水的分子数,理解物质的量及其单位的含义,建立从微观认识物质的视角;认识国际组织对阿伏加德罗常数的科学定义,基于1 mol ^{12}C 的原子数,推理并建构它与物质的量和微粒数的关系式	应用物质的量计算物质的组成和物质转化过程中的质量关系
2.能根据关系式求解一定数目的氧气分子或铁原子的物质的量,深化对物质的量的认识;能基于物质的量分析 H_2O、CO_2 等物质的组成,并能用物质的量及其单位表征物质的微观组成	应用物质的量计算物质的组成和物质转化过程中的质量关系
3.通过对 H_2O、CO_2 等物质的组成进行分析,认识物质的量在定量分析研究中的应用,体会物质的量的意义和价值	认识物质的量在化学定量研究中的重要作用,并应用物质的量判断物质的组成

二、评估证据设计(表6-6)

表6-6 评估证据

教学目标	表现性任务	其他证据
教学目标1	任务1:探讨物质的量及其单位的含义	可以说出建立三个概念的意义
	任务2:认识阿伏加德罗常数的科学定义	—
	任务3:建立物质的量、阿伏加德罗常数与微观粒子数的关系式	用实际例子进行微粒数物质的量之间的换算
教学目标2 教学目标3	任务4:应用关系式解决简单的化学问题	分享认识化学式和化学方程式微粒之间关系的新视角

三、任务驱动设计(表6-7)

表6-7 任务驱动设计表

目标落实	任务	环节	问题线	活动线
教学目标1	任务1:探讨物质的量及其单位的含义	情境创设	微观物质与宏观物质如何转换?	活动1:类比宏观物质的计量,迁移探讨一定质量或体积的水的微观粒子的计量和表示
		类比迁移	什么是物质的量	活动2:类比长度、时间、质量等宏观物理量,理解和说出物质的量的含义及其单位
	任务2:认识阿伏加德罗常数的科学定义	认识理解	1 mol微粒的数目是如何确定的	活动3:结合化学史料1 mol ^{12}C原子数的测定,认识阿伏加德罗常数的定义
		类比迁移	常见微粒之间的数目关系是怎样的	活动4:基于对物质的量和阿伏加德罗常数的认识,探讨1 mol CO_2、H_2O、NO_3^-所含的微粒及其数目
	任务3:建立物质的量、阿伏加德罗常数与微观粒子数的关系式	模型建构	物质的量与微粒之间如何换算	活动5:梳理归纳物质的量与阿伏加德罗常数、微粒个数之间的关系,用数学关系式表示

续表

目标落实	任务	环节	问题线	活动线
教学目标2	任务4:应用关系式解决简单的化学问题	迁移应用	物质的量与微粒之间的关系有何应用	活动6:应用关系式分析物质的组成,以及进行简单的计算,用图呈现分析过程及计算结果
教学目标3		自我反思	建立物质的量概念的意义是什么	活动7:请学生结合问题的解决,谈谈物质的量和阿伏伽德罗常数的意义

第七章

简约化学的教学保障

简约化学主张对学校管理和中学化学教师素质提出更高的要求。对学校而言,应建立高质量的校本教研平台,激发广大教师的潜能,营造浓厚的教学研究氛围,促进教研组建设不断上升到新台阶;对教师而言,要不断提高对课程的理解力和执行力,不断提升专业水平,提高简约化学的课程胜任力。

第一节 简约化学的制度保障

简约化学教学的实施能够影响学校教学和教研工作的务实性、经济性和高效性,能影响学科教学直面本源、核心,同时影响广大教师以学生发展为本,减少学科之间的内耗,减轻学生的学习压力,腾出更多时间,让学生参加实践活动,提升"五育融合"水平。但是简约化学的实施也需要学校提供诸多机制保障。

一 教研机制

高质量教育的前提是要有高质量的教师,高质量的教师需要有高质量的教研平台。

《教育部关于加强和改进新时代基础教育教研工作的意见》指出:校本教研要立足学校实际,以实施新课程新教材、探索新方法新技术、提高教师专业能力为重点,着力增强教学设计的整体性、系统化,不断提高基于课程标准的教学水平。学校要健全校本教研制度,开展经常性教研活动,充分发挥教研组、备课组、年级组在研究学生学习、改进教学方法、优化作业设计、解决教学问题、指导家庭教育等方面的作用。

简约化学对教师的专业水平提出了更高的要求,而教师的专业发展依托于校本教研。因此,学校构建规范而充满活力的教研平台对教师的发展意义重大。

1. 要有顶层设计

校本教研工作是一个长期性的工作,若没有制度保障则很容易被弱化。学校需要制度设计,以制度管事,以制度管人。例如笔者所在的学校为了促进学科发展,破除了制约校本教研开展的体制机制障碍,创新制定了许多教研制度。有针对教研组文化建设类的《厦门六中教研组"温度"文化建设方案》、有针对学科规划类的《厦门六中学科建设指导意见》、有促进教研组争优创先的《厦门六中优秀教研组评比办法》《厦门六中教研组品牌建设方案》、有促进广大教师专业发展的《厦门六中教师专业成长奖励办法》、有规范备课组集体备课的《厦门六中备课组工作规范》。

2.要有检查落实

有制度还必须有落实,这样才能形成长效机制。在工作实践中,首先我校教研组和备课组活动采取定时、定点申报,教务处工作人员现场检查的形式;其次教研组活动规模比较大,内容比较丰富,活动次数相对于备课组少,学校要求活动需要微信宣传报道或在"学校教研群"提交活动照片;最后学校每学年举办教研组学科建设展示活动,教研组长要在全校教师大会上展示一年来教研组在科研成果、教师成长、教学成绩、校本教研等方面取得的成绩。以上措施很好地督促了教研工作的有序开展。

3.要有问题导向

校本教研是为了师生的发展,要发展就要创新,要创新就要基于问题的研究。教学中的问题有很多,有关于课标解读的、学科理解的、教学方法的、学情反馈的、教学组织的、教学评价的、作业设计的、教学补救的、教育理解的、教学技能的……因此校本教研要基于教师反思的问题去开展研讨和研究,进而提高教学质量。

4.要有合作共享

教学是复杂的工作,特别是课程改革以来,育人方式发生变化,从关注学生的知识、能力到关注学生核心素养的培育,即关注人的全面发展,促使教师从学科教学走向学科教育。与此同时,高考的评价方向也在发生根本变化,鲜明指向关键能力的考查,考查复杂情境环境下处理问题的能力。以上的种种变化,给教师教学工作带来了新挑战,单打独斗的教学无法高质量地完成教学任务,因此迫切需要多人分工合作、智慧共享。特别是简约化学教学的实施,需要教师反复提炼教学内容、优化教学方法,更是需要多人的帮助、观察,共同开发教学案例,反复修正教学设计。

二 评价机制

"课堂教学评价改革则是促进教学质量提升的重要手段"[①],在这个意义上,简约化学要求利用评价工具简约、高效和真实地评估课堂教学,着力克服课堂教学评价方式的烦琐、低效问题,有效地检视与反思课堂教学实践,有利于课堂教学的改进。

教学评价在课堂教学中的作用毋庸置疑,在前面章节已经作过论述,但是学校要想落实简约化学教学,必须对学校的教学评价制度进行深层次的改革,最重要的是进行教学评价观念的更新。

1. 以教学少投入多产出为价值取向评价

教育评价要打破"五唯",尤其要打破"唯成绩"论。取得优异教学成绩是广大教师的共同追求,但是也容易导致过度竞争和恶性竞争,使得学科之间互相挤占时间。特别是一些强势的教师,通过反复练习、机械训练、大力加压,造成学生负担过重,可能学生某个学科成绩上来了,但是整体成绩不好。因此很多学校对学科的作业量作了严格的限制。比如笔者所在的学校规定,高中阶段作业量,语数外在40分钟以内,其他学科在30分钟以内,若当天没有某学科的课则不能布置该学科作业。

综上所述,正如简约化学的教学主张那样,评价教师的教学能力和教学成绩,要看学生的入口和教师有无过分挤占学生的学习时间,教师"教少绩优",学生"学少悟多",才是值得提倡的。当然,树立少投入多产出的价值取向,并不是说鼓励教师少投入时间于教学之中,恰恰相反的是鼓励多投入时间于教学研究,以提高课堂效率,提高作业效率,让学生学得好、学得快,但是又不用花太多时间。

2. 以学生发展为中心实施课堂教学评价[②]

课堂教学的核心价值在于促进学生发展,以学生发展为中心的课堂教学评价,主要采取"以学评教"的方式,以学生学习为落脚点,抓住"教学目标符合学生的学习需求""教学过程中给予学生学习机会""教学活动让学生获得切实收

---

① 李森,郑岚.促进质量提升的课堂教学评价改革[J]课程·教材·教法,2019,39(12):56-62.
② 王天平,王秀敏.极简主义视角下课堂教学评价的实现方式[J].教育研究,2020,43(2):20-25.

获"等评价要点,综合考量学生在课堂上的学习状态与效果。这有利于课堂教学评价实现从"为评价的教学"向"为教学的评价"的价值转换,立足于促进学生有效学习与发展的角度评估课堂教学状态,就是课堂教学评价的本真,才能真实地反映学生的发展状态,并让教师明确应当如何促进学生的发展,就可以简明地形成基本的评价结论,有效地促使教师改进课堂教学,进而提升学生的学习效果。

比如笔者听过一节省级公开课,课题是"以比色法测定含铁补铁剂的含量"。本节课实验的概况是把补铁剂溶于盐酸,然后加过氧化氢水溶液后,加入硫氰化钾溶液,根据反应溶液显示红色的深浅,和标准溶液的颜色对比,即通过比色法,判断补铁剂水溶液中铁离子的浓度,最后算出市售补铁剂的含量。在实验推进中并没有像老师预想的那么顺利,有一个小组的学生就碰到一个问题,向老师反映加入硫氰酸钾溶液后,溶液不显红色。老师敏感地利用这个异常现象,开展实验探究,最后在讨论和对话中,得出结论,是前面的过氧化氢溶液加得太多,把硫氰酸钾氧化了。这表明教师从学生发展的角度随时评价与监控自己的教学活动,有利于及时发现自己在引导学生有效学习与发展方面存在的问题,有针对性地改进自己的课堂教学。

3.以多元化评价促进教学评价增值

多元化的教学评价包括多元化的评价方法和多元化的评价主体。学校评价体系应包含多种评价方法,如书面检测、口头报告、实验演示、小组讨论、论文撰写、调查报告、成果展示等,以便全面、多角度地评估学生的学习成果和能力发展水平。教学评价不应局限于教师对学生的评价,应鼓励学生参与自我评价和同伴评价,培养学生的自我反思能力和批判性思维。通过学生之间的相互评价,可以提高学生的沟通能力和团队合作精神。多元化的教学评价一方面可以多方位、立体化地了解学生的学习状况,评估教学的效果,为调整教学策略提供依据;另一方面,还可为学生的发展提供增值服务,这一点更加重要,也就是说评价也是教学的一部分,不能把评价与教学隔离开。

比如项目式学习、任务式学习,都有一个成果展示的环节。各小组展示学习成果的过程,也是一个多元化的评价过程,通过展示、比较、点评、讨论达到方案优化、学习深化的效果。

三 激励机制

校本教研要向下扎根、向上生长,除了建立教研机制和评价机制外,还需要有激励机制。激励机制是润滑剂也是催化剂,能不断鞭策广大教师的专业水平向前发展。比如近年来,笔者所在的学校不断优化教师专业发展的奖励办法,鼓励教师积极参加教科研工作,深入开展课堂教学改革,认真总结教改经验,不断提高教学质量,学校从论文发表、比赛获奖、课题研究、指导学生、专业发展、教学成绩等方面给予奖励。此外对教研组而言,鼓励教研组发挥名师引领的作用,共同进步,不断提升教研组的品牌建设,通过量化考核、现场展示、品牌评估等办法,让教研组创先争优,营造良好的教研氛围。

四 培训机制

教师是终身的学习者,需要持续的专业发展。当然影响教师专业发展的内在因素是基于自我觉醒的自我发展,各级教育行政部门也在大力构建教师专业发展的长效机制,鼓励教师参加科研、培训、业务比赛等活动,以此促进教师的"二次成长"[1]。但更为重要的是要建立高效的校本培训平台,方便教师参加培训。比如笔者所在的学校的校本培训"三青班工程"就很有特色:对教龄三年以下的青年教师,成立"青蓝班";对教龄三年以上的青年骨干教师,成立"青骨班",由省市名师作为青骨班的导师,以"学师并进"同时培训;对于担任班主任的时间在三年以下的,建立"青年班主任工作坊"。

比如笔者所在的学校自2012年开始,建立了青年骨干教师培训班,让教龄在三年以上、担任过毕业班工作,并且在教学和教研方面取得过较好成绩的青年教师作为学员,每期25人,由本校市级学科带头人及等级更高的名师作为指导教师,一对一进行指导,以集中培训和实践培训为形式。其中集中培训以"教师论坛"为主要形式,对教育教学存在的热点和难点问题进行研讨,教师论坛程序(见图7-1)如下:论坛主席作综述性引题、3位学员主题发言、相互质疑答辩、听众与学员交流提问、3位导师点评、班主任总结发言。学员从导师和其他学员

---

[1] 张建阳.成熟型教师"二次成长"的校本培训探索[J].福建基础教育研究,2021(5):27-29.

身上汲取营养,改进自己的教学模式,为今后的不断成长做好铺垫。导师在指导学员和学习展示中,重新审视自己的教育观念,完善自己的教学技能,实现异步共进。

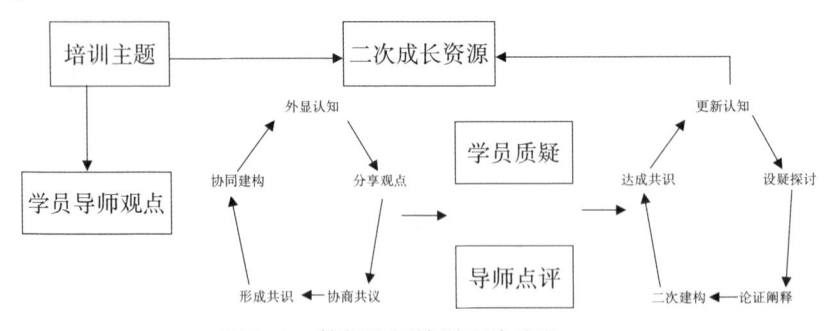

图 7-1 教师论坛培训实施流程

第二节　简约化学的师资保障

简约化学的主要内涵是"约取""唯真""简构""精鉴",提倡简约而不简单的价值追求。因此作为课堂教学主导的教师需先"博观"才能"约取",先"厚积"才有"薄发"。不经反复钻研、反复尝试,就难以简于形、精于思。要将形式方法的"简"和意义的"丰"有机统一起来,才能逐步形成"形约义丰"的教学风格。因此,为实现简约课堂,教师需要更大的智慧[①]。

一、锤炼简约的思维

1.理解教材,建立结构化体系

简约化学教学要求教师深入研究和理解教材,把握化学知识脉络和内在联系,从而形成清晰的教学思路。这种思考过程有助于教师锤炼逻辑思维,提高教学规划能力。教师需要思考如何将复杂的知识点进行梳理和整合,将抽象的化学原理转化为简洁、易懂的化学语言,使学生能够更好地理解和掌握。这个过程中,教师需要不断理解知识和问题,不断优化教学方案,锤炼自身的分析、综合和解决问题的能力。

比如在高中《化学　选择性必修1　化学反应原理》沉淀溶解平衡的教学中,许多老师都感觉知识点很散,特别是溶度积的应用教学,点多面广,学生难以理解。实际上,将本节教学内容归纳后,只有三个重点、难点,即能否沉淀、分步沉淀和沉淀的转化。

2.提纲挈领,梳理大概念网络

简约化学教学要求教师抓住关键概念和基本原理,突出重点和难点。这就需要教师具备敏锐的洞察力和判断力,能够迅速识别哪些是学生学习过程中的关键点和难点,有针对性地进行解析和讲解。在这个过程中,教师需要不断地锤炼自身的观察力和判断力,以更好地把握学生的学习需求和进度。

[①] 伯海英.博观而约取,厚积而薄发——在教学中锤炼简洁思维[J].福建教育,2020(32):9-11.

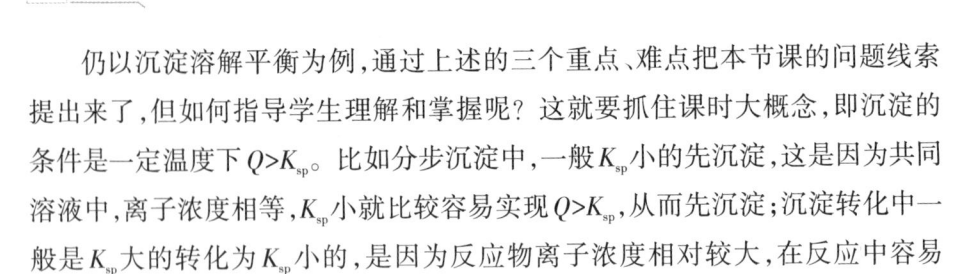

仍以沉淀溶解平衡为例,通过上述的三个重点、难点把本节课的问题线索提出来了,但如何指导学生理解和掌握呢?这就要抓住课时大概念,即沉淀的条件是一定温度下$Q>K_{sp}$。比如分步沉淀中,一般K_{sp}小的先沉淀,这是因为共同溶液中,离子浓度相等,K_{sp}小就比较容易实现$Q>K_{sp}$,从而先沉淀;沉淀转化中一般是K_{sp}大的转化为K_{sp}小的,是因为反应物离子浓度相对较大,在反应中容易实现$Q>K_{sp}$。

3.关注思维,提高思考力水平

简约化学教学要求教师注重培养学生的主动学习能力和思维方法,教学内容更加贴近学生的生活和学习环境。教师需要思考如何引导学生通过有效的思维方式去理解和掌握知识,激发他们的学习兴趣和好奇心。在这个过程中,教师需要不断地锤炼自身的引导能力和启发思维的方法,才能更好地激发学生的主动学习热情和创造力。

教师的简洁性思维不但体现在学科理解、统整教材、教学设计、教学组织等方面,还体现在指导学生学习和思维上。简洁的思维,其实就是"理解透彻"的思维,要把简洁的思维传递给学生,让学生感觉学习难度不大、内容不繁杂、学习有趣并且学得会、学得快,这就是常强调的教学要"深入浅出"。比如高中《化学　选择性必修2　物质结构与性质》中"电子云"这一概念很抽象,每个小黑点是什么?为何不是表示1个电子?有的教材把它描述为高速照相机在不同时间高速拍下的电子图像,然后再把照片叠加在一起,但很多学生还是理解不来。复旦大学附属中学郑胤飞老师是如此"深入浅出":若你手中抓住一把点燃的香,高速转动起来,远处看到的不就是一团云火吗?这个就像是"电子云"。基于这个解释,学生一下子恍然大悟。

总之,简约化学教学对于锤炼教师的教学思维具有非常重要的作用。它要求教师深入思考和研究教材,锤炼自身的逻辑思维、观察力和判断力,注重培养学生的主动学习能力和思维方法,关注学生的学习兴趣和实际应用,不断拓展自身的知识面和教学资源。通过这些努力,教师可以提高自身的教学水平,为学生提供更有效、更有价值的化学学习体验。

二　磨炼简洁的语言

教学过程也应当遵循"简单性原则"。因为教学的现象是复杂的,但是其本质是简单的。人脑是以简约的方式处理信息的,学生的思维也倾向于经济性,都力图用最简约的方式学到更多的内容。而许多教师却无视这一点,喜欢面面俱到,不善于通过简洁的语言把教学内容深度整合成简约架构,缺乏"图难于易"的意识,导致教学一直处于严重的"信息超载"和"信息衰减"的状态,使核心信息淹没在冗余的信息之中[①]。

1.教师语言清晰简练

教师在授课时应该注重提高自身语言的基本功,减少不必要的啰嗦、重复和停顿,做到言语流畅、清晰,避免使用过多的修饰语和复杂的语句结构,这样能够让学生更容易理解,也更容易记忆。同时,教师要注意语音、语调的适当调整,让学生更容易被教师所吸引,也更关注教师所讲的知识。由于化学学科是自然科学领域的一个重要分支,因此教师在课堂上的语言一定要保证科学性、严谨性,并在此基础上追求生动、启发的艺术效果。例如,教师在介绍元素知识的时候是讲种类而不是讲个数。当然教师为了语言简练还需要对学科有深入研究,只有对学科知识理解越深刻,其表述方法才能越浅显易懂。

2.师生交流和谐通畅

学生作为学习主体,应该掌握主动权。那么教师在上课时要以启发学生为目的,而不是一味地灌输知识。教师与学生的课堂交流应简单明了,不要为了追新猎奇而绕弯路,使学生不明所以。例如,在"饱和溶液和不饱和溶液"概念教学的时候,教师演示:取一支试管,加入适量水,向水中逐渐加入食盐,直到试管底部有少量不溶解且搅拌后不消失的固体。接着给试管加热,固体逐渐溶解。教师提问"加热后食盐溶解,说明此时该饱和溶液变成了……",学生答"不饱和溶液"。这个案例中,教师根据实验现象提出的问题简单明了,并没有拐弯抹角,使学生作出正确回答从而达到教学目标[②]。

[①] 翁乾明.简约化教学理念与实践的研究[J].福建教育学院学报,2017,18(9):109-112.
[②] 赵晨,胡志刚.当前中学化学教学应当简约化[J].化学教育,2013(4):34-35.

教师在教学中要突出重点、抓住关键,让学生能够迅速掌握知识点的核心和本质。对于重要的概念和原理,教师可以用简洁的语言进行概括和总结,以便学生更好地理解和记忆。教师在教学中要避免使用模糊词汇,如"可能""大概"等。这些词汇容易让学生产生误解,也容易让教师的表达变得不准确。因此,教师要注意使用准确、具体的词汇,以便学生更好地理解和记忆。

3.联系生活简单易懂

教师在教学中可以多用实例和比喻来帮助学生更好地理解化学知识。通过使用实例和比喻,可以将抽象的概念和原理变得具体化、形象化,让学生更容易接受。同时,也可以增加课堂的趣味性,提高学生的学习兴趣。比如在讲化学平衡时,平衡移动的程度问题对于学生来说很不好理解。有位老师说,如果有个人买体育彩票中奖得了100万,由于社会是个大的平衡系统,某人中奖打破了平衡,但是平衡是动态和可逆的,他不能完全得到100万,必须得交税,向社会大的平衡系统返回部分资金,需要交多少合适呢?交多了,他没有积极性,以后就没人买体育彩票了,若交得少,就没有意义,因此要找到平衡点。

总之,教师需要在平时教学实践中不断提高自己的语言表达能力,让表述更简洁、准确。通过深入理解教学内容、使用简练清晰的语言、突出重点抓住关键、避免使用模糊词汇、多用实例和比喻以及注重反馈和反思等方法来提高自己的语言表达能力。只有这样才能够更好地落实简约化学教学的主张,帮助学生更好地理解和掌握化学知识。

三 淬炼结构化板书

板书是教学表达的重要形式之一,是教师在教学中为了帮助学生理解知识,利用黑板上简洁的文字、符号、图表等形式呈现的教学内容的总称。条理清晰、层次分明、重点突出的板书具有突出教学重点、体现知识结构和教学程序的功能;图文并茂、趣味横生、匠心独运的板书具有引起浓厚学习兴趣、加深理解和记忆、增强思维的积极性和持久性的功能;体现思维程序、符合逻辑顺序、形成知识网络的板书兼具传授知识和开发智力的功能[1]。

---

[1] 经志俊.重视板书设计,保障有效教学[J].化学教学,2009(3):25-27.

1.明确主题和核心要点

在设计板书时,教师应确保主题鲜明,核心要点突出。可以通过以下方式来实现(见图7-2)。

①确定教学目标:在开始教学前,教师应明确教学目标,这将有助于教师确定板书的核心要点。

②提炼大概念:教师应将教学内容中的大概念提炼出来,并在板书中突出展示。

③逻辑结构清晰:板书应具有清晰的逻辑结构,让学生能够更容易地理解和记忆知识点。

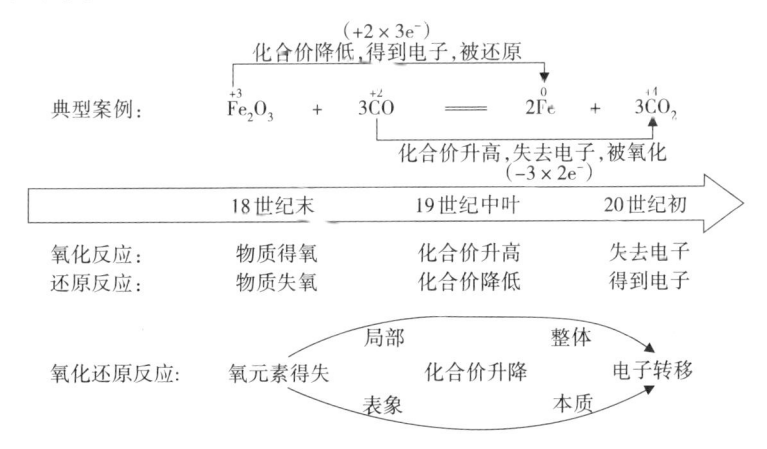

$$典型案例：\overset{+3}{Fe_2}O_3 + 3\overset{+2}{C}O \xrightarrow{} 2\overset{0}{Fe} + 3\overset{+4}{C}O_2$$

化合价降低,得到电子,被还原 $(+2 \times 3e^-)$

化合价升高,失去电子,被氧化 $(-3 \times 2e^-)$

	18世纪末	19世纪中叶	20世纪初
氧化反应:	物质得氧	化合价升高	失去电子
还原反应:	物质失氧	化合价降低	得到电子
氧化还原反应:	氧元素得失	化合价升降	电子转移
	局部 / 表象		整体 / 本质

图7-2 氧化还原反应教学板书

2.注重层次性和条理性

层次性和条理性是板书结构化的关键,教师可以通过以下方式来提高板书的层次性和条理性(见图7-3)。

①使用标题和子标题:教师可以运用标题和子标题来区分不同层次的知识点。

②合理运用线条和箭头:线条和箭头可以帮助教师表示知识点之间的关系,使板书更具层次感。

③按顺序呈现知识点:教师应按照一定的顺序呈现知识点,如从简单到复杂、从基础到高级等。

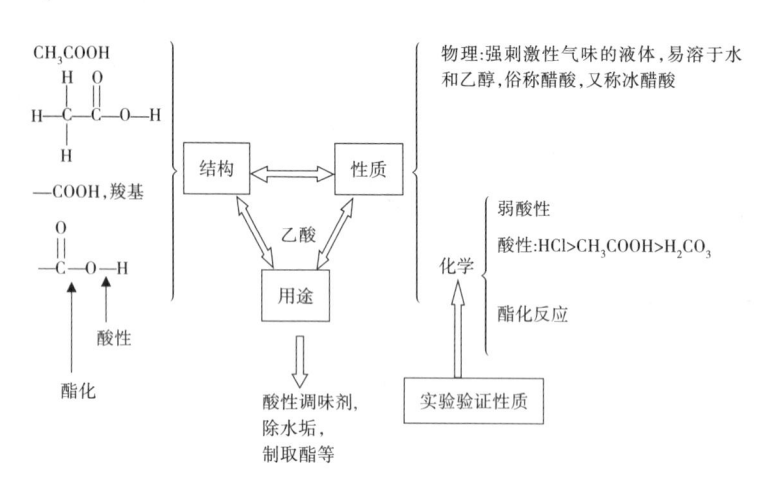

图 7-3 乙酸教学板书

3.强化内在一致性

在设计板书时,教师应关注各个知识点之间的内在联系,使板书具有较高的内在一致性。可以通过以下方式来实现(见图 7-4)。

①寻找知识点之间的共同点:教师应关注各个知识点之间的联系,将它们有机地结合起来。

②避免重复:板书中应避免出现重复的内容,以免让学生产生混淆。

③适时总结:在教学过程中,教师应适时对知识点进行总结,强化学生对知识体系的理解。

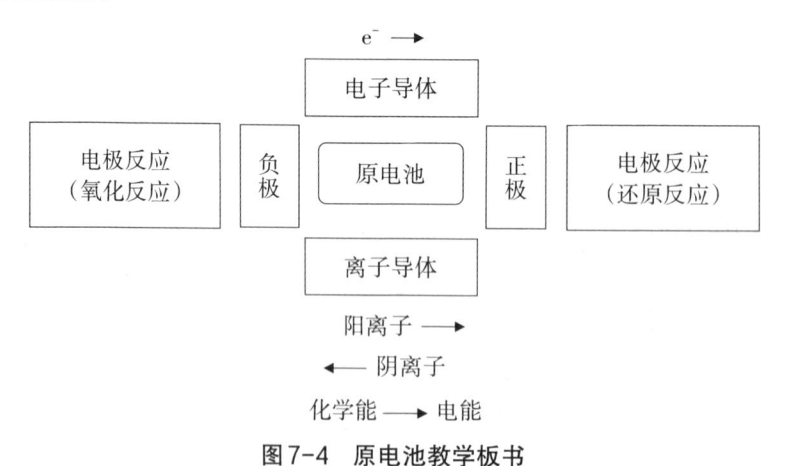

图 7-4 原电池教学板书

4.适当使用符号和图表

化学学科具有独特的符号系统,教师在板书设计中应合理运用符号、图表等,以提高板书的结构化水平(见图 7-5)。

①规范使用符号:教师应熟练掌握化学符号的用法,并在板书中规范使用。

②创造性地运用图表:教师可以运用图表来表示化学反应、分子结构等,使板书更具直观性。

③适时引入示意图:示意图可以帮助学生更好地理解抽象的概念,提高教学效果。

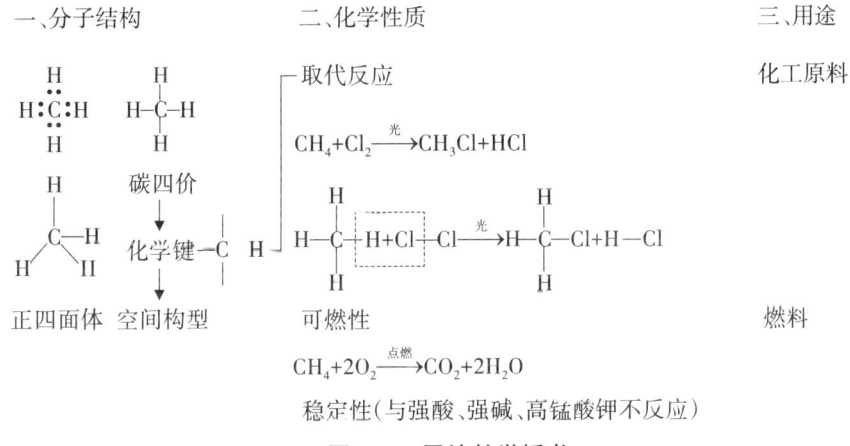

一、分子结构　　　　　二、化学性质　　　　　　　三、用途

取代反应　　　　　　　　　　　　　　　　　　　化工原料

$$CH_4+Cl_2 \xrightarrow{光} CH_3Cl+HCl$$

碳四价

化学键

正四面体　空间构型　　　可燃性　　　　　　　　　　　燃料

$$CH_4+2O_2 \xrightarrow{点燃} CO_2+2H_2O$$

稳定性(与强酸、强碱、高锰酸钾不反应)

图7-5　甲烷教学板书

5.及时反馈和调整

在教学过程中,教师应关注学生的反馈,及时调整板书设计。可以通过以下方式来实现。

①观察学生反应:教师应关注学生在课堂上的反应,了解板书是否能达到预期的教学效果。

②征求学生意见:教师可以在课后和学生讨论,了解他们对板书的看法和建议。

③反思和改进:根据学生的反馈,教师应及时反思自己的板书设计,不断改进和完善。

总之,提高化学教师板书的结构化水平需要从明确主题和核心要点、注重层次性和条理性、强化内在一致性、适当使用符号和图表、及时反馈和调整等方面入手。只有不断提高教师的板书结构化水平,才能更好地满足学生的学习需求,提高教学效果和质量。

第三节 简约化学的资源保障

教学资源是教师在教学过程中选择的各种材料,包括学习内容和学习资料,以及人、媒体、策略、方法和环境条件等要素。所有能够改善和促进学与教的人、媒体、策略、方法以及环境等都可称为教学资源。不同的教学资源之间的关系决定了教师处理问题的难度、方法、策略,同时也会产生不同的教学效果。

一、教学资源的作用

教学资源有多种分类方法,在中学化学教学实践中常见的教学资源包括教学媒体、板书、实验方法、教辅和学案、网上学习资源、科学文献等。教学资源没有好坏之分,但是教学资源的选择有好坏之别[1]。

影响教学有效性的重要因素有两个,一是学生学习的主动参与程度,二是课堂教学的饱和度,这两点都和教学资源的选用直接相关。首先教师选择合适的教学资源,如合适的视频材料、简洁的板书、精美的PPT等都能引发学生的学习兴趣,激发学习的主动性;其次因为化学课程有很多实验装置图、微粒结构图以及其他图表,板书很难呈现,使用PPT就能快速和清晰地展示;最后就是通过PPT或学案也可以增加其他的教学资源,及时丰富教学内容,提高教学的容量,从而提高教学的有效性。

但若是教学资源的选择不合适,就会对教学的有效性产生负面的影响,比如对于化学计算的教学,就需要教师板书示范,学生模仿练习,教师再不断纠错点拨中,引领学生掌握计算方法,提高计算能力,此类课型就不适合使用PPT。

---

[1] 周照鹏.合理选择教学资源有效提升教学效果[J]中国教育学刊,2017(1):170-171.

二　资源选择原则

教学资源建设对于实现和落实简约课堂的教学主张至关重要，简约化学倡导简约化的资源建设，具体体现在以下方面。

1. 教学资源的约取

教学资源的选择和使用应符合简约原则，避免冗余内容和复杂操作。教师应根据教学目标和学生需求，选取恰当的教材、多媒体资料和其他教学资源。

2. 教学资源的唯真

要求教学资源的内容真实、准确、可靠，以确保学生获得权威的知识和信息。教师应依据可靠的学术来源和研究成果，精挑细选教学资源，并及时更新和修订。

3. 教学资源的简构

教学资源的组织结构应简明扼要，有助于帮助学生理解和掌握知识。教师可以采用清晰的大纲和条理化的内容组织方式，确保信息的连贯性并易于理解。

4. 教学资源的精鉴

强调教师在教学资源选择时应注重质量，选择能最大程度满足学生需求、适应教学环境的资源。教师应深入了解教学资源的来源、适用性和有效性，并进行评估和挑选。

三　教学资源建设的措施

1. 推动教师培训和专业发展

为了能够更好地选择、使用和评估教学资源，教师需要不断提升自己的专业知识。学校和教育机构可以提供针对教师的培训课程，包括教学资源的利用和评估方法。

2.完善数字化教学资源库建设

学校可以建立和完善数字化教学资源库,提供丰富多样的教材、多媒体素材和其他教学资源。教师可以根据自己的教学需求和学生特点,灵活选择和组织资源。

3.建立合作与分享机制

教师可以共享教学资源和经验,通过合作和交流提升教学资源的利用效果。学校可以鼓励教师之间的互动和合作,组织分享会、教学观摩等活动,促进资源的共享和优化。

4.开展效果评估和调整

为了落实简约课堂的教学主张,学校和教师应定期对教学资源的使用效果进行评估和调整。教师可以收集学生的反馈、考试成绩等数据,根据评估结果优化教学资源的选择和使用方式。

总之,简约化学教学主张的实施与推广,需要学校软件和硬件的支持,更需要化学教师无私奉献、精益求精、勇于探索的精神,在教学实践中不断研究教育规律、更新教学观念、优化教学方法、锤炼教学基本功、提高教学效率,为学生核心素养的发展贡献学科力量。

参考文献

[1]蒋雁虹,赵歌东.极简约而又极深广——《呐喊》《彷徨》的极简主义叙事特征[J].河南师范大学学报(哲学社会科学版),2022,49(3):128-134.

[2]许卫兵.简约,何以不简单?——关于"简约教学"的意义探寻[J].福建教育.2014(1):15-17.

[3]翁乾明.打开视野漫谈简约化教学[J].福建教育,2014(49):11-14.

[4]伯海英.博观而约取,厚积而薄发——在教学中锤炼简洁思维[J].福建教育,2020(32):9-11.

[5]于泽元,王开升.立德树人:师德的养成之道[J].教育研究,2021,42(3):149-159.

[6]蔡清田.课程发展与设计的关键DNA:核心素养[M].台北:五南图书出版股份有限公司,2012.

[7]任子朝,赵轩,郭学恒.基于高考评价体系的关键能力考查[J].数学通报,2020,59(8):15-20.

[8]张恩德,龙宝新.论核心素养的课堂教学落实[J].教育学术月刊,2020(10):71-77,91.

[9]王明娣.深度学习发生机制及实现策略——知识的定位与价值转向视角[J].西北师大学报(社会科学版),2021,58(2):61-68.

[10]刘徽.大概念教学:素养导向的单元整体设计[M].北京:教育科学出版社,2022.

[11]JEROME S.BRUNER. The Process of Education[M].London:Harvard University Press,1960.

[12]戴维·保罗·奥苏贝尔.意义学习新论:获得与保持知识的认知观[M].毛伟,译.杭州:浙江教育出版社,2018.

[13]韦钰.以大概念的理念进行科学教育[J].人民教育,2016(1):41-45.

[14]胡欣阳,毕华林.化学大概念的研究进展及其当代意蕴[J].课程·教材·教法,2022,42(5):118-124.

[15]WHITELEY M. Big ideas:A close look at the Australian history curriculum from a primary teacher's perspective[J].Agora,2012,47(1):41-45.

[16] 刘徽. "大概念"视角下的单元整体教学构型——兼论素养导向的课堂变革[J]. 教育研究, 2020, 41(6): 64-77.

[17] 郑长龙. 大概念的内涵解析及大概念教学设计与实施策略[J]. 化学教育(中英文), 2022, 43(13): 6-12.

[18] 吕立杰. 大概念课程设计的内涵与实施[J]. 教育研究, 2020, 41(10): 53-61.

[19] FULMER G W, TANAS J, WEISS K A. The challenges of alignment for the Next Generation Science Standards[J]. Journal of Research in Science Teaching, 2018, 55(7): 1076-1100.

[20] 董艳, 夏亮亮, 王良辉. 新课标背景下的跨学科学习: 内涵、设置逻辑、实践原则与基础[J]. 现代教育技术, 2023, 33(2): 24-32.

[21] 何彩霞. 化学学科核心素养导向的大概念单元教学探讨[J]. 化学教学, 2019(11): 44-48.

[22] 温·哈伦. 科学教育的原则和大概念[M]. 韦钰, 译. 北京: 科学普及出版社, 2011.

[23] 朱玉军. 中学化学的基本观念探讨[J]. 中国教育学刊, 2013(11): 70-74.

[24] 徐洁. 基于大概念的教学设计优化[M]. 上海: 华东师范大学出版社, 2021.

[25] 范斌, 赵伟华. 以大概念为指向的高中化学跨学科整合教学策略[J]. 广西教育(中等教育), 2022(12): 72-77.

[26] 童文昭, 邹国华, 杨季冬. 基于学习进阶视角的化学核心概念的界定——以"物质结构"为例[J]. 化学教学, 2019(2): 3-7.

[27] 何彩霞. 化学观念统领下的知识结构及认识思路: 以"物质组成"知识为例[J]. 化学教学, 2015(8): 10-14.

[28] 邵卓越, 刘徽, 徐亚萱. 罗盘定位: 提取大概念的八条路径[J]. 上海教育科研, 2022, (1): 12-18, 30.

[29] 吴庆生. 浅析化学大概念的凝炼与建构[J]. 化学教学, 2021(11): 37-40.

[30] 刘学超, 江合佩, 李勇, 等. 发展学生"变化观念与平衡思想"素养的项目式教学设计——以"汽车尾气有害气体CO和NO的治理"为例[J]. 化学教学, 2022(12): 41-47.

[31] 姚晓莉. 让绿色化学走进中学化学教学课堂[J]. 陕西师范大学学报(哲学社会科学版), 2006(1): 451-452.

[32] 约翰·杜威. 我们怎样思维·经验与教育[M]. 姜文闵, 译. 北京: 人民教育出版社, 2004.

[33] 王策三. 认真对待"轻视知识"的教育思潮——再评由"应试教育"向素质教育转轨提法的讨论[J]. 北京大学教育评论, 2004, 2(3): 5-23.

[34]李刚,吕立杰.国外围绕大概念进行课程设计探析及启示[J].比较教育研究,2018(9):35-43.

[35]居鸣富.简约:化学课堂有效教学的应然表——以"氮与社会可持续发展"教学为例[J].中学化学教学参考,2022(13):24-27.

[36]汤国荣.走近地理核心素养的简约教学[J].地理教学,2019(16):9-12,27.

[37]汤国荣.关注教学活动三环节 探寻实用型课时教学设计[J].中学地理教学参考,2012(1):30-33.

[38]陈立娟,严凌燕."双减"政策下如何优化精准教学?——基于教师行动的视角[J].电化教育研究,2022,43(12):54-60.

[39]刘志军,徐彬.我国课堂教学评价研究40年:回顾与展望[J].课程·教材·教法,2018,38(7):12-20.

[40]L·W·安德森,D·R·克拉斯沃尔,P·W·艾雷辛,等.学习、教学和评估的分类学:布卢姆目标分类学修订版[M].皮连生,主译.上海:华东师范大学出版社,2007.

[41]杨玉琴,倪娟.学科核心素养视域下的教学目标:科学研制与准确表达[J].化学教学,2019,(3):3-7.

[42]夏雪梅.在学科中进行项目化学习:学生视角[J].全球教育展望,2019,48(2):83-94.

[43]刘辉.基于课程标准的教学目标体系:研制规格、路径与过程[J].上海教育科研,2021,(1):5-9.

[44]王晓军,郑华,赵晓冉,等.大概念统领下的大单元教学设计与实践——以"分子结构与性质"为例[J].化学教学,2022(6):53-59.

[45]杨玉琴.核心素养视域下的单元教学设计:内涵解析及基本框架[J].化学教学,2020(5):3-8,15.

[46]崔允漷.如何开展指向学科核心素养的大单元设计[J].北京教育(普教版),2019(2):11-15.

[47]格兰特·威金斯,杰伊·麦克泰格.追求理解的教学设计:第二版[M].闫寒冰,宋雪莲,赖平,译.上海:华东师范大学出版社,2017.

[48]钟启泉.单元设计:撬动课堂转型的一个支点[J].教育发展研究,2015,33(24):1-5.

[49]洪清娟.化学学科理解视域下的教材单元整体备课[J].化学教育(中英文),2021,42(19):49-55.

[50]叶海龙.逆向教学设计简论[J].当代教育科学,2011(4):23-26.

[51]赵萍,郭泽琳.深度学习视域下逆向单元教学设计在高中数学教学中的应用成效[J].华南师范大学学报(社会科学版),2022(3):54-65.

[52]王春,李艳.学科大概念统摄下的化学单元整体教学设计——以"醛酮和糖类"教学为例[J].化学教学,2022,(3):48-52.

[53]邵燕楠,黄燕宁.学情分析:教学研究的重要生长点[J].中国教育学刊,2013(2).60-63.

[54]肖红梅.学情分析是提高教学有效性的重要保证[J].中学化学教学参考,2010,(4):6-7.

[55]陈进前.关于"化学学科理解"的思考[J].课程·教材·教法,2022,42(1):110-116.

[56]严文法,张瑶,马圆.基于情境的高中化学习题设计——以新人教版必修教材中的习题为例[J].化学教学,2021,(1):85-89.

[57]崔允漷.学科核心素养呼唤大单元教学设计[J].上海教育科研,2019(4):1.

[58]夏添,王姝玮,王珍珍.大概念统领下"化学能与电能"单元教学设计与实践[J].化学教学,2022(12):48-52,58.

[59]谭湘湘,何彩霞.促进化学学科理解的单元教学实践——以"离子反应"单元为例[J].化学教学,2022(11):49-54.

[60]叶依丛,顾建辛.发展社会责任素养的高中化学课堂教学实践"——以"科学防疫"主题单元教学为例[J].化学教学,2022(4):50-55.

[61]袁维新.科学探究教学模式的反思与批判[J].教育学报,2006(4):13-17,30.

[62]陈琴,庞丽娟.科学探究:本质、特征与过程的思考[J].教育科学,2005,21(1):1-5.

[63]王云生.化学探究学习活动设计组织刍议[J].化学教育,2009(9):23-25.

[64]王磊,胡久华,魏锐,等.化学项目式学习的课程、教学与评价系统研究——北京师范大学化学教育研究团队20年研究历程与成果[J].化学教育,2023,43(16):24-29.

[65]卢姗姗,毕华林.中学理科教育中项目式学习的内涵与特征[J].化学教学,2023(2):3-7.

[66]叶宝生,曹温庆.技术思维的形象思维特征及其教学策略[J].课程·教材·教法,2020,40(10):112-118.

[67]贺慧,陈倩.大概念统整下的学科项目式学习设计[J].天津师范大学学报(基础教育版),2021,22(1):51-54.

[68]胡久华,褚童,王静波,等.大概念统领的项目式学习——基于碳中和理念设计低碳行动方案[J].化学教育(中英文),2022,43(9):6-14.

[69]侯静.基于真实情境项目式教学实践研究[J].理科考试研究,2023,30(15):49-52.

[70]王鉴,张文熙.大单元教学:内涵、特点与实施策略[J].中国教育学刊,2023(10):20-25.

[71]李刚.科学大概念的课程转化研究——以小学科学课程中的能量大概念为例[D].长春:东北师范大学,2019.

[72]杨玉琴."教、学、评一体化"下的目标设计与达成——基于2017版课标附录案例的批判性思考[J].化学教学,2020(9):3-9.

[73]武衍杰,江合佩,杨伏勇.基于项目式教学进行模块复习的实践探索——以化学反应原理助力"碳达峰、碳中和"为例[J].化学教学,2022(6):40-46.

[74]张建阳,周仕东.基于科学思维学习进阶的高一元素化合物单元整体教学设计[J].化学教育,2017,38(5):5-9.

[75]黄鸣春,王磊,宋晓敏,等.基于认识模型建构的"元素周期律·表"教学研究[J].化学教育,2013,34(11):12-18.

[76]莘赞梅,李明喜.元素化合物知识在不同阶段层级发展的实践研究[J].化学教育,2013(3):15-19.

[77]陈耀亭.化学教育文集[M].北京:中国劳动出版社,1992.

[78]刘月霞.指向"深度学习"的教学改进:让学习真实发生[J].中小学管理,2021(5):13-17.

[79]郭华.如何理解"深度学习"[J].四川师范大学学报(社会科学版),2020,47(1):89-95.

[80]袁国超.基于核心素养的深度学习:价值取向、建构策略与学习方式[J].教育理论与实践,2010,40(8):3-5.

[81]郭元祥.知识的性质、结构与深度教学[J].课程·教材·教法,2009(11):17-23.

[82]张大均.教育心理学[M].3版.北京:人民教育出版社,2015.

[83]孙重阳,魏发民.大观念、大主题、大过程——指向化学核心素养的单元教学设计与实践[J].中学化学教学参考,2018(21):6-9.

[84]杨洪雪.任务驱动式教学方法的特点及过程设计[J].教学与管理(理论版),2006(10):129-130.

[85]王云生.任务驱动学习、项目学习的本质特征及其运用——以化学教学为例[J].福建基础教育研究,2019(2):103-107.

[86]张建阳.指向问题解决的化学实验项目式学习实践——以《硫酸铜结晶水的测定》为例[J].福建基础教育研究,2022(2):126-129.

[87]林敏.硫酸铜结晶水的测定实验的改进[J].化学教学,2010(1):13-14.

[88]张振江,祝荔莉,梁涛,等.硫酸铜晶体结晶水含量测定实验的恒重条件探究[J].化学教学,2016(10):51-54.

[89]朱志江.化学教学评价的困境及突破方略[J].江苏教育,2022(43):21-25.

[90]车丽娜,王晨.教学评价改革的现实成就与未来趋向[J].课程·教材·教法,2023,43(9):75-83.

[91]王云生."教、学、评"一体化的内涵与实施的探索[J].化学教学,2019(5):8-10,16.

[92]中小学教师专业发展标准及指导课题组.中小学教师专业发展标准及指导:理科[M].北京:北京师范大学出版社,2012.

[93]李方,钟祖荣.教师培训质量导航[M].北京:高等教育出版社,2014.

[94]格兰特·威金斯,杰伊·麦克泰.理解力培养与课程设计:一种教学和评价的新实践[M].么加利,译.北京:中国轻工业出版社,2003.

[95]张旭东,孙重阳.由峰至原:中学化学逆向教学设计的探讨与实践[J].化学教学,2019(3):41-45,49.

[96]洪清娟,张贤金.指向"教、学、评"一体化的逆向教学设计——以"化学反应与能量变化"为例[J].化学教学,2022(6):34-39.

[97]王天平,王秀敏.极简主义视角下课堂教学评价的实现方式[J].教育研究,2020,43(2):20-25.

[98]张紫屏.大概念教学评价:内涵、特征与方法[J].教育发展研究,2023,43(10):42-49.

[99]申燕,程俊,柳先美,等.基于教、学、评一体化理念的高中化学教学实施——以"铁盐和亚铁盐"的两节省级优质课为例[J].化学教学,2022(1):38-43.

[100]李森,郑岚.促进质量提升的课堂教学评价改革[J]课程·教材·教法,2019,39(12):56-62.

[101]张建阳.成熟型教师"二次成长"的校本培训探索[J].福建基础教育研究,2021(5):27-29.

[102]周照鹏.合理选择教学资源有效提升教学效果[J].中国教育学刊,2017,(S1):170-171.

[103]翁乾明.简约化教学理念与实践的研究[J].福建教育学院学报,2017,18(9):109-112.

[104]赵晨,胡志刚.当前中学化学教学应当简约化[J].化学教育,2013(4):34-35.

[105]经志俊.重视板书设计,保障有效教学[J].化学教学,2009(3):25-27.

[106]周照鹏.合理选择教学资源有效提升教学效果[J]中国教育学刊,2017(1):170-171.